뉴 이퀼리브리엄

정제영_ 이화여자대학교 교육학과 교수. 이화여자대학교에서 현재 기획처장과 AI융합교육연구지원센터장을 맡고 있다. 정부의 정책중점연구소인 미래교육연구소 소장으로 인공지능 시대의 미래교육정책 설계, 빅데이터를 활용한 교육지원 시스템 개발에 힘을 쏟고 있다. 저서와 역서로는 『AI교육혁명』(공저, 2021), 『인공지능 시대의 미래교육』(공역, 2020), 『사회적 약자를 위한 교육정책론』(공저, 2020) 등이 있다.

폴 김_ 스탠퍼드대학교 교육대학원 부원장이자 최고기술경영자(CTO). 스탠퍼드대학교에서 미래 교육 솔루션 개발팀을 운영하고 있고, 교육 분야의 기업가들을 영입하여 교육혁신과 벤처 스타트업 투자 유치 기회를 주제로 기업가정신 프로그램을 운영하고 있다. 또한 디지털교육혁신팀에서 혁신적인 수업 방식과 학습 모형을 연구하고 개발하고 있다. 실리콘밸리의 에듀테크 기업들과 아시아개발은행 등 국제기관의 자문위원을 맡았고, 현재 에듀테크 솔루션개발팀과 에듀테크지원팀도 함께 운영하고 있다. 주요 저서로는 『다시 배우다』(2021), 『교육의 미래, 컬처 엔지니어링』(공저, 2020), 『교육의 미래, 티칭이 아니라 코칭이다』(공저, 2017), 『Massive Open Online Courses: The MOOC Revolution』(2014) 등이 있다.

최재화_ 조지워싱턴대학교 교육대학원 교수. 2010년도 초반부터 전산 및 수학 분야 전문가들과 함께 디지털 기술로 평가와 교육을 개선하고자 하는 학제 간 평가공학 프로젝트, 컴퓨터 맞춤형 형성평가의 총괄을 역임하고 있다. 삼성전자, 시스코 시스템즈, 한국교육과정평가원, 남가주대학 아동병원, 싱가포르 교육부, GMAC, 아마존 등과 평가공학 프로젝트들을 해왔으며, 최근에는 디지털 지식(Digital Knowledge)과 맞춤형 교육 관련 연구를 하고 있다. ChoiFran's Way(최프란의 길)라는 유튜브 채널을 운영하고 있다.

조기성_ 계성초등학교 교사이자 스마트교육학회장. 2011년 최초의 스마트교실을 만든 이래 꾸준히 스마트교육을 현장에 적용하면서 미래교육을 연구하고 있다. 스마트교육, 디지털교과서 정책 자문단, 첨단미래학교 자문단, 한국형원격교육 자문단 등을 역임했다. 서울미래학교 추진단 및 프론티어교사단으로 활동했고, 대통령직속 4차산업혁명위원회 에듀테크 활성화 TF에서 플랫폼 분과장을 역임했다. 저서로 『AI시대, 교사는 살아남을 것인가』(공저, 2021), 『코로나19, 한국교육의 잠을 깨우다』(공저, 2020), 『교실 게이미피케이션』(공저, 2020) 등이 있다.

뉴 이퀼리브리엄

초판 1쇄 발행 2021년 9월 10일
초판 2쇄 발행 2023년 1월 15일
지은이 정제영 · 폴 김 · 최재화 · 조기성
펴낸이 이형세
펴낸곳 테크빌교육㈜
제작 올인피앤비
테크빌교육 출판 서울시 강남구 언주로 551, 5층 | **전화** (02)3442-7783 (142)

ISBN 979-11-6346-135-7 03370
책값은 뒤표지에 있습니다.

테크빌교육 채널에서 교육 정보와 다양한 영상 자료, 이벤트를 만나세요!

블로그 blog.naver.com/njoyschoolbooks   **페이스북** facebook.com/njoyschool79
인스타그램 @tkvl_b   **티처빌** teacherville.co.kr
티처몰 shop.teacherville.co.kr   **쌤동네** ssam.teacherville.co.kr

NEW EQUILIBRIUM

대한민국 교육 대전환은 이미 시작되었다

뉴 이퀼리브리엄

미래교육의 새로운 균형을 찾아서

정제영 · 폴 김 · 최재화 · 조기성

테크빌교육

디지털 교육 대전환을 준비하는 우리의 대담은
새로운 균형을 찾아가는 여정이었다.

"코로나19는 전 세계 학교교육 시스템의 균형상태 (equilibrium)를 한순간에 깨뜨렸다. 이제 디지털 교육 대전환의 시기를 맞아 새로운 교육의 균형을 찾아 노력해야 할 때다."

정제영 이화여자대학교 교수, AI융합교육연구지원센터장

"대한민국은 이제 교육에 있어서 넥스트 스펙트럼 (Next Spectrum)을 창출할 준비가 되어 있다. 기존 틀을 벗어나기보다 아예 새로운 틀을 만들고 새로운 교육 문화 안에서 대한민국형 미래 리더들을 키워나갈 준 비가 시급하다."

폴 김 스탠퍼드대학교 교육대학원 부원장, 최고기술경영자(CTO)

"디지털 대전환의 시대, 우리가 당면한 교육적, 사회적 도전을 어떻게 극복하고 미래를 준비할 수 있을까? '디지털 지식: 사람의 학습을 위한 기계교육(Digital Knowledge: Machine Education for Human Learning)'을 화두로 미래교육에 대한 사회적 공론화와 합의가 필요하다."

최재화 조지워싱턴대학교 교육대학원 교수

"세상의 문제를 전 세계 친구들과 함께 고민하고 해결하게끔 학습의 주도권을 학습자에게 돌려주자. 미래 인재는 시험을 잘 보는 사람이 아닌, 소통과 창의력을 통해 함께 세상의 문제를 해결하는 사람이다."

조기성 계성초등학교 교사, 스마트교육학회장

RECOMMENDATIONS

인공지능 시대를 맞이하여 교육은 무엇을, 어떻게 가르쳐야 하고 학습자는 어떤 것을 배워야 할 것인지에 대해 근본적인 질문을 던지고 있다. 하이터치 하이테크 (HTHT) 교육을 선도적으로 연구하고 실행에 옮기는 노력을 함께 하고 있는 정제영 교수의 노력에 응원을 보낸다. 독자들은 이 책을 통해 정제영, 폴 김, 최재화 교수님과 조기성 선생님의 전문성과 다양한 경험을 통해 미래교육의 다양한 인사이트를 얻을 수 있을 것이라 확신한다.

_이주호(교육부장관)

인공지능 기술이 급격하게 발전하면서 그 영향력은 사회 전 분야에 걸쳐서 빠르게 확산되고 있다. 특히 2020년 전 세계를 강타한 COVID-19는 디지털 전환을 가속화시킨 계기가 되었다. COVID-19 상황에서 교육계는 온라인 비대면 교육을 전면 도입하는 경험을 하게 되었다. 이제 포스트 코로나 시대를 맞이하여 초·중등교육뿐만 아니라 고등교육에서도 미래교육을 향한 대전환을 시도하고 있다. 이 책은 미래교육을 선도하는 4인의 전문가들이 모여 미래 사회의 변화, 전망을 토대로 미래교육의 방향에 대해 대담을 나눈 내용이다. 독자들이 쉽게 이해할 수 있도록 구성되어 있어서 미래교육을 선도해나갈 교육자들과 학부모들에게 일독을 권하고 싶다.

_김은미(이화여자대학교 총장)

이제 전 분야에서 디지털 대전환 시대를 준비해야 한다. 현재의 교육 시스템은 전 세계적으로 오랫동안 균형태를 유지해온 무거운 제도라고 할 수 있다. 학교를 둘러싼 환경은 급격하게 변화해왔음에도 불구하고 학교는 미세 조정의 과정을 거치면서 원형을 유지해왔다. 코로나의 충격으로 전 세계의 학교가 문을 닫거나 온라인 비대면 수업을 진행하였다. 마침내 학교가 유지해온 균형이 깨졌다. 이제 디지털 대전환 시대에 맞는 새로운 교육 시스템의 균형을 찾는 노력이 필요하다. 정제영, 폴 김, 최재화 교수, 조기성 선생님과 함께 교육의 새로운 균형을 찾는 여정에 독자들을 초대하고 싶다.

_이광형(KAIST 총장)

우리나라의 초·중등교육 현장, 우리나라의 교육정책 논의 현장, 미래교육의 기술적, 철학적 첨단 영역, 고등교육에 있어서 미래교육과 현장의 접점에서 선도적 역할을 하고 있는 네 분의 전문가들이 진실과 애정을 바탕으로 우리나라 미래교육 방향을 제시한 귀중한 저서이다. 20~30년이 지난 미래에 다시 이 책을 보게 된다면, 그때는 '현재 교육'이 된 미래교육에 대해 '어떻게 20~30년 전에 이렇게 잘 알고 있었을까'라는 점에 놀랄 것으로 확신한다. 본 저서는 교육의 현실, 미래, 현장, 정책이 함께 녹아 있는 전문서이면서 동시에 일반 독자들도 접근할 수 있도록 쉽게 설명되어 있다. 교육 현장의 교사, 정책 입안자, 정책 담당자뿐 아니라 학부모들도 이 책을 읽고 우리의 미래교육에 대해서 보다 잘 이해하고, 설계하고, 대비할 수 있게 되기를 기대한다.

_이영(한양대학교 교수, 전 교육부차관)

기술 발전이 초래할 미래 사회에서 교육의 역할은 이미 오래전부터 고민되어온 문제다. 인공지능 기술의 발전과 코로나19가 촉발한 교육 환경의 급격한 변화로 이러한 문제는 우리 사회 전체가 고민해야 할 화두가 되었다. 이 책이 던지는 메시지는 분명하다. 단순한 지식 학습만으로는 첨단기술이 지배하는 사회의 요구에 부응할 수 없다는 것이다. 교육을 통해 기술과 인간이 공존하기 위해서는 먼저 우리가 교육을 바라보는 사고의 틀부터 바꿔야 한다. 지식 학습을 위한 교육의 시대는 이미 저문 지 오래다. 자기주도적 역량과 창의력은 이제 미래 사회 구성원들이 갖추어야 할 핵심역량이 되었다. 교사, 학부모, 학생, 그리고 미래 사회와 교육의 역할에 관심이 있는 모든 분들께 이 책을 적극 추천한다.

_이창원(한성대학교 총장)

디지털 대전환 시대,
뉴 이퀼리브리엄

코로나19 충격으로 깨어진
교육의 균형상태

전 세계를 강타한 코로나19로 인해 교육계에도 많은 변화가 생겼다. 기존에 안정적으로 운영되고 있던 대면교육 중심 학교교육이 큰 충격을 받게 되었다. 감염병으로 만남이 제한되면서 학교에서 직접 얼굴을 보며 진행하던 강의식 수업을 하기 어렵게 된 것이다. 대학은 물론이고 초·중·고등학교의 모든 학년에 온라인 수업이 도입되었고 출석 수업과 온라인 수업을 병행하게 되었다. 교육에서 기술을 활용하는 것에 대해 역효과를 우려하여 강하게 반대하던 교육자들이 방향을 선회하거나 한 걸음 물러난 것이다. 그러나 곰곰이 생각해보면 이런 상황의 온라인 교육은 아주 낯설고 생경한 것만은 아니다. 이미 우리 교육 분야에서 끊임없이 시도되었던 변화의 일부로 내재되어 있었기 때문이다. 다만, 코로나 팬데믹으로 인해 일시에 전면적으로 실행되었을 뿐이다.

온라인 교육을 학교교육에 적극적으로 도입하는 것에 대한 논의는 오랫동안 지속되어왔다. 실제로 다양한 온라인 교육 방식이 도입되었다. 무크(MOOC), 컴퓨터 채점, 디지털 교과서 등이 개발되고 활용되어온 것이다. 하지만 기존에 안정적으로 유지되어온 학교 시스템을 바꾸거나 깨트리는 것은 쉬운 일이 아니다. 그래서 오히려 이번 코로나19가 기회로 보인다. 사회에 엄청난 충격을 주고 있기 때문이다. 우리 사회에서 견고하게 자리매김한 시스템의 균형상태, 즉 이퀄리브리엄(equilibrium)이 깨지려면 엄청난 충격을 받아야 하는데, 지금이 딱 그 충격을 받은 상태라 굉장히 혼란스러운 상황인 것이다. 이런 혼란스러운 상황에서는 두 가지 중 하나를 선택해야 한다. 원래 상태의 균형으로 돌아갈지, 아니면 새로운 균형을 찾을지.

코로나19는 전 세계 학교교육 시스템의 균형을 한순간에 깨뜨렸다. 대면 중심 학교교육을 일시에 정지시켜버렸다. 전 세계 모든 학교는 현재 디지털 기기를 활용해 대면, 비대면 학습을 병행하거나 블렌디드하여 수업을 하고 있다. 코로나19를 극복한 이후에는 어떨까? 우리는 지금 디지털 기술을 더 적극적으로 도입하고 활용하면서 동시에 이타적, 협동적, 창의적인 인재를 키우는 미래교육으로 나아가기 위해 무엇을 어떻게 더 해야 할지 고민하고 시도해야 하는 길 끝에 와 있다.

이제 우리는 단순히 온라인, 오프라인을 결합하는 블렌디드 러닝을 넘어 기술적으로 더욱 정교해진 인공지능(AI) 시대를 준비하고 있다. 전 세계는 기존의 균형을 깨고 디지털 대전환이라는 거대한 변화의 물결에 올라타, 그 위에서 새로운 균형상태를 찾아야 하는 상황에 직면하였다.

우리는 이것을 '뉴 이퀄리브리엄(New Equilibrium)'이라고 정의한다. 뉴 이퀄리브리엄에 대한 시대적 요구가 삶의 무릎까지 차오른 지금, 우리는 미래교육을 위해 어떤 준비를 해야 할까?

디지털 대전환의 시대에 미래교육을 준비하기 위해 네 사람이 모였다. 스탠퍼드대학교 교육대학원 부원장이자 최고기술경영자(CTO) 폴 김, 조지워싱턴대학교 교육대학원 교수이자 디지털 평가의 권위자 최재화, 서울 계성초등학교 교사이자 스마트교육학회 학회장 조기성, 그리고 이화여자대학교에서 교육학을 가르치면서 동시에 AI 교육의 정책적 확대를 위해 일하는 정제영이 바로 그들이다. 미래교육과 인공지능을 비롯한 테크놀로지, 그리고 시대를 막론하고 모든 교육의 중심 화두 '우리가 왜 교육을 하는지(Why education?)'에 대해 수차례에 걸쳐 온라인상에서 만나 원격 대담을 하였다.

실리콘밸리, 워싱턴DC, 서울을 잇는
미래교육 석학 4인

"안녕하세요, 정제영입니다. 이화여자대학교에서 교육학을 가르치고 있습니다. 이화여자대학교 호크마교양대학장, 학교폭력연구소 부소장을 역임했으며, 현재 기획처장과 AI융합교육연구지원센터장을 맡고 있습니다. 정부의 정책중점연구소인 미래교육연구소 소장으로 인공지능 시대의 미래교육정책 설계, 빅데이터를 활용한 교육지원 시스템 개발에 힘을 쏟고 있습니다. 한국교육학회 사무국장, 한국교원교육학회 학술위원장, 한국교육정치학회 편집위원장으로 활동하였습니다. 미래교육과 관련한 기술, 법률, 제도, 시스템 등에 대해 전방위적인 관심을 갖고 연구하고 있고요. 학습 환경 시스템 구축과 자율적인 학교 제도 운영 및 평가 방식의 제도적 변화에 대해 다채로운 이야기를 나누고자 합니다."

"안녕하세요, 폴 김입니다. 스탠퍼드대학교 교육대학원 부원장이자 최고기술경영자(CTO)를 역임하고 있습니다. 스탠퍼드대학교에서 여러 개의 연구, 개발팀을 운영하고 있는데, 그중 하나로 교육 분야의 기업가들을 초청하여 발명품과 벤처 스타트업 투자 유치 기회를 주제로 교수진과 학생들에게 조언하는 기업가정신 프로그램을 운영하고 있습니다. 또한 디지털교육혁신팀에서 혁신적인 수업 방식과 학습 모형을 연구하고 개발하고 있습니다. 실리콘밸리 에듀테크 관련 다수 기업과 아시아개발은행 등의 국제기관 자문을 맡고 있고, 에듀테크솔루션개발팀과 에듀테크지원팀도 함께 운영하고 있습니다.

과학자이자 교육자로서 폭넓은 활동을 하며 늘 새로운 것에 도전하고 또 배우고 있습니다. 개발도상국부터 선진국까지 세계 여러 나라와 협업하며 많은 인재들을 만나고 코칭했습니다. 그러한 배움과 경험을 통해 AI를 넘어 교육의 근본에 물음과 철학에 중심축을 두게 되었고 인간과 세상에 대한 인사이트를 얻었습니다. 그 이야기를 더 많은 사람들과 공유하고 또 그들에게 긍정적인 영향을 미칠 수 있길 바랍니다. 또한 제가 직접 개발한 AI 교육 기술과 학생들에게 적용한 사례를 나누며 교육에 기술을 더 실용적이고 효과적으로 활용할 수 있는 방법을 함께 찾아나가기를 빕니다."

"안녕하세요, 최재화입니다. 조지워싱턴대학교 교육대학원 종신 부교수로서 '평가—시험—측정' 학위 과정을 담당하고 있습니다. 교육측정평가(계량심리) 분야에서 박사학위를 받았으며, 다양한 심리 변인 중 특히 지식 변인을 구조화해서 다른 교육 전문가 및 엔지니어들과 공유와 협업을 통해 네트워크화하고, 그 수준을 측정하고, 변화 과정을 모니터링하는 등 지식 형성의 전반을 전산 모형화하는 '디지털 지식'을 연구하고 있습니다.

디지털 평가의 전문가이자 교육자로서 인지과학과 디지털 기술이 학교와 기업에 어떤 방식으로 도입되어 어떻게 사용되는지, 디지털 시대에 우리가 어떤 능력을 키워야 하는지에 대해 이야기를 나누고자 합니다."

"안녕하세요, 조기성입니다. 서울 계성초등학교에서 근무하는 현직 초등교사이자 스마트교육학회 학회장입니다. 현재 교육계의 관심을 받고 있는 온라인 교육, 블렌디드 러닝을 2011년부터 직접 현장에 적용해왔으며 그 경험과 노하우를 학교와 교사, 학부모에게 널리 알리는 일에 앞장서고 있기도 합니다. 동시에 다양한 디지털 활용 수업을 개발, 실천하고 있습니다. 우리나라에서 스마트 교실을 처음 만들어서 학교 전체에 적용, 운영하고 있으며, 다양한 에듀테크 기술을 적용한 맞춤 학습, 데이터를 활용한 분석 학습도 하고 있습니다. 게이미피케이션을 적용한 학습이나 프로젝트 학습, 문제해결 학습도 함께 적용하고 있어요. 삼성전자를 비롯해 여러 교육 기업과 에듀테크 기업에서 자문 활동을 해오고 있는데, 교사와 학생 모두에게 실제로 도움이 되는 에듀테크 서비스가 만들어지는 데 힘을 보태고 있습니다.

일찍부터 스마트 혁신교육 도입의 필요성을 주장해왔고, 우리나라 스마트 초등교육의 산증인답게 현장의 목소리를 공유하고 더불어 아이들에게 정말 필요한 것이 무엇인지 이야기를 나누고자 합니다."

대한민국 안팎에서 그 누구보다 미래교육을 향한 변화와 혁신에 앞장서온 정제영, 폴 김, 최재화, 그리고 조기성이 온라인상에서 한 공간에 모여 코로나19로 인한 '불안한 교육 3년'을 넘어 AI와 메타버스 등 새로운 디지털 기술의 도입과 함께 변화의 물결에 올라탄 교육에 대해 각자의 이야기를 펼쳐냈다. 교육에 대해 서로 다른 시각을 가지고 있지만, 완고한 이론과 학설이 아닌 살아 움직이는 실재에 기반하여 때로는 부딪치며 또 때로는 공감하며 쌓아나간 대담이기에 더욱 의미가 있다.

앞으로 10년, 인공지능을 비롯한 디지털 대전환의 시대를 살아갈 미래 세대를 위한 지식과 기술, 그리고 이타심, 협동심, 창의성을 키워줄 미래교육의 나아갈 길을 알려주는 나침반이 되기를 희망한다.

디지털 대전환의 시대,
미래교육을 바라보는 4개의 시선

인공지능과 미래교육 정책의 요구

교육 환경의 급격한 변화로 인해 교육 혁신은 이제 선택이 아니라 필연으로 다가오고 있다. 저출산·고령화와 학령인구의 감소, 사회적 양극화와 교육 격차 심화, 지능정보 기술의 발전과 인공지능 사회의 도래는 이제 변수가 아니라 상수가 되었다. 이러한 환경 변화에 대응하는 교육 혁신의 기본 방향은 개인별 맞춤형 교육이라고 할 수 있다. 인공지능 기술은 이러한 목표를 구현하는 혁신의 지렛대 역할을 할 수 있을 것으로 기대된다. 개인별 맞춤 학습을 구현하기 위해서는 인공지능 기술에 기반한 AI 보조교사 시스템과 개인별 학습지원시스템, 첨단 미래학교 인프라 구축이 필수이다. 인공지능, 빅데이터 등을 활용한 에듀테크 산업의 발달로 기존 학급 단위 강의식 교육에서 학습자 데이터를 기반으로 학습자 특성에 맞게 학습 콘텐츠를 제공하는 개인별 맞춤형 교육을 구현해줄 수 있다.

정부에서 인공지능 시대를 준비하여 다양한 정책을 제시하고 있지만 학교 현장에서 체감할 수 있는 변화의 모습은 아직 느껴지지 않는다. 맞춤형 교육을 위한 시스템을 공교육에서 구현하기 위해서는 이를 뒷받침할 수 있는 체계적인 준비가 필요하기 때문이다. 현재 교육부에서는 미래교육을 위한 비전을 확립하고 이를 실현하기 위한 로드맵을 마련하고 있다. 하지만 중요한 것은 교육부, 17개 시·도교육청, 각급 학교, 실제 교실 현장으로 이어지는 탑다운(top-down) 방식으로는 구현되기 어렵다는 점이다. 교육부는 제도적인 틀을 만들고 교육 현장에서는 혁신의 사례를 만들어가는 노력이 동시다발적으로 이루어져야 한다. 그러나 AI, 메타버스 등의 에듀테크는 교육 혁신을 위한 중요한 도구일 뿐 역시 변화의 주인공은 현장의 교사와 학생이 되어야 한다고 믿는다. ▨ 정제영

거대한 디지털 변혁의 중심축, 인문학

인류는 코비드19라는 전 지구적인 도전에 직면하였고, 이를 극복하기 위해 처절한 노력을 하였다. 눈에 보이지도 않을 정도로 작은 바이러스의 공포는 인류가 이룩한 거대한 문명을 매우 초라하게 만들었고, 그 이면에 보이지 않게 숨겨진 것들에 대한 함의를 생각하게 하였다. 그리고 이전에도 그랬던 것처럼 인류는 생존을 위한 협력을 다시 시작했고 전 지구적인 난제를 극복하기 위한 새로운 도구들을 고안했으며 그런 도구를 만들던 속도를 높이기 시작했다.

미래교육 대담을 통해 교육을 위해 우리가 수천 년간 만들어온 전통적인 아날로그 지식 표상(knowledge representations)과 처리(processings)를 교육의 모든 참여자들이 협업으로 디지털화 또는 디지털 기계화한 후, 이를 맞춤형 교육에 활용하는, 이른바 '디지털 지식: 사람의 학습을 위한 기계교육(Digital Knowledge: Machine Education for Human Learning)'을 화두로 하여 우리가 당면한 교육적, 사회적 도전을 어떻게 극복하고 미래를 준비할지에 대한 발전적 생각을 나누고자 하였다. 또한 이 접근 방법을 통해 인간 지식에 근거한 문명을 다루는 인문학이 사용자 혹은 소비의 주체로만 머무르는 것이 아니라, 어떻게 거대한 디지털 변혁의 중심에 설 수 있는지 설명하고자 한다. ◪ 최재화

지식과 정보를 넘어선 거대한 학교

디지털 네이티브(Digital Native) 세대라고 하는 요즘 아이들에게 언제까

지 지식을 외우라 하고 문제풀이 중심 평가를 통해 순서를 매기는 교육을 해야 할까? AI가 현실 사회에 들어오고 메타버스 세상이 현실 세계와 함께하는 새로운 세상에서 우리는 교육 방법 자체를 다시 한 번 고민해 봐야 한다. 산업화 시대의 규격화된 인재가 아닌 모두가 각기 다른 역량을 갖춘 인재를 키우고, 저마다 자기만의 특기와 강점을 살리고, 경쟁이 아닌 협업으로 함께 현실 문제를 해결하며 위기를 극복하게 하려면 어떻게 교육해야 할까?

미래교육을 준비하며 스마트 교육을 실천한 지 10년이 넘었지만, 코로나19가 아니었다면 현재와 같이 디지털 기기를 적극적으로 활용한 온라인 수업으로의 변화는 찾아보기 어려웠을 것이다. 발전된 기술을 교육에 활용하지 않는 것도 직무 유기다. AI 기술을 활용해 모두에게 같은 교육이 아닌 나만의 교육, 나의 소질과 관심에 맞는 교육, 나의 속도에 맞는 교육으로의 맞춤형 학습을, 그리고 메타버스와 같은 기술을 활용해 협동이 가능한 문제해결 중심 프로젝트 학습을 더 다양하게 실천해나가길 기대한다.

이제 대한민국 교육의 새로운 시작이 다가오고 있다. 수십 년 동안 변화가 없던 교실이 코로나19로 한순간에 변화한 지금, 지식과 정보를 넘어 새로운 학습의 장이 열리고 모든 교실이 연결되는 거대한 학교가 찾아올 것이다. 인터넷이 세계를 연결하고 SNS가 실시간 소통을 하게 한 것처럼 교육도 초연결되고 교류할 것이다. 세상의 문제를 전 세계 친구들과 함께 고민하고 해결하게끔 학습의 주도권을 학습자에게 돌려주자. 미래 인재는 시험을 잘 보는 사람이 아닌, 소통과 창의력을 통해 함께 세상의 문제를 해결하는 사람이 될 것이다. ◣ 조기성

대한민국 교육 대전환의 시작

전 세계가 대한민국의 글로벌 리더십에 거는 기대는 점점 커지고 있다. 다양한 분야에서 대한민국의 위상 상승과 한류라는 커다란 물결을 타고, 대한민국의 미래교육 또한 발돋움을 준비하고 있다. 실제로 대한민국의 미래교육은 21세기에 걸맞은 교육철학과 최첨단 기술을 기반으로 엄청난 변화와 혁신을 경험할 잠재력을 어느 나라보다 크게 가지고 있다. 그동안 코로나 팬데믹이 우리에게 준 따끔한 교훈들과 그 어느 때보다도 빠르게 진화하고 있는 인공지능 기술들에 대한 발 빠른 이해와 최적의 적용을 통해, 대한민국은 이제 교육에 있어서 넥스트 스펙트럼(Next Spectrum)을 창출할 준비가 되어 있다. 기존 틀을 벗어나기보다 아예 새로운 틀을 만들고 새로운 교육문화 안에서 대한민국형 미래 리더들을 키워나갈 준비가 시급하다.

이 책에서는, 4인의 다양한 경험을 가진 교육자들이 과감한 생각들을 허심탄회하게 나누고, 내일을 함께 그려보는 기회를 만들었다. 미래교육을 고민하고 생각하는 모든 이들에게 짧지만 인상적인 워크숍에 참가하는 경험이 될 것으로 믿는다. 마지막으로, 교육자들에게 그리고 학생들에게 "실패나 실수를 두려워하기보다 실패를 해보지 않은 것을, 그리고 실수를 해보지 못한 것을 후회하라."고 말하고 싶다. 무엇보다 앞으로의 배움과 실행의 여정에서는 절대 후회하지 않기를 바란다. ◪ 폴 킴

CONTENTS

RECOMMENDATIONS_ 이주호 교육부장관 | 김은미 이화여자
대학교 총장 | 이광형 KAIST 총장 | 이영 한양대학교 교수, 전 교
육부차관 | 이창원 한성대학교 총장 14

PROLOGUE_ 디지털 대전환 시대, 뉴 이퀼리브리엄 16

PART
1

코로나19가 자각시킨
우리 교육의 현실

1. 코로나19가 촉발시킨 미래교육의 쟁점들 32

지금 우리는 왜 교육을 혁신해야 하는가? | IT 강국 한국의 현실,
ICT 활용도 최하위권 | 공장형 학교 시스템이 학습 격차를 키운다
| 애초에 학교란 무엇인가

2. 온라인 교육은 이미 1987년에 시작되었다 53

온라인 교육에 돈을 쓰면 절대 안 된다? | 정해진 답을 찾는 교육
이 무의미해진다

3. 공교육과 사교육의 역할은 달라야 한다 59

미국, 중국, 유럽의 엘리트 교육 | 온라인과 오프라인 교육, 택일할
수 없다 | 사교육이 교육 인프라를 더해준다

4. Why Education? 혁신을 위해 필요한 두 가지 질문 70

왜 컬처 엔지니어링이 필요한가? | 왜 코딩을 배워야 하나?
`글로 보는 강연` 창의융합형 인재 양성을 위한 미래교육의 방향 76

PART
2

기술을 이해하면
AI 융합교육이 보인다

1. 머신러닝은 어떻게 이루어지는가 104

비즈니스 문제를 해결하는 AI 회사들 | 전문가의 지식을 디지털 지식으로 바꾸는 기계교육 | 게임인데 시험이라고? 지능형 튜터링 시스템 | 스텔스 평가의 객관화, 데이터화 | 얼리워닝 시스템으로 학습 부진을 개선하다

2. 21세기형 맞춤형 교육, 기술은 어떤 역할을 할까 122

기술로 대체될 것인가, 교사가 주도할 것인가 | 맞춤형 학습을 위해 필요한 것들 | 3시간 만에 이세돌처럼 바둑을 둘 수 있다? | 개별화 교육, 맞춤형 피드백이 완성한다 | 알고리즘이 아니라 콘텐츠의 문제다 | 기계는 수업 준비를, 교사는 맞춤형 교육을

3. 교육 4.0에 AI를 활용하는 국가들 146

맞춤형 학습에서 교사는 코치여야 한다 | OECD가 정한 AI 전략의 5원칙 | 로봇이 교사를 대체하나?

4. 한국의 AI 교육, 무엇이 문제인가 153

AI 교육에 활용할 학습 데이터가 없다 | 학생들을 가르칠 AI 인력이 없다 | 나이에 따른 학습 vs 역량에 따른 학습

5. AI 시대, 무엇을 어떻게 가르칠 것인가 159

AI 교육은 맞춤형 교육을 위한 지렛대 | 코딩과 알고리즘은 미래의 기본 소양일까? | AI는 지식을, 교사는 창의 학습을

PART 3 2025년, 대한민국 교육 혁명이 시작된다

1. 코로나가 끝나면 오프라인 수업으로 돌아갈까 170
학부모의 눈높이가 올라가면 변화가 시작된다 | 변화가 더딜 때 우리가 해야 할 일

2. AI 시대에 편안하고 행복하기 위해 177
교육 개혁은 더하기가 아니라 빼기 | 나이 구분 없는 무학년제 교육과 학습 격차 | 티칭 격차와 디지털 기기 활용도 격차

3. 격차의 빈틈을 기술이 보완한다 187
빅데이터가 위기학생과 교원 수급을 지원한다 | 기술을 잘 아는 인재 vs 사람을 잘 아는 인재

4. AI 교육 파일럿 프로그램 엿보기 195
아이들이 참여한 데이터 교육 사례 | 문제점을 배우지 않으면 AI 피해자가 된다

PART 4 AI 시대에도 바뀔 수 없는 궁극의 교육

1. 지식 공부는 기계, 창의 학습은 교사 204
인성교육을 로봇이 한다고? | 빅데이터가 예측하지 못하는 1퍼센트의 희망

2. AI 시대, 교실에서 배워야 할 것들 214
미래의 기본 소양은 성실성과 협력 | 경쟁이 아닌 상생

3. 왜 코딩 교육을 해야 하는가 222
코딩은 기계와 소통하는 제2외국어 | 논리적으로 생각하는 힘을

길러야 한다

4. 5년 후, 학교는 어떤 모습으로 바뀔 것인가 229

교육과정을 최소화하는 것이 우선이다 │ 한 교실 안 학습 수준이
다른 아이들 │ 데이터 분석과 피드백에 능숙한 선생님

5. 미래교육에서 지향하는 궁극의 목표 235

학습 격차 해소는 개별화 교육으로 │ 미래학교의 실제 사례와 특징
들 │ 나만의 콘텐츠가 없으면 기계가 이긴다 │ 자기주도적 역량이
없으면 창의력도 없다 │ 국내 AI 교육 사례

PART
5

AI 시대,
학교와 부모의 역할

1. 충격을 주거나 감동을 주거나 252

학생이 교사에 맞출까, 교사가 학생에 맞출까 │ 교육이란 어떻게
하면 행복할지 찾아가는 과정 │ 시간을 때우는 학교는 위기의 아이
를 만든다 │ 경쟁과 서열화는 교사도 아이들도 행복하게 할 수 없
다

2. 미래교육에서 학교, 교사의 역할   264

교사는 모티베이터여야 한다 │ 창의교육의 핵심과 기본은 인성교
육 │ 산업화 시대의 주입식 교육은 끝났다 │ 외우는 교육이 아닌 문
제해결 중심 교육

3. 학부모들은 무엇을 준비해야 할까 275

현 시점에서 기계의 한계를 알아야 한다 │ 사람에게 최적화된 건
스스로 찾아야 한다 │ 틀을 깨야 크리에이트가 가능하다

4. 자기주도적 인재를 만드는 부모의 비법 284

대학 입시 이후의 삶이 진짜 인생이다 │ 모든 학습에는 절망의 계
곡이 있다 │ 아이를 성장시키는 부모의 피드백

스푸트니크는 소련이 쏘아올린 세계 최초의 인공위성이다. 소련 입장에서는 대단한 명예이지만, 미국 입장에서는 쇼크였다. 한마디로 충격이었다. 이를 계기로 미국은 NASA를 만들고 인터넷을 만들고, 심지어 교육과정을 혁신했다. 과학계에서 일어난 일이 교육계까지 큰 변화를 가져온 것이다.

마찬가지로 위기는 우리에게 기회이다. 코로나가 사회에 엄청난 충격을 주었기 때문이다. 우리 사회에서 견고하게 자리매김한 시스템의 균형상태, 즉 이퀼리브리엄(equilibrium)이 깨지려면 엄청난 충격을 받아야 하는데, 지금이 딱 그러한 충격을 받아 굉장히 혼란스러운 상태이다. 우리는 이제 두 가지 중 하나를 선택해야 한다. 원래 상태의 균형으로 돌아갈지, 아니면 새로운 균형을 찾을지. 나는 우리가 새로운 균형, 즉 뉴 이퀼리브리엄(New Equilibrium)을 찾아 교육에 혁신을 가져올 것이라 확신한다.

코로나19가 자각시킨
우리 교육의 현실

1
코로나19가 촉발시킨
미래교육의 쟁점들

지금 우리는 왜 교육을 혁신해야 하는가?

정제영　　　　　　　　　코로나19로 사회 전반에 걸쳐 급속한 지각변동이 일어났습니다. 교육 분야도 예외는 아닌데요, 현재 우리의 교육은 어떤 모습인지, 미래교육은 어떤 방향으로 나아가야 하는지에 대해 이야기를 나눠보려 합니다. 형식과 내용 모두 큰 변화가 예상되는만큼, 지금이 참 중요한 시점인 것 같습니다. 새로운 기술을 익히고 디지털 온라인 환경에 적응하되 정작 중요한 교육의 본질을 놓치는 일이 있어서는 안 되겠지요. 각자 궁금한 점도 있고 우려가 되는 점도 있을 텐데요, 대담을 통해 하나씩 풀어보기로 하겠습니다. 본격적인 대담을 시작하기 전에 우리가 직면해야 했던 코로나19 이야기부터 하면 어떨까 싶습니다. 또 코로나19냐, 지겹고 답답하실까요?

조기성　　　　　　　　　　그래도 논의의 출발선이 되는 중요
한 지점이니 빼놓을 순 없지요. 반복되는 이야기라고 여기면 지겨울 수
있지만, 그만큼 중요하기 때문에 거듭 이야기하는 것이니까요.

정제영　　　　　　　　　　이해해주시니 감사합니다. 2020년
코로나19의 확산으로 전 세계가 혼란에 빠졌습니다. 그러나 교육정책
의 측면에서 본다면, 위기는 변화의 기회입니다. 위기를 변화로 만든 역
사적인 사건으로 미국의 '스푸트니크 쇼크'가 있죠. 스푸트니크는 소련이
쏘아올린 세계 최초의 인공위성입니다. 소련 입장에서는 굉장히 명예로
운 사건인데, 미국에서는 '쇼크'라고 표현했어요. 스푸트니크 쇼크가 미
국에서 NASA를 만들고 인터넷을 만드는 계기가 됐고요. 놀라운 사실은
소련이 스푸트니크를 쏴서 미국이 교육과정을 혁신하게 되었다는 거예
요.

폴 김　　　　　　　　　　과학계에서 일어난 일이 교육계 큰
변화를 가져온 일이었죠.

정제영　　　　　　　　　　맞습니다. 제롬 브루너라는 학자가
매사추세츠 주에서 열린 우즈홀 회의를 통해서 이전의 경험 중심 교육과
정을 본질주의 학문 중심 교육과정으로 논의하고 바꿔나간 겁니다. '충
격적인 사건이 체제를 바꾼 것'이죠.

　그래서 저는 오히려 코로나19를 기회로 생각해요. 코로나가 사회에
엄청난 충격을 주고 있기 때문이죠. 우리 사회에서 견고하게 자리매김한

시스템의 균형상태, 즉 이퀼리브리엄(equilibrium)이 깨지려면 엄청난 충격을 받아야 하는데, 지금이 딱 그 충격을 받은 상태라 굉장히 혼란스러운 상황인 것이죠. 이런 상황에서는 두 가지 중 하나를 선택해야 하는데, 원래 상태의 균형으로 돌아갈 거냐, 아니면 새로운 균형을 찾을 거냐 하는 거죠. 우리는 이런 갈림길에 놓여 있는 거고요. 우리의 대담이 더 나은 미래로 가기 위한 새로운 균형을 찾는 시작점이 되길 바랍니다.

그러면 코로나19가 가져온 현재 교육의 상황부터 짚어볼까요.

우리나라의 경우 2020년 3월 말까지 개학을 거듭해서 미루다가 드디어 4월, 역사상 최초로 온라인 개학을 했죠. 팬데믹으로 인해 어쩌다 온라인 교육을 시작한 셈인데요, 선생님들도 학생들도 준비가 안 되어 혼란을 느꼈을 겁니다. 게다가 지금보다 인터넷 환경도 불안정했고 학습관리 시스템(LMS)도 제대로 갖추지 못한 상태였죠. 이건 우리나라뿐만 아니라 전 세계적인 고민이었을 텐데요, 상당 기간 수업이 제대로 이루어지지 않고 서로 소통이 안 되는 어려움을 겪었습니다. 1학기가 시작되고 차차 등교 수업이 이루어진 후에야 안도의 한숨이 나왔지만, 8월 15일 전후로 서울과 수도권, 주요 도시에서 코로나가 심화되면서 또다시 등교 수업이 어려워지고 말았습니다. 등교 수업을 하더라도 그 횟수를 줄일 수밖에 없었고요.

유네스코 발표에 따르면, 2020년 4월 기점으로 전 세계에서 휴교로 학업에 차질을 겪는 학생이 12억 9천만 명에 이르렀다는 기사를 읽은 적이 있는데요, 전 세계 학생의 73.9%에 해당하는 엄청난 숫자입니다. 지금은 등교 수업과 온라인 수업을 함께 하는 온·오프 블렌디드 러닝이 일상화되었지만 초반엔 굉장히 혼란스러운 모습이었죠.

최재화　　　　　　　　코로나가 사회 전 분야에서 디지털 전환을 매우 앞당긴 점도 있지만, 교육 분야의 디지털 전환은 모든 국가에서 아직 초기 단계입니다. 대중화가 이루어지지 않았음을 고려하면, 디지털 기반 학습 체제에 접근하기 힘든 계층일 경우, 학습에 대한 권리를 침해받거나 궁극적으로 교육의 양극화 현상이 심해지지 않을까 걱정됩니다.

폴 김　　　　　　　　　저는 코로나 팬데믹 상황에서의 교육을 좀 더 긍정적으로 보고 있습니다. 자기주도적인 태도를 갖고 있는 학생들은 문제없이 학습을 하고 있어요. 다행히 학생들뿐만 아니라 교사나 교수, 부모 모두 디지털 온라인 교육환경에 굉장히 빠르게 적응했죠. 민간 부분에서 온라인 교육을 바라보는 관점에도 많은 변화가 생겼고요.

조기성　　　　　　　　말씀하신 대로 코로나19 이후 디지털 온라인 교육을 바라보는, 또는 그것을 사용하는 사용자 관점에서 어제와 오늘이 다르다고 느낄 만큼 큰 변화가 있었죠. 저도 오래전부터 디지털 교과서와 학습에 대한 중요성을 주장해왔지만, 다들 대면 수업에만 관심이 많았거든요. 이렇게 빠르게 블렌디드 러닝, 하이브리드 러닝, 온라인 출석, 온라인 수업, 원격 수업, 그리고 줌과 구글 클래스 같은 것이 일상이 될 줄은 몰랐어요. 갑자기 미래교육자가 된 기분입니다.

정제영　　　　　　　　온라인 수업 초기엔 디지털 디바이스에 접속하는 문제라든가 기기의 부족 같은 문제가 상당히 많이 제기되었죠. 또 학생들이 온라인 수업에 적응하지 못하는 것, 온라인 환경에서 개인에 대한 정보가 무차별적으로 노출되는 것 등에 대한 우려도 많았습니다. 그렇게 반 년이 지나면서는 디지털 교육의 한계를 지적하며 학생들의 학습 부진이나 교육 양극화에 대한 문제 제기도 많았죠. 그 부분은 실제 교육 현장에서 어떤 식으로 해결이 되고 있나요?

조기성   공교육에서는 디지털 교육의 선두에 있는 교수, 교사를 중심으로 빠르게 교육 방법을 변화시켜나갔죠. 민간에서는 인공지능 학습 '밀크티', '홈런', '엘리하이' 등 학교교육을 보완하는 소프웨어들이 퍼져나갔고요. 물론 아직도 갈 길이 멀긴 합니다. 코로나로 등교가 미뤄지고 다들 우왕좌왕하던 때에 비하면 지금은 별 무리 없이 학교와 학생들이 제자리를 찾아가고 있는 것처럼 보이지만, 학교 안을 면밀히 들여다보면 사정이 좀 다릅니다. 실제로는 여전히 고군분투하고 있는 중이거든요. 실시간 쌍방향 수업을 하고 과제를 수행하더라도, 비대면 수업이다 보니 집중도가 떨어지는 어려움도 생기고요. 또 연령이 어릴수록 자기주도적으로 학습을 한다는 건 아주 어려운 일입니다. 재미는 물론 동기부여와 성취감까지 느낄 수 있도록 계속 격려해야 하지요. 우리 같은 교사들은 특히 인성교육에 대한 고민이 깊어집니다. 초등학교 저학년은 생활지도의 어려움이 있고, 고학년은 학교폭력 문제 등이 있지요.

정제영   디지털 온라인 교육이 가속화되면서 새롭게 대두되는 문제도 있을 것 같습니다. 온·오프라인 수업을 병행하며 블렌디드 러닝에 대한 만족도가 초기보다 높아졌다 해도 여전히 원활하지 않는 부분이 많고, 개개인에게 최적화된 맞춤형 교육과 관련해 AI, 즉 인공지능의 도입에 대해서도 할 이야기가 많을 것 같네요.

조기성　　　　　　　　　　　교육 분야에도 격렬한 변화가 시작되긴 했는데, 100퍼센트 장밋빛 미래를 약속하는 것은 아닐 테지요. 변화의 과정에서 나타나는 일시적인 문제도 있겠지만, 말씀하신 것처럼 디지털 격차가 학습 격차로 연결되는 문제는 중요하게 다뤄야 할 점인 것 같습니다.

정제영　　　　　　　　　　　맞습니다. 그리고 또 한 가지, 온라인 수업에서 보안의 취약성 문제도 살펴보면 좋겠습니다. 줌(Zoom) 등 화상회의 서비스가 해킹에 취약하다는 사실이 밝혀졌고, 콘텐츠를 만들어 활용할 때 저작권의 문제도 제기되었죠. 그동안 교실 수업에서는 대체로 이 자료, 저 자료를 그냥 가져다 썼습니다. 교실이라는 제한된 공간 안에 있었으니까요. 그런데 그 자료들을 온라인상에서 쓰다 보면 저작권 문제가 굉장히 심각해지죠. 기존에 플립 러닝을 교실 수업에 도입해왔던 선생님들은 상당히 당황스러웠을 겁니다. 또 온라인과 오프라인을 병행하는 수업이 정착되었지만, 블렌디드 러닝도 높은 수준에 도달했다고 보기엔 어려울 것 같습니다.

조기성　　　　　　　　　　　1990년대 중·후반부터 교육정보화를 위해 학교에 테크놀로지가 도입되었습니다. 지금의 인터넷 속도와 비교하면 걸음마 수준이었지만 수업에서 심화 보충자료로 사용할 수 있었죠. 기술의 발전이 교육의 발전과 불가분의 관계라는 것만은 확실하기에, 학생들을 위해, 또 사회와 학교가 괴리되지 않도록 교육이 이뤄지려면 수업을 준비하는 사람부터 달라져야 합니다.

폴 김   결국 교육의 핵심은 '사람'인데 가르치는 사람부터 필요한 기술을 잘 쓸 수 있어야 하거든요. 그런데 우리가 어렵게 배워서 익히는 것들을 아이들은 몇 번 해보는 것만으로도 자연스럽게 익혀요. 종이와 활자라는 아날로그 방식으로 교육을 받은 세대가 멀티미디어 콘텐츠에 친숙하고 디지털 DNA를 갖고 있는 세대를 가르치고 있는 셈입니다.

최재화   개별화, 수준별, 맞춤형 학습이라고 불리는 어댑티브 학습(Adaptive Learning)도 비슷한 상황입니다. 근본 취지 및 방향과 달리 다양한 자원과 인프라 구축은 이루어지지 않았습니다. 그래서, 뭐랄까, 안과 겉이 딱 맞는 수준은 아니라고나 할까요.

폴 김   아날로그 교육이든, 디지털 교육이든 결국 교육의 목표가 좋은 대학에 입학하기 위해서는 아니니까요. 우리가 왜 교육을 하는지를 짚어보는 것이 중요합니다. 잘못된 교육은 괴물을 낳을 뿐이니까요. 역사적으로 그리고 전 세계적으로 해악을 끼친 사람은 교육을 못 받거나 덜 받은 사람이 아니라 잘못된 교육을 받고 잘못된 사고를 하는 사람이에요.

최재화　　　　　　　　　　　　코로나19가 우리에게 큰 충격을 주
었지만, 교육의 패러다임 전환, 즉 교육의 디지털 전환을 촉진하는 기회
또한 주었습니다. 위기가 기회라는 말도 있는 것처럼요. 특히 교육 인프
라가 디지털로 전환되고 기술과 교육의 융합을 통해 미래형 인재 양성을
위한 기반이 만들어질 수 있도록 각계각층에서 힘을 모아 혁신을 이루어
야 할 때입니다.

정제영　　　　　　　　　　　　맞습니다. 이를 통해 미래교육을 위
한 새로운 균형, 즉 뉴 이퀼리브리엄(New Equilibrium)을 찾아나갈 수 있
기를 바랍니다.

IT 강국 한국의 현실, ICT 활용도 최하위권

정제영　　　　　　　　　　　　코로나19 이전부터 교육 현장에는
여러 가지 문제가 있었습니다. 한 가지 예를 들자면, 벌써 수년간 토드
로즈가 쓴 『평균의 종말』이 교육자는 물론 학부모들에게 꾸준히 읽히면
서 공교육의 문제점, 즉 교실 수업이 학습을 잘하는 학생, 미술을 잘하
는 학생, 사회적 공감력이 높은 학생, 또는 학습 수준이 평균보다 뒤떨
어지는 학생 등 개개인의 특성이나 수준을 고려하지 않고 하나의 잣대
로 – '평균의 잣대'라고도 할 수 있겠지요 – 모든 아이들을 똑같이 교육하
고 똑같은 잣대로 평가하는 데 따라 생기는 문제를 눈여겨보게 되었습니
다. 아이들 각각의 특성을 비슷하게 몰아가서 결국은 창의성과 사고의

다양성을 좁히는 결과를 낳지요.

유명한 교육학자이자 미국 공교육의 아버지 호레이스 만(Horace Mann)은 "학교가 위대한 사회평등 장치다. 공교육은 사회를 평등하게 만들어주는 중요한 장치다."라고 말했죠. 호레이스 만의 공교육 제도를 '교육 3.0'으로 표현할 수 있습니다. 1.0은 고대의 교육이고, 2.0은 중세 시대 종교 중심 교육이라고 할 수 있어요. 우리가 현재 운영하고 있는 산업사회형 학교를 교육 3.0으로 볼 수 있는데, 세계적으로 차이가 좀 있지만 150년에서 200년 정도의 전통을 갖고 있는 퍼블릭 에듀케이션, 퍼블릭 스쿨을 바로 3.0이라고 볼 수 있죠.

학교에서 이루어지는 지식교육은 고대와 중세 때에는 귀족 계층의 전유물이었고, 평민 이하 계층은 직업교육의 혜택만 받았습니다. 근대 시민혁명을 거치면서 모든 시민에게 학교교육의 기회가 열렸다고 할 수 있습니다. 교육 3.0으로 인해 대부분의 국가에서 학교가 사회평등 장치로서의 역할을 수행하게 되었죠.

하지만 OECD와 세계교육포럼 등의 국제기구에서 교육 4.0을 제안하는 이유는 산업사회형 학교가 개별 학생에 대한 교육 성과에 이르지 못하고 있다는 문제점 때문입니다. 학생 한 명, 한 명의 학습 성과에 초점을 맞추지 못한 대량 교육 체제는 표준화된 공급자 중심의 시스템이라는 한계가 있습니다. 다양한 첨단 기술을 활용하여 교육 본연의 목적을 구현하는 것이 교육 4.0의 기본적인 방향이라고 할 수 있겠지요.

최재화　　　　　　　　기술 발전으로 교육의 기회와 방법이 풍부해지고 넓어지긴 했지만, 이를 뒷받침하는 제도는 그러하지 못합니다. 전통적인 아날로그 교육에서 매우 중요한 가치인 공정성은 우리 모두를 '평균의 함정'에 빠져들게 합니다. 내용도, 방법도 획일적으로 작동하는 공장형 시스템의 한계가 드러나기 시작했고, 기존 교육제도의 틀 안에서 이를 해결하는 것은 매우 어렵습니다.

정제영   맞습니다. 사실 저도 학교 다닐 땐 답답함을 느끼면서도 '학교는 원래 이런 거'라고 생각했거든요. 조금씩 변화를 만들어보려는 노력은 있었지만 혁신의 수준으로까지 이어지진 못했고요. 그러다가 갑자기 온라인 교육을 하게 되니, 다양한 학습 형태에 대한 요구가 높아진 것이죠.

조기성   해외에선 우리나라가 IT 강국이자 교육 강국처럼 보일 겁니다. 학교에도 인터넷 등 IT 인프라가 잘 갖춰져 있으니 이를 활용하는 수업이 활발하게 진행되고 있을 거라고 생각하겠지요. 그런데 2018년 OECD가 발표한 PISA(국제학업성취도평가) 자료에 따르면, 우리나라는 OECD 32개 국가 중에서 학생들의 정보통신기술(ICT) 활용도가 최하위권에 속합니다. 2020년 2월 김갑수 서울교대 컴퓨터교육과 교수의 연구 발표에 따르면, 교과 수업 시간에 디지털 장비를 사용하는 비율은 2.96퍼센트밖에 되지 않아요.

폴 김   다소 충격적인 사실인데, 인프라의 문제만은 아니라는 뜻이겠지요.

정제영　　　　　　　　　　교사의 역할과 기존 수업 방식에 대한 문제도 있을 것 같아요. 온라인 수업이라는 건 학생이 집에서 혼자 학습을 해야 한다는 건데, 학생이 따라가지 못해도 교사는 진도를 나가게 되거든요. 그래서 부모님은 '온라인 교육이라 선생님이 우리 애를 못 보셔서 저렇게 진도를 나가는 걸까?' 하고 오해를 하기도 하죠.

폴 김　　　　　　　　　　사실은 그게 원래 교실의 모습이었는데 말입니다. 온라인이든, 오프라인이든 지식을 강의식으로 가르치는 것의 한계죠.

정제영　　　　　　　　　　맞습니다. 온라인 수업을 하면서 기존의 문제가 확연히 드러난 것일 뿐, 없던 문제가 생긴 게 아니지요. 지금은 부모의 소득, 부모의 관심, 아이의 동기 수준 등의 차이에 따라 교육 성취가 크게 달라진다는 것을 인식하고 있어요. 초등학생 자녀를 둔 부모는 아이의 관심과 지적 수준에 맞는 교육에 대한 욕구와 함께 아이의 공부를 자신이 도와주기 어려운 것에서부터 문제점을 토로합니다. 상급학교로 진학을 앞둔 중학교 3학년생이나 대학 입시를 준비하고 있는 고등학교 3학년생처럼 온라인 수업에만 의지하기 어려운 학생들은 이런 문제를 더 심각하게 느낄 겁니다.

최재화　　　　　　　　　　교육 현장에서 디지털 기술이나 ICT를 도입하기 위해 노력하는 것은 바람직하지만, 교육계의 기술 도입 수준은 21세기에 강조하는 기술 혁신과는 거리가 있습니다. 대부분은

20세기 기술에 머물러 있어서, 제4차 산업혁명과 같은 기대를 충족시키면서 그 수준의 기술이 교육에서 내실 있게 자리 잡기까지는 많은 시간과 진통을 겪을 듯합니다. 그런데 우리나라에서 본격적으로 교육에 ICT를 도입한 게 언제부터인가요?

조기성   1997년부터 진행된 교단선진화 작업으로 전국의 초·중·고등학교 22만여 개 교실에 30인치 이상 프로젝션텔레비전, 컴퓨터, 전자칠판을 설치하고 근거리 통신망을 연결해 교사들이 멀티미디어 교재를 활용한 수업을 할 수 있도록 했지요. 교육 현장에 ICT 활용 교육을 비롯해 대형 디스플레이, 인터넷을 도입한 게 2000년 초반입니다. 이때 재직하던 교사라면 누구나 플래시 교육 자료를 사용해봤을 거예요. 다만, 이전부터 교직 생활을 해왔던 선생님들은 ICT 도구를 활용하지 않아도 수업이 가능했기 때문에 필요성을 느끼지 못했어요.

선제적으로 스마트 교육 추진 전략을 발표한 건 2011년 무렵인데 당시엔 비용이 과도하게 들어간다는 언론 보도로 세간이 시끄러웠고, 그 비용으로 학교의 다른 시설을 개선하자는 움직임도 있었죠. 결국 온갖 우려와 반대에 부딪쳐 제대로 진행되지 못했지만, 지금 시점에서 봐도 손색이 없을 만큼 괜찮은 정책이라고 생각합니다.

저는 2000년에 교사 발령을 받았는데, 교실에 대형 디스플레이와 인터넷이 되는 컴퓨터가 있었기 때문에 자연스럽게 사용하게 됐습니다. 교사를 위한 ICT 활용 연수도 많이 받았죠. 제 교실이 2011년 국내 최초로 만든 스마트 교실이었는데, 저희 학교는 이후 모든 교실에 ICT 인프라를 구축하고 사용을 독려했죠. 그러나 대부분의 학교들은 그렇게 하지 못했어요. 일부 연구학교에서만 부분적으로 ICT 장비를 구비하고 사용했을 뿐이죠.

폴 김 안타깝게도 적기를 놓친 셈이네요. 그때 뿌리를 제대로 잘 내렸더라면 팬데믹 상황에서 더 유연하게 대처하고, 또 디지털 기반 학교교육의 성숙으로 미래교육의 좋은 예가 될 수도 있었을 텐데요.

조기성 동감입니다. 10년 넘게 스마트 교육이 제대로 준비되지 않은 상태에서, 어느 날 갑자기 ICT 활용 교육을 시작하게 된 거죠. 학생들도 스마트폰을 카톡이나 게임, 유튜브를 위한 놀이 도구로만 활용했지 학습적으로 활용해본 경험이 거의 없었어요. 코로나19로 2020년 3월 교육부는 처음 온라인 개학을 선언했는데, 정작 선생님들은 개학 전 3주 동안 서둘러 온라인 수업을 위한 준비를 했어요. 처음 하면 당연히 어설프기 마련이죠. 교사도, 학생도, 학부모도 난생처음 겪는 온라인 개학으로 인해 우왕좌왕할 수밖에 없었고요.

최재화 분야를 막론하고 디지털 전환은 매우 어렵습니다. 시간과 자본, 그리고 제도적 뒷받침이 되어야 하는데 교육 분야는 그 특성상 더욱 어려운 것이 어쩌면 당연합니다. 최근에 달라진 점이 있다면 어떤 점인가요?

조기성   온라인 수업과 과제 해결을 위해 기본적인 ICT 활용엔 많이 익숙해졌지만, 학습 격차나 수업 수준의 격차에 대한 문제는 여전히 해결되지 못한 상태입니다. 하지만 '격차'를 보는 시각 또한 점검할 필요가 있어요. 국어, 영어, 수학 등의 과목에 대한 학습 성취도에 치우쳐 있거든요. 하지만 저는 현재의 상황을 지나치게 부정적으로 보진 않습니다. 지금은 우리 교육 현장이 변화와 성장을 위해 나아가는 단계이고, 모든 일이 그렇듯 어려운 일도 반복해서 하다 보면 더 효율적이고 효과적인 방법을 찾게 되니까요. 학생들도 온라인 수업에 익숙해지면 ICT 활용 능력이 더 좋아질 테고 자신만의 공부법을 찾아갈 겁니다. 지금보다 더 다양하고 개별화된 수업을 통해 자기만의 실력을 쌓을 수 있을 테지요. 앞으로 미래 사회를 살아갈 우리 학생들에게 ICT 기술과 인공지능 기술을 활용한 교육은 선택이 아니라 필수라고 생각합니다.

공장형 학교 시스템이 학습 격차를 키운다

폴 김   한국에도 그런 의견이 있을 것이라고 생각하는데, 제가 있는 학교에선 이번이 더 좋은 기회라고 생각하는 학생들을 꽤 많이 만났습니다. 왜 그런가 하고 봤더니, 이런 학생들은 평소에도 자기주도적인 태도를 갖고 있었어요. 자기가 뭘 좋아하고 잘하고 공부하고 싶은지 주관이 뚜렷했지요. 이런 아이들은 환경이 바뀌어도 학습에 어려움을 겪지 않습니다. 오히려 시간이 생기니까 자원봉사단체를 만드는 등 여러 가지 활동을 하더군요.

학교가 원래 어떤 기능을 하는 곳이었는지 생각해보면, 학생들에게 필요한 최소한의 지식을 제공하는 기관이었습니다. 아이들 한 명, 한 명에게 관심을 기울이며 이해해주는 곳은 아니었던 것이죠. 코로나19로 오프라인 학교에서 온라인 학교로 변화된 것뿐이에요. 그런데 가만히 보니까 학생들이 주로 오전에만 수업을 받더라고요. 오후 시간은 자유롭게 자신들을 위해 쓰는 것을 보면서 이런 모습이 더 나은 교육이 아닌가 하는 생각도 들었어요.

더 관심을 가져야 하는 대상은 자기주도적인 학습 역량을 갖고 있는 학생들이 아니라, 저소득층 아이들과 인터넷 환경이 제대로 갖춰지지 않은 환경에 있는 아이들이에요. 미국은 인터넷 교육 환경을 제대로 갖추지 못한 가정이 30퍼센트가 넘어요. 여기에 속하는 아이들은 온라인 교육을 전혀 받지 못하는 셈이죠. 온라인 학습권이 박탈된 계층에 대한 관심과 더불어 스스로 학습하는 역량이 떨어지는 학생들에 대한 관심도 필요합니다. 미국이나 한국이나 자기주도적인 역량이 부족한 아이들, 주입식 교육에 익숙한 아이들, 시키는 대로 정해진 것만 하는 것에 익숙한 아이들은 이 상황이 정말 힘들 테니까요.

그래서 저도 어떻게 하면 학생들이 좋아하고 잘하고 원하는 것을 할 수 있을지, 호기심을 키워줄 수 있는 문제해결 중심 교육을 할 수 있을지, 팀 프로젝트를 해내는 역량을 길러주는 학생 중심 교육을 할 수 있을지 고민을 많이 합니다. 학생 중심 교육은 갑자기 되는 것이 아니기 때문에 어렸을 때부터 자기주도적으로 생각하고 학습할 수 있도록 해야 하죠. 그런데도 여전히 공교육에서는 의견만 분분할 뿐 갈팡질팡하는 것 같아요.

정제영   미국이나 한국이나 비슷한 상황으로 보이네요. 동기부여가 잘 되어 있고 자기주도적 학습 역량이 있고 여기에 부모의 지원까지 받는다면 현재의 상황이 유리할 수 있겠지요. 내가 하고 싶은 걸 더 할 수 있을 테니까요. 그렇지 못한 학생들은 교육의 사각지대에 놓이는 게 아닐까 싶습니다.

조기성   그런 학생들을 생각해서라도 학습 데이터를 기반으로 어댑티드 러닝이 가능한 방향으로 가야 한다고 봅니다. 우리나라 학교교육은 나이와 학년에 따라 배우는 내용과 수준이 결정되는데, 전 단계 학년에서 배운 내용 중 모르는 것이 많더라도 그다음 학년에서 심화된 내용을 배우게 됩니다. 어떤 아이들에게는 쉽고 어떤 아이들에게는 적절하고 또 어떤 아이들에게는 어렵죠. 기초가 부족한 학생은 기초를 튼튼히 할 수 있도록 돕고, 수준이 높은 학생은 심화 학습을 하거나 더 창의적인 학습을 할 수 있도록 도와주어야 해요.

정제영   좋은 말씀입니다. 개인의 수준에 맞춰 충분히 배울 수 있도록 배려하는 것이야말로 우리가 함께 만들어가야 할 미래교육의 방향성이 아닌가 싶네요. 공장형 교육 시스템은 격차를 키울 뿐, 학생들의 자율성과 창의성을 키워주진 못하니까요. 구체적으로 어떤 방법론이 있을까요?

조기성   각 교과별로 최소 이수 기준을 만들

어서 그 수준만 이수하면 세상을 살아가는 데 지장이 없게 해주고, 지적

수준이 높거나 일찍부터 자신의 흥미를 발견한 학생들은 관심사에 따라

자신의 학습을 확대해나갈 수 있도록 해주면 됩니다. 또한 교과 위주의

수업이 아닌, 실생활 문제 해결이 중심이 된 수업으로 바꿔야 해요.

그리고 2018년 OECD가 발표한 미래교육의 정의에서 '학생의 행복'

을 중요하게 다뤘다는 것은 시사하는 바가 크다고 봅니다. 학생들이 학

교에서 지식 습득에 힘쓰며 서로 경쟁하는 게 아니라 자신의 미래를 개

척할 수 있도록 돕는 방향으로 나아가겠다는 것을 의미하니까요. 이렇게

될 수만 있다면 아이들은 지금보다 훨씬 더 행복한 미래를 살지 않을까

요?

애초에 학교란 무엇인가

최재화   행복한 미래라는 말씀을 들으니, 정

서적 돌봄이 앞으로 더 중요해지지 않을까 싶네요. 교육과 관련해 제가

관심이 있고 마음이 쓰이는 부분은 '코로나 블루(corona blue)'입니다. 특

히 가족들이 집에 머무는 시간이 늘어나다 보니 보육과 자녀 교육을 주

로 담당하는 엄마들의 부담이 많아졌어요. 또한 사회적 약자, 그중 교육

현장에서의 약자들도 심적으로 우울감을 많이 느끼고 있을 겁니다. 아이

들이나 어른들이나 부모들이나 선생님들이 겪는 어려움을 우리가 어떻

게 보살피고 함께 해결해나갈 수 있을까요? 코로나19가 종식돼도 또 다

른 팬데믹이 올 수 있기에, 지금 배워야 할 것을 잘 배워둬야 한다고 생각합니다. 이번 일을 기회로 나의 내면, 가족, 교육과 학습을 다시 점검하는 거죠. 누군가 제게 코로나가 어떤 느낌이냐고 물어본다면 '리트릿(retreat, 회귀)'이라고 대답할 것 같습니다.

정제영   한발 물러나서 진지하게 생각하게 하는 말인데요.

최재화   그렇죠. 제가 코로나19를 겪으며 가장 많이 생각했던 것은 '학교란 무엇인가' 하는 것이었습니다. 현재 상황을 보면 사람들이 원하는 교육에 대한 기대 수준과 실제 디지털 기술 간에 격차가 있잖아요. 학교가 뭔지―저의 연구 주제인 '디지털 지식을 활용한 맞춤형 교육'과도 연결해서―어떻게 하면 학교라는 시스템이 더 잘 작동하게 할 수 있을까 하는 생각을 많이 합니다.

조기성   학교에 대한 애정이 많이 느껴지네요. 개인적인 질문일지도 모르지만 혹시 학교에 대한 각별한 기억이 있으신가요?

최재화   네. 사실 제게 학교는 아주 각별한 곳입니다. 부모님 두 분이 모두 선생님이셨거든요. 제가 사랑하는 아내를 만난 곳도 학교였고, 한국에서 미국으로 삶의 공간을 바꾸게 된 것도 학교 때문이었죠. 학위를 받고 난 후 직장도 학교가 되었고요. 현재 주거와 생활도 아이들의 학군과 학교에 맞춰져 있다 보니, 이번 기회에 리트 릿의 관점에서 디지털 시대에 학교를 어떻게 정의해야 하는지, '학교에 간다'는 것은 어떠한 의미인지, 스쿨링이란 어떤 의미인지 재정의하고 논의해보고 싶었습니다.

폴 김   기존 세대가 경험하고 생각해온 학 교와 미래 세대의 주역이 될 아이들이 경험하고 만들어갈 학교는 상당히 다른 모습이 되지 않을까 싶네요.

최재화   분명히 다른 모습이겠지요. 그렇기 에 전통적 관점에서의 '학교'라는 물리적 공간이 주는 의미와 '학습' 혹은 러닝이라는 기능적 의미에 대해 다시 생각해보면 좋을 것 같아요. 교육 분야 엔지니어로서 제 주변의 에피소드도 기회가 되면 들려드리고 싶네 요.

정제영   많이 들려주십시오. 기대가 점점 커 집니다. 교육 엔지니어로서 현재를 관통하는 핵심 키워드는 뭐라고 생각 하세요?

최재화   저의 핵심 키워드를 한마디로 표현 하자면, 교육 분야의 디지털 트랜스포메이션(digital transformation)입니 다. 다시 말해, '교육의 디지털 전환'입니다. 디지털 트랜스포메이션은 현 재 사회 전반에서 빠르게 일어나고 있는 현상이지요. 교육 분야는 더디게 진행되고 있지만, 타 분야에 너무 뒤처지지 않도록 진행되어야 한다고 생각합니다.

교육의 디지털 전환을 이해하기 위해서는 교육의 '인프라스트럭처 인버전(infrastructure inversion, 교육기반시설의 전환)'에 대한 이해가 필요합니다. 전통적 교육 시스템은 아날로그 인프라가 중심이었죠. 종이책, 사람, 학교와 같은 아날로그 인프라를 잘 구성하고 활용해서 교육을 했습니다. 그런데 지금은 이 인프라스트럭처의 중심축이 디지털로 이동하게 된 거죠. 사람이나 말이 이용하던 길이 자동차가 다니는 도로를 중심으로 바뀐 것처럼요. 물론 자동차 도로가 있다고 사람이 걸어다니는 길이 없어진 건 아니죠. 디지털 세상 속에 과정(curriculum), 평가(assessment), 교수(instruction)와 같은 절차와 틀을 만들고 이것을 중심으로 디지털 지식(digital knowledge) 체계를 구축한 후, 디지털 콘텐츠와 서비스(예를 들어 디지털 텍스트북, 교재) 등이 만들어지고, 전달되고, 소비될 수 있는 준비를 하는 인프라스트럭처 인버전이 일어나는 거죠.

저는 이러한 교육의 전환에서 기술적 부문에 관심을 집중하고 있습니다. 웹에 사람이 직접 만든 자료를 업로드하거나 인터넷 강의를 하는 것은 이미 20세기에 일어난 인버전이었어요. 21세기의 새로운 기술이 아니죠. 이것들을 제4차 산업혁명이라고 부르면 안 됩니다. 많은 분들이 맞춤형 교육/평가(adaptive learning/assessment)와 AI 교육을 연결해 이야기합니다. 교육 4.0에서 맞춤형 교육/평가를 구현하려면 어떤 준비가 필요하고 어떤 디지털 인프라스트럭처가 필요한지에 대해서는 필연적으로 21세기 디지털 기술 활용 혹은 AI 교육을 이야기하지 않을 수 없습니다. 그리고 앞서 말씀드린 대로 '학교란 무엇인가'를 고민하면서 이 부분에 대해서도 생각을 좀 정리했는데 차차 나누도록 하겠습니다.

정제영   우리가 교육이라는 공통 영역 안에
있으면서도 각기 다른 분야에서 활동하는 것이 새로운 관점을 나누는 데
큰 도움이 되는 것 같습니다. 지금까지 나눈 이야기를 정리해보면, 코로
나19로 인해 표면으로 드러난 교육 격차의 문제, 디지털 환경에서 다양
하게 적용되고 있는 학습법, 교육 현장에서 정보통신기술의 적용과 현
황, 교육기반시설의 전환, 더불어 학교란 무엇인가에 대해서도 그 의미
를 생각해봤습니다. 코로나 블루에 대한 이야기도 나왔는데요, 한 가지
덧붙이고 싶은 이야기가 생각나네요. 학교의 오래된 기능 중에 '커스터
디얼 펑션(custodial function)'이라고 하는 보호(양육) 기능이 있습니다. 오
래전 농경사회 때부터 있었던 것으로, 아이들을 맡기는 기능이지요. 미
국과 마찬가지로 한국에서도 학교가 이런 기능을 일부 수행하고 있는데,
아이들이 학교에 안 가니까 부모님, 특히 엄마들이 우울감에 빠지는 현
상이 많이 생겼습니다. 학교의 보호 기능이 없어진 이후에야 비로소 학
교의 기능을 다시 생각하게 되는 계기가 되지 않았나 싶어요. 지식을 배
우고 익히는 학습 기능, 친구를 사귀는 사회적 기능 등을 포함해서 다양
한 학교의 기능을 떠올려봅니다. 학교의 정체성과 역할에 대해 지속적이
고 생산적인 담론이 더욱 풍성하게 나오길 기대합니다.

2

온라인 교육은
이미 1987년에 시작되었다

온라인 교육에 돈을 쓰면 절대 안 된다?

폴 김　　　　　　　　　스탠퍼드대학에서도 그렇고, 요즘
많은 사람들이 온라인 교육을 두고 어떤 것이 더 이상적인지 궁금해하는
것 같습니다. 사실 이런 논의가 늦은 감이 있죠. 온라인 교육이 시작된
건 이미 1987년도부터였으니까요. 당시엔 찬성하는 이들도 있었지만 반
대하는 이들이 훨씬 많았습니다.

정제영　　　　　　　　　네, 맞습니다. 코로나가 당겨온 미
래교육이 사실은 코로나가 당겨온 과거의 기술이 아닐까 싶은데요. 최재
화 교수님의 말씀처럼, 인터넷상에 자료를 업로드하고 보고 다운받는 것
은 이미 20세기의 기술입니다. 줌 같은 화상회의 기술도 그동안 학교에

선 쓰지 않다가 최근에야 100퍼센트 가까이 활용하고 있지요. 새로운 기술이 개발되어 도입된 게 아니라 이미 있었지만 사용하지 않아도 된다고 여기며 미뤄온 것을 이제 어쩔 수 없이 사용해야 하는 일이 벌어진 겁니다. 여기에는 두 가지 측면이 공존하고 있는 것 같습니다. '어쩔 수 없이 사용한다', '사용해보니까 편하다'라는 것이죠.

화상 수업이나 온라인 수업도 처음엔 불편하다고 했는데 이젠 편하다는 분들이 많아졌죠. 미팅도 줌으로 많이 하니까 이동하지 않아서 좋다고 하고요. 현재 우리가 하고 있는 온라인 교육이 과거의 기술을 당겨온 것이라면 미래교육이란 과연 무엇인지, 제4차 산업혁명과는 어떤 관계가 있는지 짚어보면 좋겠습니다.

새로운 기술에 대한 요구도 많아졌습니다. 교육 현장에 계신 분들이 이런 기능을 달라, 저런 기능을 달라, 요구하는 모습도 처음 보고요, 나이가 지긋한 교수님들도 이러이러한 기술이 있으면 좋겠다고 요구하시거든요. 논의는 별개로 하더라도 온라인 교육의 강점이 있지요?

폴 김   물론입니다. 가장 큰 강점으로 예전엔 할 수 없던 일들을 하게 된 점을 꼽고 싶네요. 예를 들면 학교에 갈 수 없거나, 학교에 가는 것을 싫어하거나, 신체적 장애가 있거나, 학교에서 너무 멀리 살고 있거나, 가슴 아픈 일이지만 학교에서 집단따돌림을 당한 아이들은 학교에 가지 않고 온라인 교육을 받았죠.

그럼에도 불구하고 저널에 '온라인 교육을 하면 안 된다'는 내용의 논문이 실리곤 합니다. 2020년 초, 제가 심사하는 논문 중에도 그런 내용이 있더라고요. 저는 그 논문에 대해 비판적 리뷰를 했습니다만, 온라인 교육에 왜 그렇게까지 돈을 써야 하는지 모르겠다는 논문이 계속 나오고 있어요. 저는 온라인 교육에 회의적인 논문에 "그 학생들을 일반 학생들로 봐서는 안 된다. 그들에게는 온라인 교육에 대한 특별한 필요가 있고, 또 그들은 공교육에서 성공할 수 없기 때문에 다른 방식을 택해야만 했다. 그 학생들은 시작점부터가 다르다."라고 코멘트를 했습니다. 온라인 수업에 대해 입장이 다르지만 근거가 분명하고 비교 가능한 논문을 추천해주기도 했고요.

정제영   조금만 관점을 바꿔도 완전히 다른 시각으로 보게 되는데, 기존의 방식만 고집하며 생각의 틀에 갇히는 건 안타까운 일이네요.

폴 김   말씀하신 대로 관점을 바꾸는 일이 쉬운 일은 아니지만, 미래의 가능성마저 닫아버리는 건 정말 안타깝죠. 시공간의 제약에서 자유로운 온라인 교육이기에 다양하게 도전하고 상상력을 발휘해 시도해볼 만한 것들이 많거든요. 사실 제게는 지금의 현상이 '백 투 더 퓨처(back to the future)'처럼 느껴집니다. 2012년에 무크(MOOC, 온라인 공개수업)를 한 적이 있는데 170개 국가에서 2만여 명의 학생이 참여했어요. 수업 결과와 후기도 좋았고, 저 자신도 매우 성공적이었다고 생각해요. 170개 국가 2만여 명의 학생이 모여서 서로 소통하며 팀 프로젝트로 글로벌 이슈를 해결했으니까요. 그 수업을 개설했을 때 학력이나 연령에 어떤 제한도 두지 않았어요. 중학생도 있었고 대학교수도 있었죠. 아시아, 유럽, 아프리카 등 서로 다른 배경을 지닌 이들이 함께하는 모습은 상당히 이상적인 모습으로 보였습니다. 정작 학교에선 상당한 비난을 받았지만요.

조기성   아니, 왜 비난을 받으셨죠?

폴 김   '학교 이미지가 떨어진다', '엘리트 교육이라는 명성을 유지해야 하는데 네가 그렇게 막 뿌리고 다니면 우리의 가치가 떨어진다'더군요. 그런데 코로나19로 그토록 온라인 교육을 등한시하고 부정적으로 보던 사람들조차 온라인 수업 말고는 다른 선택지가 없는 상황을 맞게 된 겁니다.

새로운 시도를 부정적으로 바라보는 시선이 보수적인 교육 커뮤니티에는 분명히 있죠. 이런 태도가 교육의 진화를 더디게 했고요. 교육자들도 겸손한 마음으로 끊임없이 배워야 하는데 이것을 등한시할 때 여러 가지 문제가 생기는 것 같아요. 책임이 무겁죠. 그래서 미래교육을 얘기할 때, '가르치기 전에 먼저 배우는 태도'를 강조합니다. 어른이 되어서도 배움을 멈추지 말아야 한다는 것을 학생들에게 심어주고 싶거든요.

최재화   교육의 진정한 가치가 무엇인지 생각하게 되네요. 미래 지향적이어야 하는 교육이 가장 보수적인 성격도 가지는 아이러니가 이 경우인 것 같습니다.

폴 김   우리는 지금까지 똑똑하고 앞서가는 아이에게 지나치게 초점을 두는 경향이 있었죠. 그런데 전 세계를 돌아다니면서 똑똑한 아이가 더 위험한 사람이 되는 경우를 많이 보았습니다. 똑똑한 아이를 키우는 게 교육의 목표가 아닌데, 똑똑한 아이를 자꾸 주장하다 보니까 그 아이들이 잘못된 사고방식을 갖게 되고, 심지어 사회에 큰 악영향을 끼치는 일까지 벌어지는 거죠. 르완다의 집단학살이나 미얀마 군부의 만행 등 엄청난 사건들이 누구에 의해 저질러졌던가요? 교육이란 무엇인지, 어떤 가치를 향해 나아가야 하는지 묵직하게 생각할 수밖에 없습니다.

정해진 답을 찾는 교육이 무의미해진다

정제영 굉장히 공감되는 부분인데요, 근대식 학교교육이 똑똑한 아이를 기르는 데 중점을 두었다고 하지만, 사실 진짜 똑똑한 아이를 기르지는 못한 것 같습니다. 정해진 교육과정 안에서 100점을 맞는 아이가 제일 똑똑한 아이로 평가받고, 이런 아이들을 위한 교육이 무한 반복되고 있는 거죠.

한국 사회가 눈에 드러나는 경쟁이 워낙 치열한 사회인 것도 하나의 원인을 제공한 것 같아요. 총체적으로 보면 제도가 아이들의 사고와 태도를 억압한 것이죠. 그렇기 때문에 정해진 답을 찾는 것이 아니라 자유롭고 창의적으로 생각할 수 있도록 사고의 전환과 더불어 환경의 뒷받침, 즉 교육제도나 기술 등이 필요하다고 봅니다.

조기성 우리나라 교육의 핵심은 '교과 문제

를 얼마나 잘 푸느냐였죠. 단편적인 지식의 축적을 서열화하고 이를 기반으로 어떤 대학에 진학할 수 있느냐를 중요하게 보았기 때문에 대안적 교육에 대한 이야기가 나와도 일시적으로 불꽃을 피울 뿐 금방 사라졌죠. 대한민국에서 '잘 산다'는 의미는 명문 대학을 졸업한 후 전문직에 종사하거나 대기업에 취업하는 것이라는 생각이 널리 퍼져 있으니까요.

하지만 미래 사회는 정해진 답이 아닙니다. 그래서 새로운 관점에서 문제를 해결할 수 있는 역량이 중요하지요. 우리가 실리콘밸리의 수많은 IT 기업들의 성공에 주목하는 것도 이러한 연장선상에 있어요. 새로운 시각으로 새로운 기업을 만들어낼 수 있는 미래 인재를 기대하는 거죠. 그럼에도 당장의 현실적인 이유로 학부모들은 지식 중심의 사교육을 시킵니다. 제4차 산업혁명 시대에는 기존의 많은 직업이 사라지고 기계에 의해 대체될 것을 알고 있음에도 말이죠. 당장에 눈을 돌리면, 옆집 소프트웨어 개발자보다 윗집 의사가 성공한 것처럼 보이거든요. 시대는 미래 세대를 원하는데, 정작 부모들은 과거 세대에 머물길 바라네요.

OECD 발표 자료에 따르면, 우리나라 학생들은 주관적 행복지수에서 거의 최하위를 기록했어요. 성적 경쟁에 내몰려 학교에서 학원으로 직행하는 생활을 반복하는데 청소년 시절이 행복할리가요. 하지만 인공지능 기술을 바탕으로 개별화, 맞춤화 교육이 시작되고 교육 데이터가 쌓이면 이런 경쟁은 무의미해질 겁니다. 자신이 좋아하는 것을 찾아서 전문성을 기를 수 있는 기회가 생길 테니까요. 이미 웹툰작가, 유튜버 등 디지털 세상에서 활동하는 크리에이터들이 새로운 시도로 전문성을 쌓고 인정받고 있잖아요. 자신만의 전문성을 가진 사람들이 인정받는 사회가 오고 있습니다.

3
공교육과 사교육의
역할은 달라야 한다

미국, 중국, 유럽의 엘리트 교육

정제영   교육 분야에서 공교육과 사교육의
역할에 대한 쟁점들도 한번 짚어보면 좋겠습니다. 공교육과 사교육을 포
함해서 교육에 대해 말할 때 빼놓을 수 없는 것이 엘리트 교육일 텐데요,
나라마다 차이가 있고 국가 방침도 다르지요. 다른 나라의 사례도 함께
들어보는 것이 도움이 될 것 같습니다.

최재화   저는 엘리트 교육과 보편교육의 철
학과 운영을 한꺼번에 같이 보아야 한다고 생각합니다. 미국에서는 엘리
트 교육과 보편교육을 나눠놓고 있으며, 그 극명한 차이를 사회적으로
그리고 제도적으로 인정합니다. 사립교육 영역에서 교육을 받는 약 30

퍼센트와 공립교육 영역에서 교육을 받는 70퍼센트가 서로 어떻게 다른지, 왜 둘 다 필요한지 감안하고 합의하는 것이죠.

한국에서는 그 두 교육의 차이를 두지 않습니다. 이 또한 미국과 한국의 차이입니다. 그런데 미국 제도와 사례를 한국에 가져올 때 보편교육 쪽으로 몰아서 묶고 하나의 가치와 목표만을 설정하기 때문에 해석이 완전히 달라집니다. 여기서 문제점이 생깁니다. 미국의 교육이론이 한국 상황에 접목이 잘 안 되고, 그렇다 보니 한국 고유의 문제점이 불거집니다. 미국이 좋고 한국이 나쁘다는 이야기를 하는 것이 아닙니다. 국가의 사회, 문화, 관습의 차이에 따라 교육도 달라집니다. 어색한 베끼기나 따라 하기는 편향과 오류를 야기합니다.

학생뿐만 아니라 선생님, 부모 등 구성원들이 속한 사회적 특수성이 다 다른데 그 차이를 인정하지 않은 채 타 국가의 교육제도를 한국에서의 가치로 바라보고 적용하면 한국 내의 문제점이 많이 보입니다. 한국은 역동적인 국가이기에 그 가치도 빠르게 변하니까요. 타 국가를 보지 말고 과거와 비교하시죠. 한국은 '엘리트 교육과의 공존'보다는 '보편교육 중심', 그리고 '다양성'보다는 '공평성'의 가치를 중심으로 사회적 합의(즉 제도)가 이루어져 있어요. 이 사회적 합의의 틀을 점검해야 할 때입니다. 그렇지 않으면 교육과정에서 습득해야 할 학습 분량이 많든 적든, 이것을 따라오든 말든, 더 높은 수준의 학습을 할 수 있든 없든 학생들을 획일화시키는 교육이 문제가 되어도 근본적인 해결이 어렵습니다.

조기성 만약 미국에서 한국처럼 교육하면 어떻게 될까요?

최재화   아마 폭동이 일어나겠죠? 자유를 극
도로 중시하기 때문에 한국의 획일적 교육이 미국 사람의 상식으로는 이
해가 안 될 겁니다. 코로나 때문에 마스크 쓰라는데도 총을 쏘며 저항하
는 국민들입니다. 교육의 관점이 미국과 한국이 다르기 때문입니다. 사
회적, 문화적, 소위 구조적 차이로 인정해야 합니다.

조기성   관심사도 다르고 능력도 다른데 같
은 교육을 받는 건 문제가 있죠. 아직도 그런 교육 방식이 교육 현장에
많이 남아 있고 진학이나 취업에도 적용되고 있다는 게 안타깝습니다.
모두에게 기본적인 교육은 꼭 필요하고, 그 기본을 갖춘 학생들은 자신
이 원하고 소질과 적성에 맞는 공부의 길로 나아갈 수 있는 시스템이 필
요합니다.

정제영   한국 교육과 미국 교육의 큰 차이점
은 엘리트 교육과 보편교육을 어떻게 볼 것인지에 대한 것이 아닐까 싶
습니다. 중국 교육과의 차이이기도 한데, 중국도 굉장한 엘리트 교육을
하고 있죠. 유럽에서도 엘리트 교육이 따로 이루어지고 있고요. 우리나
라에서 엘리트 교육을 일부 살리기 위한 정책을 편 적이 있었습니다. 자
율형사립고를 50개까지 만들겠다는 목표 아래 아이들을 선별해 교육했
죠. 그러다 2016년 탄핵 정국 이후 새 정부가 들어서면서 2025년까지
다 폐지하기로 했습니다. 미국으로 치면 사립고를 일반 공립고로 바꾸는
정책인데, 현재 전체 학교 중 5~10퍼센트 정도 되는 영재고와 과학고
를 제외하고는 90퍼센트 이상이 일반 고등학교가 되는 겁니다. 미국과

의 차이점은, 한국은 미국에 비해 사립과 공립의 학력 격차가 크지 않다는 겁니다. 미국은 사립과 공립 간에 교육에 대한 관심도, 학업 수준 등에 차이가 상당한 것으로 알고 있습니다.

조기성   우리나라는 국가 교육과정을 그대로 따를 수밖에 없기 때문입니다. 똑같은 학교에서 다양한 인재를 양성하기란 어려운 법이죠. 개인적으로는 다양한 학교가 필요하다고 생각합니다. 저는 마이스터고를 무척 좋아합니다. 일찍 진로를 찾고 전문성을 키울 수 있도록 교육하는 학교죠. 국가 교육과정이 축소되어야 한다는 주장을 하는 것도, 지역이 다르고 환경이 다른데 똑같은 내용을 배운다는 게 이상해서입니다. 어촌 지역에서 산림보호전문가가 나오기는 어렵지 않을까요? 학생에게 강한 흥미가 있고 따로 시간을 쏟는다면 불가능한 것은 아니지만, 산과 들이 잘 발달된 지역에 있고 관련 교육을 잘하는 학교로 옮기는 것이 더 많은 경험을 하고 공부를 할 수 있는 효과적인 방법일 거예요.

온라인과 오프라인 교육, 택일할 수 없다

정제영   공교육과 사교육, 엘리트 교육과 보편교육의 문제에 더해, 디지털 기반 온라인 교육이 학교에 전격 도입된 것의 효과성과 앞으로의 방향성에 대해서도 논의가 분분합니다. 민간 기업에서는 본격적인 디지털 교육 시대의 도래를 선언하며 디지털 기반 교육 프로그램의 개발에 힘을 쏟고 있고, 교육부 차원에서도 그러한 논의와 연구가 많습니다. 그러나 다른 한편에서는 기계는 사람만큼 섬세하게 코칭을 하거나 교육할 수 없기에 대면교육이 중요하다고 주장합니다. 디지털 기반 온라인 교육과 오프라인 교육의 가장 큰 차이점이 뭐라고 생각하시나요?

최재화 저는 디지털 지식 기반 기술을 연구하고 있다 보니, 저의 연구 주제를 중심으로 이야기를 풀어보겠습니다. 우선 온라인과 오프라인의 차이점을 이야기하기 위해서는 두 가지 관점을 정리해야 한다고 생각합니다. 첫 번째는 '전달 방법(delivery mode)'에 대한 개념의 정리입니다. 교수자가 학습 내용을 학생들에게 오프라인으로 전달할 것인가, 디지털로 전달할 것인가, 혹은 이 둘의 혼합/융합인가에 따라 나뉜다는 것입니다. 예를 들어 제가 연구하는 '맞춤형 교육을 위한 디지털 지식'은 전달 방법이 온라인이든 오프라인이든 상관없이 사용하는 디지털 인프라의 개념인데요, 이 경우 전달 방법을 디지털만 고려하면 효용가치가 반감됩니다. 등교, 즉 물리적인 개념의 학교를 가는 경우에도 동시에 대처할 수 있다는 것이지 모든 오프라인 학습을 온라인으로 바꾸자는 것이 아닙니다. 제가 바라보는 미래교육은 언제든지 수업을 할 수 있도록 온라인으로 준비가 된 상태에서 오프라인 수업을 진행하는 것입니다. 두 번째는 '제작 방법(development method)' 개념입니다. 이는 교육 콘텐츠와 서비스(예를 들어 교재, 강의 등)를 '교수자가 개별적으로 생산하는(man-made)' 방법과 교수자(혹은 내용 전문가)들이 그들의 지식을 디지털 기계에 주입하여 디지털 지식 체계를 구성한 후 '기계가 생성(machine generation)'하도록 하는 방법입니다. 디지털 콘텐츠와 서비스가 생성되면 그 이후는 동일하고요. 20세기 기술은 교육 콘텐츠를 온라인에 업로드해서 사용하는 방법이고, 21세기 기술의 활용은 한발 더 나아가 디지털 지식 체계에 대한 인프라스트럭처를 구성한 상태에서 온·오프라인 융합교육을 하는 것입니다.

폴 김 교육의 기반을 디지털로 한다는 것과 모든 교육 시스템을 온라인으로 전환한다는 것은 상당히 다른 개념이지요.

최재화 맞습니다. 그런데 이와 관련한 생각은 어느 나라나 비슷한데, 특히 한국이나 미국이 비슷한 것 같아요. 미국에서 교육학 교수들과 교육정책 연구자들을 보면 학교 수업을 온라인과 오프라인으로 이분해놓고 이야기하는 경우가 대부분이거든요. 비대면과 대면으로 자꾸 나눠서 이야기하다 보니까 논지가 흐려지는 거죠. 거기다가 현재 교육 분야는 대부분 20세기형 기술 활용에 머물러 있어서 타 분야에서 이야기하는 디지털 전환 혹은 혁명과는 괴리가 있습니다. 다양한 수준에서 그 괴리를 좁혀 교육 분야의 기술 고립을 해결해야 합니다.

조기성 정해진 틀에서 벗어나지 못하는 거죠. 흑백논리로 양분해서 생각하는 것에 익숙하기도 하고요. 현장에서는 이미 새로운 관점과 열린 생각으로 보고 듣고 경험하고 있는데요.

최재화　　　　　　　　　우리는 이미 과거와 상당히 다른 방식으로 수업을 하고 교육 시스템을 운영하고 있습니다. 중요한 것은 지금의 변화를 기회로 삼아 교육의 수준을 한 단계 더 높이고 넓혀서 미래를 지향하도록 만들어나가는 겁니다. 미래를 지향하자는 것은 오프라인도 잘하자는 얘긴데, 현재 상태가 오프라인 교육이 쉽지 않다 보니, 앞으로도 계속 온라인 중심으로 가자는 결론으로 이어지곤 합니다. 이런 논지는 시장 혹은 기업들이 많이 하는 이야기지요. 제가 말씀드린 디지털 인프라스트럭처는 온·오프라인을 아우르는 개념입니다. 디지털 지식 체계를 구축하고, 이를 바탕으로 기계가 '생성'한 콘텐츠와 서비스를 통해 온라인 교육과 오프라인 교육을 아울러 함께 할 수 있는 디지털 인프라 구축에 대한 이야기지요.

정제영　　　　　　　　　지금 말씀하신 부분이 굉장히 중요한데, 저도 최재화 교수님 말에 크게 공감합니다. 온라인 교육과 오프라인 교육이 대립적이라거나 또는 둘 중에 하나를 선택해야 된다고 이해하시는 분들이 여전히 많습니다. 온라인 교육은 효용성이 탁월한 영역이 있죠. 폴 김 교수님이 말씀하신 것처럼 학교에서 멀리 떨어진 곳에 살고 있거나, 장애가 있거나, 따돌림을 당하고 있는 등 특별한 환경에 놓여 있는 아이들에겐 온라인 교육이 훨씬 더 유용할 겁니다.

조기성　　　　　　　　　한국에도 방송통신중학교와 방송통신고등학교, 사이버대학, 방송통신대학 등 온라인 교육 기관이 있지요.

정제영   기존의 교육은 가르치는 사람과 배우는 사람을 분리한 상태에서 이뤄지는 대면교육이고 강의식 교육이었죠. 앞으로는 크게 바뀌어야 한다고 생각합니다. 반복되는 이야기지만, 온라인 교육이든 오프라인 교육이든 공장형 시스템 속에서 일방적인 강의식 교육을 고수한다면 디지털 인프라를 구축한다고 해도 본질적으로는 바뀌는 게 없을 테니까요.

이게 흥미로운 게, 미국은 그러기 쉽지 않아도 우리는 할 수 있지 않을까요? 교육부가 바꾸자고 하면 일사분란하게 딱 바뀌잖아요. 전국에 초·중·고가 1만 2천 개가 있는데, 지금이라도 교육부가 계획을 바꾸면 17개 시·도교육청을 통해 전국의 학교가 바뀔 수 있습니다. 그래서 교육학자들과 교육 전문가, 교사들이 논의하고 합의하여 큰 그림과 방향을 제시하는 것이 중요한 일인 것 같습니다. 미래의 한국 교육에 큰 영향을 미칠 수 있으니까요.

최재화   그런데 디지털 사회로 전환하는 시대에 교육 분야가 유난히 지체되어 있는 이유는 뭘까요?

정제영   좋은 질문입니다. 조심스럽긴 하지만, 제 생각으로는 투자 대비 이익의 문제와 연관되어 있지 않을까 싶어요. 기업들의 투자가 수익이 나는 곳으로 집중되어 있으니까요. 우리나라는 교육 분야에 기업이 들어와서 수익을 낼 수 있는 구조라고 보긴 어렵거든요. 예를 들면 미국의 경우, 공립학교든 사립학교든 ITS(Intelligent Tutoring System, 지능형 튜터링 시스템)를 서비스하는 기업의 프로그램을 학교가 구입해서 쓰고 있습니다. 그런데 한국은 이런 경우가 거의 없죠. 에듀테크 기업이 있지만 수익이 나는 구조가 아니었습니다. 그렇다 보니 민간 투자가 없었고, 한국교육학술정보원 같은 곳에서 공적 시스템을 개발하고 무료로 배포하는 상황이 된 겁니다. 경쟁적 발전이나 다양한 시도가 적은 탓에 결과적으로 교육 분야의 기술이 낙후된 거죠. 기업이 이익을 낼 수 있는 구조가 되어야 교육 분야에서도 디지털 전환이 빠르게 이루어지리라 봅니다. 공적 영역에서 아무리 열심히 해도 최고의 기술자들이 진입하지 않는다면 뒤떨어진 시스템으로 갈 수밖에 없으니까요.

사교육이 교육 인프라를 더해준다

최재화   싱가포르, 사우디아라비아, 미국 등에서 교육 기술, 특히 맞춤형 교육 기술에 대해 이야기를 할 때 항상 하는 이야기가 있습니다. '콘텐츠 어댑테이션(교육 콘텐츠를 디바이스 기능에 맞게 변환)' 이전에 '콘텐츠 퀄리티'를 검증하고 그 수준을 분류해야 한다는 것이죠. 콘텐츠 수준별로도, 가격별로도 분리해야 합니다. 이 부분은 사회적으로 상당히 어려운 일인데, 온라인 강의에 평점과 가격을 붙이고 유통하는 것은 한국이 아마 유일하지 않을까요?

교육을 사교육과 공교육으로 양분하고 사교육을 악(惡)으로 치부하던 때가 있었습니다. 많은 국가들에 그런 분위기가 남아 있기도 하죠. 한국 교육 현장이 타 국가들에 비해서 코로나19라는 유래 없는 혼란 속에서도 잘 버티고 있는 것은 공교육에서 변화에 빠르게 대처한 수많은 선생님들의 노력과 희생 때문이라고 생각합니다. 동시에 민간 기업이 그동안 쌓아온 인프라스트럭처의 역할도 분명히 있었죠. 이 점만큼은 인정해줘야 한다고 생각해요. 두 영역의 역할은 다르고 서로 협력이 필요합니다.

민간 기업이 앞서나가는 환경을 구축했기에 EBS 같은 공영 서비스도 거기에 맞춰 변화하고 발전했다고 봅니다. 클라우드 서비스 옵션이 다양하게 존재하니 EBS도 그중에서 좋은 것을 취해 온라인 교육 콘텐츠와 환경을 빠르게 갖출 수 있었죠. 그래서 저는 사교육 시장을 포함한 민간 기업이 공교육에 끼친 역할을 긍정적으로 보고 있어요. 공교육과 사교육이 각각 제 역할을 함으로써 공존의 가능성을 보여준 게 아닌가 싶어요.

조기성　　　　　　　　　　　e학습터나 EBS 온라인클래스는 원래 온라인 수업을 위해 만들어진 플랫폼이 아니에요. e학습터는 부진아 지도를 위한 플랫폼이고 EBS 온라인클래스는 소프트웨어를 위해 기획된 플랫폼이었죠. 코로나로 온라인 수업이 필요해져서 두 플랫폼을 급하게 온라인 수업 플랫폼으로 변형시켜 인프라를 늘린 겁니다. 오프라인 수업에 온라인 수업 요소를 들여와 활용하고자 했던 교사들은 일찍부터 학생들과 함께 구글 클래스룸이나 MS 팀즈 등을 사용해왔어요. 국내에도 자체 개발한 플랫폼이 있지만 사용하기 불편한 감이 있죠.

정제영　　　　　　　　　　　학교 현장에서 볼 때 좀 더 발전된 상태를 만들려면 가장 시급한 문제가 뭐라고 생각하시나요?

조기성　　　　　　　　　　　교사와 학생의 학습 데이터를 축적하는 일입니다. 그러기 위해서는 교육 데이터 표준이 필요하지요. 이 표준은 국가에서 만들어야 한다고 생각하고요. 제 경우 에듀테크를 수업에 많이 활용하는데, 데이터가 각각 흩어져 있어서 불편을 느낄 때가 있어요. 스마트 교육을 처음 시작했을 무렵, 삼성전자에 제안해서 삼성스쿨이라는 플랫폼을 만든 적이 있는데 무료화하지 못해서 사라져버렸어요. 많이 아쉬운 부분이에요. 지금 구글이나 팀즈에 탑재되어 있는 대부분의 기능을 삼성스쿨에서도 구현했거든요. 에듀테크에 비용을 지불하는 일이 당연해져야 합니다. 양질의 서비스를 이용하려면 적정한 가격을 지불해야죠.

최재화   코로나19를 기점으로 교육과 기술에 대해 좀 더 높아진 시선에서 교육정책을 펴나가리라 기대합니다. 이미 그렇게 많이 바뀌고 있고요. 교육에 활용할 수 있는 기술이 많았는데도 제도가 완고하고 보수적이라서 다양한 외부 혁신들이 들어올 틈이 없었거든요. 하지만 국민의 세금으로만 교육 혁신을 주도해야 한다고 보는 관점은 한 번 더 생각해봐야 할 지점인데요, 공교육을 중심으로 생각하면 보수적인 태도를 유지하게 되고, 그러면 원하는 혁신이 더 느려질 수 있습니다. 원천 기술을 제공하는 기업, 이 기술을 활용하는 교육 기업이 만드는 사교육 시장 생태계, 그리고 이 생태계에서 만들어지는 다양한 디지털 교육 콘텐츠와 서비스들이 사회 전반에 걸친 교육에 기여할 수 있는 바가 클 것이라고 봅니다. 최근에는 마인드가 많이 바뀌어서 교육 전용 디지털 플랫폼 얘기가 나오고 있는데, 저는 이를 굉장히 고무적인 현상이라고 봅니다.

4

Why Education?
혁신을 위해 필요한 두 가지 질문

왜 컬처 엔지니어링이 필요한가?

폴 김   사교육 기관에 자문을 하고 있어요. 혁신적인 교육의 시도도 하고 있기 때문에 사교육 시장에서 개발된 새로운 것들이 사람들에게 잘 활용되면 그게 공교육 쪽으로 넘어갈 수도 있다고 봅니다. 제가 자주 하는 말 중 하나가 "우리나라는 문화를 바꿔야한다. 컬처 엔지니어링이 필요한 나라이다."인데요, 새로운 것을 시도하는 사람을 부정적으로 바라보는 문화가 여전히 남아 있기 때문이에요. 교육 현장에서 뭔가 새로운 것을 시도하고 싶어도 혼자 튈까 봐, 욕먹을까 봐 안 하는 거죠. 제게는 이게 참 슬픈 일로 다가옵니다. 이런 분위기를 바꾸려면 컬처 엔지니어링(혁신을 위해 사회와 문화를 돌아보고 문제를 인식하는 것)을 해야 합니다. 공교육에 종사하는 선생님들이 눈치 보지 않고 왕따 당하지 않으면서 새로운 것을 시도하고 재량을 발휘해서 학생들을 위한 최고의 교육을 개발하고 수행하는 문화를 만들어야 하는데, 위에서 눈치를 주니 시도하기가 어려운 거죠.

조기성　　　　　　　　　　　　사립학교라고 자유롭지는 않지만 한 학교에 오래 근무하다 보니 재량껏, 눈치껏 새로운 것을 적용하고 있습니다. 컬처 엔지니어링이 필요하다는 점에 동의합니다. 그런데 유난히 대한민국 사회에서 이 부분이 어려운 이유가 무엇일까요?

폴 김　　　　　　　　　　　　　우리 사회가 'Why education?'에 대해서 합의된 답을 갖고 있지 않기 때문이라고 생각합니다. why에 대한 이해 없이 what만 갖고 있으면 팬데믹 이후의 교육이 긍정적이고 미래지향적인 방향으로 나아가지 못하고 다시 제자리로 돌아올 수밖에 없어요. 조금 극단적인 말로 들릴 수도 있지만, 우리 애가 좋은 대학에 갈 수 있도록 학원을 하나라도 더 보내서 학습 성취에만 집중하기 쉽죠.

　사실 why에 대해서 공감하지 않으면 변화가 일어나기 힘듭니다. 학생, 학부모, 교육자 모두 why에 대해 공감해야 동기부여가 되죠. 기술 변화는 물론 사회 변화의 관점에서도 why의 측면은 중요한 요소라고 봅니다.

　21세기 미래 사회를 살아갈 아이들을 위해서 기존의 방식은 옳지 않다는 레퍼런스가 이미 많이 나와 있어요. 몇 년 전에 한국의 모 초등학교 6학년 학생이 세계드론대회에 나가서 챔피언이 되었습니다. 지금 그 학생은 중학생이 됐는데, 대기업으로부터 스폰서십을 받으며 드론을 제작하는 엔지니어링 회사들에 자문을 하고 있습니다. 다른 아이들이 태권도, 피아노, 수영을 할 때 그 학생은 드론을 좋아해서 혼자 드론 공부를 한 거죠. 말하자면 STEM(과학·기술·공학·수학) 학습을 혼자 한 셈이에요. 또 어떤 학생은 새를 너무 좋아해서 직접 새 영상을 찍어서 유튜브에 올렸는데, 대한민국에서 멸종 위기에 있는 희귀 조류를 전 세계에 알리게 된 거예요. 현재는 유튜브에서 스폰서십을 받으면서 세계조류보호단체와 함께 일을 하고 있습니다. 조류학 박사학위를 따야만 그런 일을 할 수 있는 건 아니라는 거죠.

조기성　　　　　　　　초등학교 교실에선 그런 아이들을 많이 보는데 중학생이 되면서부터 공부에 치여서 좋아하는 것을 마음껏 하지 못하는 경우가 대부분이죠.

폴 김　　　　　　　　시대가 많이 변했는데도 여전히 why education을 생각하지 않고, 구시대적인 교육과정과 교육 모델을 쫓아가기 때문이 아닐까 싶네요. 우리의 미래교육 대담에서 꼭 다루고 싶은 부분도 바로 'why'예요. 요즘 코딩해야 한다고 하면 코딩 가르치고 AI 해야 한다고 하면 AI를 가르치잖아요. 그런데 why를 얘기하는 교육은 별로 없는 것 같아요.

최재화　　　　　　　　방법론을 말하기 전에 왜 그걸 해야 하는지 중요하다는 걸 알면서도 빨리빨리 성과를 내는 방법론에 치우쳐 있어서인 것 같아요. 도대체 '왜' 그런 거죠?

폴 김　　　　　　　　　　　　대세를 쫓아가면 손해 보지 않는다, 대세를 쫓아가면 망하지 않는다는 생각을 공유하고 있기 때문이겠죠. 옆집, 윗집, 아랫집 아이들이 학원을 다섯 개 가니까 우리 아이도 가야 하고, 따라 하기만 하면 괜찮을 거라는 사회적인 편견이 강하게 자리 잡고 있잖아요. 아이들이 스스로 좋아하는 것을 찾아 하는 가운데 재능을 발견하고 자기주도적인 학습을 하면서, 자신의 재능과 배움으로 사회에 영향력을 끼친다면 얼마나 좋겠습니까? 그런 토대를 만들기 위해서라도 컬처 엔지니어링을 위한 사회적 공감대 형성이 중요하다고 봅니다.

왜 코딩을 배워야 하나?

정제영　　　　　　　　　　　　'Why education?'에 대한 사회적 논의가 풍부하게 이루어지고, 당연하게 여기는 교육 문화에 대해서도 "왜?"라고 질문하는 태도가 널리 퍼지면 컬처 엔지니어링 정착에도 큰 도움이 될 텐데요.

최재화　　　　　　　　　　　　원래 애들은 "왜?"라고 물어보길 좋아하는 질문의 천재들이잖아요. 교육 시스템 안에 들어가면서부터 "왜?"라고 묻는 일이 터부시되고 정해진 답을 찾거나 시키는 대로 하는 순응적인 학생이 되어가는 현실을 바꾸기 위해 우리가 더 노력해야 할 것 같아요. 답을 찾는 과정보다 질문을 하는 과정에서 지성의 수준이 더 높아집니다. 미국의 경우 이 부분을 엘리트 교육이 담당하는데, 한국은 여기서 구조적 한계를 보입니다. 한국형 솔루션이 필요합니다.

정제영   그래서 말이 나온 김에 저도 "왜?"
라는 질문을 좀 해보려고 하는데요. 최근 코딩에 대한 관심이 교육 현장
에서 급속도로 높아졌어요. 미래 사회로 가는 황금열쇠가 아닌가 싶을
만큼 열의가 뜨거운데요, 왜 코딩을 배워야 하는 걸까요?

폴 김   그에 앞서 생각해볼 수 있는 키워드
는 '디지털 리터러시'입니다. 디지털 리터러시가 왜 중요한지를 짚어야
합니다. 그리고 조금 오버한다고 생각하실 수도 있겠지만, 코딩은 '새로
운 인문학'이라고 저는 생각하거든요. 코딩 교육을 위해서도 기술 인프
라(technical infrastructure)가 먼저 갖춰져야 하고요. 기술 인프라가 있고
없고에 따라 어떤 데이터를 모을 수 있느냐가 결정되잖아요. 데이터가
없으면 인공지능이란 게 의미가 없거든요. 인공지능을 잘 활용하고 그것
을 우리 생활에 좀 더 효율적인 솔루션으로 개발하려면 먼저 기술 인프
라가 갖춰져야 하고, 그리고 인공지능 분야에서 뛰어난 역량을 가진 인
재들이 나오려면 디지털 리터러시가 필요한 것이죠. 온라인 교육도 여기
에 접목되는 거지요. 온라인 교육 없이 오프라인으로만 교육한다면 사실
디지털 리터러시가 큰 의미를 갖기가 힘들잖아요. 테크놀로지가 좋아서
다루라는 게 아니라, 테크놀로지를 이해하지 못하면 테크놀로지에 당하
기 때문입니다. 인공지능이 장점 못지않게 상당히 위험한 부분도 있거든
요. 비윤리적, 편파적 데이터 또는 데이터 조작이나 해킹 등이 우리 사회
에 주는 엄청난 위험성 때문에 우리가 알아야 한다는 거지요.

그래서 제가 "코딩은 새로운 인문학이다."라고 하는 것입니다. 어떻게 해서 이런 데이터 모델이 만들어졌는지, 데이터 모델이 어떤 알고리즘에 의해서 이런 결과로 나오게 됐는지에 대해 알아야 합니다. 앞으로 인공지능이 재판에서는 물론 법률 해석, 변호 등 실용적 영역에서 광범위하게 활용될 텐데, 이런 이해가 없다면 내가 당하면서도 왜 당하는지를 모르고 당할 수 있거든요. 디지털 리터러시, 코딩, 인공지능이 결국은 다 연결이 되어 있으니요.

조기성　　　　　　　　　　　저는 국민 모두가 코딩을 배워야 한다고 생각하진 않지만, 아이들에겐 기본적인 코딩 교육이 필요하다고 생각해요. 미래 사회를 살아가는 데 꼭 필요한 기본적인 기술을 가르쳐주는 것은 교육자의 의무라고 생각하거든요. 아이들에게 왜 코딩을 배워야 하는지 앞으로 더 열심히 말해줘야겠습니다. (웃음)

정제영　　　　　　　　　　　디지털 리터러시에 대한 필요성을 언급하며 제가 가볍게 이야기하는 사례가 하나 있어요. 춘천역에서 서울역으로 오는 기차를 탔는데, 노인들은 서서 오고 젊은이들은 앉아서 오는 거예요. 왜 그런가를 살펴보니까 노인들은 좌석을 끊으려면 서너 시간 전에 역에 와야 되는데, 젊은이들은 다 스마트폰으로 예약을 하는 거예요. 결국 나이와 상관없이 새로운 걸 배우지 않으면 삶이 불편해지는 사회로 전환되고 있다는 걸 알아야 하는 거죠. 코딩을 배우진 않더라도 삶에 큰 불편을 느끼지 않도록 시대의 변화에 따른 새로운 배움은 남녀노소를 불문하고 필요하다고 생각합니다.

창의융합형 인재 양성을 위한
미래교육의 방향

폴 김(스탠퍼드대학교 교육대학원 부원장)

안녕하세요. 폴 김입니다. 저는 현재 스탠퍼드대학교 교육대학원 부원장이자 최고기술경영자(CTO)를 역임하고 있습니다. 스탠퍼드대학교에서 여러 개의 팀을 운영하고 있는데요. 그중 하나로 교육 분야의 기업가들을 초청하여 발명품과 벤처 스타트업 투자 유치 기회를 주제로 교수진과 학생들에게 조언하는 기업가정신 프로그램을 운영하고 있습니다. 또한 디지털교육혁신팀에서는 혁신적인 수업 방식과 학습 모형을 연구, 개발하고 있습니다. 분기별로 교육 혁신에 대한 뉴스레터도 발행하고 있습니다. 에듀테크솔루션개발팀과 에듀테크지원팀도 함께 운영하고 있습니다.

스탠퍼드대학교에서는 2001년부터 근무하였고, 90년대에는 교육공학 박사과정을 이수하면서 온라인 학위 프로그램과 온라인 교육 관리 시스템을 개발했습니다.

지금 우리가 교실에서 사용하는 과학기술은 90년대 초에 개발되었습니다. 90년대에 여러 교실을 하나로 이어준, 기존 전화선을 이용한 인터넷 모뎀으로 온라인 원격 교육이 가능해졌습니다. 이후로도 과학기술은 끊임없이 변화하며 진화했습니다. 하지만 새로운 교육 모델과 온라인 교육에 대한 가치 인식은 올해 초까지도 변함이 없었습니다.

현재 전 세계가 대유행병을 겪고 있는 가운데 다수의 교육 기관들이 온라인 교육으로 전환했으나 강연식의 전통적 교수법을 고수하고 있습니다. 대다수는 줌(Zoom)을 통한 실시간 화상 수업의 형태를 띠고 있습니다. 예상대로 몇 군데에서는 꽤 많은 문제점이 나타났습니다. 접속 불량 문제나 사용자 교육 문제, 미숙한 준비와 예상치 못한 상황 등이 다양하게 발생했습니다. 저는 이 모든 문제점이 과도기에 겪는 일시적인 현상이며 긴 교육사의 흐름으로 볼 때 영구적인 문제는 아니라고 생각합니다.

지금은 분명히 교육계에 아이러니한 시기입니다. 수십 년 또는 수백 년에 걸쳐 변화하던 일들이 불과 몇 주 만에 바뀌고 전례 없는 방식으로 진화해나가고 있습니다. 코로나19는 오늘날 교육계에 급격한 변화를 가져온 아이러니한 계기가 되었다고 할 수 있습니다. 당연히 이 상황이 빨리 정리되길 바라지만, 만약 코로나 팬데믹 상황이 지속된다면 아이러니하게도 더 혁신적인 교육 모델이 줄지어 나올 겁니다.

따라서 이 시대에 기술 활용 능력은 필수입니다. 새로운 도구와 교육 환경에 적응하지 못하면 새로운 교육 시스템을 도입하길 주저하게 되고 결국 흐름에서 뒤처져 금세 도태될 겁니다. 반대로 기술 기반의 새로운 교육 환경을 발 빠르게 도입하고 활용하여 새로운 학교 운영 방식을 시도하려는 분들은 계속해서 발전할 것입니다.

●●● ●

인공지능 교육을 이야기하기에 앞서 제가 생각하는 창의적이고 다재다능한 인재 양성에 대한 이야기를 하겠습니다.

2020년 실리콘밸리에서 발생한 대형 산불 진화에 큰 공을 세운 치누크 헬리콥터 조종사가 있습니다. 19살 대학 신입생으로 이름은 애슐리 블레인입니다. 저는 애슐리 블레인의 사례를 통해 미래교육의 핵심과 그 방향, 그리고 학생들에게 동기부여를 하여 평생 학습에 대한 열정을 지속해나가는 관점을 이야기해보고자 합니다. 그러고 나서 인공지능(AI) 시대를 맞이하여 탐구 중심의 창의적 학습 방법과 체계적인 기업가정신 프로그램을 통합한 다양한 교육 모델의 사례를 살펴보겠습니다.

코로나19가 전 세계에서 대유행하고 있는 가운데 실리콘밸리는 또 다른 어려움을 겪게 됩니다. 실리콘밸리의 중심인 샌타클래라를 포함하여 캘리포니아 주의 북쪽 여러 지역에서 대형 산불이 발생했습니다. 과거에도 늦여름에 발생하는 계절성 산불은 있었지만, 2020년 올여름에 발생한 이 산불은 캘리포니아 주 역사상 두 번째로 큰 규모였습니다. 실리콘밸리 인근에 위치한 여러 작은 지방 공항들이 산불 진화를 위해 사용되었고, 산호세에 위치한 리드힐뷰 공항이 화재 진압의 요충지가 되었습니다. 아이러니하게도 이곳은 수년째 산호세 주민들이 더 저렴한 주택 공급을 위해 폐쇄하려던 공항입니다. 그런데 인근의 산에서 발생한 대형 화재를 진압하려니, 무엇보다도 공항이 먼저 필요하게 되었죠.

당시 실리콘밸리는 연기에 갇혀 지구 종말 영화의 한 장면 같았습니다. 몇 주가 지나도 연기로 인해 하늘이 주황색으로 물들었고, 심각하게 오염된 공기로 가득했습니다. 여러 대의 헬기가 리드힐뷰 공항에서 발화 지연제를 싣고 서둘러 화재 현장으로 오고 가길 반복했습니다. 대형 산불이 급속도로 번지고 있어서 화재진압팀은 화재 현장에 발화 지연제를 정확히 뿌릴 수 있는 더 큰 소방용 헬기가 필요했습니다. 그래서 치누크 헬기가 투입됩니다. 모델명은 CH-47D이며, 전장에 있는 대형 장갑차나 탱크를 운반하는 데 주로 쓰이는 거대한 헬기입니다. 그런데 이 특정 헬리콥터가 화재 현장에 다량의 발화 지연제를 투하하기 위해 활용되었습니다. 흥미롭게도 이 거대한 치누크 헬기의 부조종사는 몬타나 주 빌링스 출신의 19살 소녀 애슐리 블레인이었습니다.

애슐리는 대학 신입생 오리엔테이션에 참석하지 못했습니다. 왜냐하면 실리콘밸리에서 밤낮으로 치누크 헬기를 조종하며 화재를 진압했기 때문입니다.

애슐리는 비행기를 처음 조종한 날부터 자유롭게 하늘을 나는 것에 대한 열정으로 가득했습니다. 애슐리는 13살부터 비행기를 조종하기 시작했습니다. 19살에는 계기비행 자격을 소지한 비행 교관이 되었고, 쌍발제트기 조종사뿐만 아니라 블랙호크 조종사, 치누크 부조종사 자격까지 갖추었습니다. 정말 대단하지 않나요?

서로 다른 종류의 항공기 조종사 자격을 모두 갖추었다는 건 여러 영역에 걸친 방대한 지식과 기술을 보유하고 있다는 뜻입니다. 물리학부터 공학, 수학, 지구과학, 생체학에 심리학까지 정말 많습니다. 이 모든 지식을 갖추는 것도 중요하지만, 더 중요한 건 대형 항공기를 조종하면서 배웠던 지식을 응용하고 활용하는 것입니다. 애슐리는 이미 그 나이에 항공산업뿐만 아니라 그 외 분야에서도 어느 역할이든 맡을 수 있습니다.

짧지만 대단한 경험을 통해 애슐리는 항공 관제사들, 승무원들과 효율적으로 소통하고 협업하는 방법을 배웠을 겁니다. 또한 업무 도중 새로운 문제가 발생할 때마다 창의적으로 해결하고 위기 상황에서 이성적으로 판단하는 법을 배웠을 겁니다.

애슐리는 우리가 자주 언급하는 21세기 핵심역량인 4C를 모두 갖춘 셈입니다. 4가지 핵심역량이 무엇일까요? 의사소통 능력, 협업 능력, 비판적 사고, 창의력이 그것입니다. 21세기에 점점 더 중요하게 여겨지는 능력들입니다. 애슐리는 도움이 필요한 이들을 나서서 도우려는 영웅적인 면도 있지만, 타인을 향한 연민과 헌신적인 모습도 있는 것 같습니다.

애슐리에게는 선택권이 많습니다. 공군 입대도 가능하고 여객기 조종사가 될 수도 있고 항공기 엔지니어나 테스트 엔지니어링 조종사, 우주 비행사, 아니면 최고 수준의 조종 경력을 가진 비행 교관이 될 수도 있습니다. 물론 다른 직업도 가능합니다. 비행은 평생 취미로 삼고, 더 많은 꿈을 이룰 수도 있습니다. 애슐리는 이제 겨우 19살이기 때문입니다.

애슐리가 조종사가 되고 자격을 유지할 수 있었던 건 평생 학습자이기 때문입니다. 애슐리의 아버지는 어릴 적부터 딸에게 연민과 헌신을 가르쳤습니다. 애슐리는 남을 돕는다는 것이 무슨 뜻인지 잘 알고 있었고, 헌신적인 행동을 통해 자신의 가치를 인정받았죠. 애슐리가 세운 공훈은 그간 실리콘밸리에서 이뤄낸 어떠한 혁신적인 기술이나 성공보다 훨씬 더 주목할 가치가 있습니다. 애슐리는 많은 여학생들에게 영감을 주었고 훌륭한 롤 모델이 되었습니다. 흔쾌히 방송에 출연해 명확한 메시지를 전해주었습니다.

인터뷰를 통해 이러한 명언을 남겼습니다. "정말 꿈을 이루고 싶다면 많은 공을 들이고 성실히 노력해라. 그렇지 않으면 그저 몽상이고 시간 낭비일 뿐이다."

정말 멋진 말 아닌가요?

애슐리는 배움에 대한 열정과 성취 목표가 뚜렷한 목적 있는 삶을 살고 있습니다.

●●● ●

수많은 교육 컨퍼런스에서 미래 사회를 위해 창의적이고 다재다능한 인재 양성에 관해 토론을 합니다. 하지만 그 전에 먼저 오늘날 학교 상황에 의문을 제기해야 합니다. 과연 우리 학교가 학생들에게 동기부여를 하고 효과적인 코칭을 할 수 있도록 설계되어 있나요? 우리 학교가 미래의 주역들에게 충분한 도전의 기회를 주고 있나요?

모든 아이들은 잠재적인 능력을 갖추고 있습니다. 적당한 기회를 준다면 훨씬 더 의미 있고 정교하게 과제를 수행할 겁니다. 아이들이 삶의 목적을 찾고 열망하는 목표를 갖고 도전할 수 있도록 하는 것이 아이들을 위한 길입니다. 안타깝게도 오늘날 학교는 이를 전혀 효과적으로 못 하고 있습니다.

우리는 이미 활용할 수 있는 기술 진보는 충분히 이뤄냈으나, 학교는 오래

된 관행의 틀에 여전히 얽매여 있습니다. 최근에 있었던 '미래를 위한 교육' 컨퍼런스에서 학자들과 교육사상가들이 나서서 교육에 대한 정의를 다시 생각해보라고 요구했습니다. 대유행병이 시작되던 시기에 이 위기를 기회로 삼아 전 세계 교육 생태계에 변화를 가져오길 바란 분들도 많습니다.

유치원 및 초·중·고 학교는 교육 변혁에 있어 대학교육보다는 뒤처져 있지만 최근 초·중·고 교실 수업에 변화를 줄 만한 새로운 교육 접근법들이 소개되고 있습니다. 예를 들어 미국 정부는 온라인 교육 프로그램을 계속 영위하고 발전시킬 수 있는 솔루션 개발 분야에 수백만 달러를 투자하고 있습니다. 교육의 접근성을 높여주는 솔루션도 있고, 협동학습 환경에서 학습자가 더 의미 있는 사회적 상호작용을 할 수 있게 도와주는 솔루션도 있습니다. 학생들은 이런 방법을 통해 대인관계 능력, 사회정서적 능력, 협동 기술을 크게 향상시킬 수 있습니다. 동시에 기업들은 가정용 과학실험기구 세트나 직접 만들어보는 과학조립 세트를 제작하고 있습니다. 최근 몇 달간 학부모와 학교의 수요가 급격히 증가함에 따라 이러한 교구들이 널리 공급되었습니다. 수십 년간 성장이 더디던 온라인 교육 기업들은 이제 빠른 속도로 프로그램을 확장하고 있습니다. 이러한 기업들이 직면한 새로운 과제는 기술 활용 능력이 뛰어나고 자격을 갖춘 교사를 채용하고 기술을 활용한 다양한 도구를 도입하여 100퍼센트 온라인 교육 프로그램을 기획, 개발 및 교육을 하는 것입니다.

전반적으로 보자면, 우리가 오랫동안 기다렸던 변화가 드디어 시작되었습니다. 코로나19는 단언컨대 오늘날 교육계에 혁신을 일으킨 가장 큰 계기입니다.

현재 가장 확실한 점은 변화를 일으킨 많은 움직임들이 다양한 디지털 기술과 관련이 있단 겁니다. 기술에 대한 전문적 지식 없이 수업이 가능했던 교사들은 아직도 고군분투 중입니다. 신입 교사들은 끊임없이 최신 기술을 활용한 온라인 도구를 배우고 따라가지 않는다면 살아남기 어렵습니다. 오늘날의 교육 경험을 증진시키기 위해 기술 발전에 기여하는 분들은 기술 관련 연구에 완전히 몰두해야 합니다. 가상현실, 증강현실, 인공지능 클라우드 서비스 등 전부 다 말입니다. 교육 혁신을 지속해서 추진해온 한 사람으로서 교육계의 최근 발전 동향을 전부 환영합니다. 그리고 분명한 건 학생들이 장래에 자신의 전문 분야를 좇으려 할 때 오늘날과 미래의 기술 전부를 꿰고 있어야 한다는 사실입니다. 진화론에서 배웠듯 새로운 환경에서 적응하는 종만 살아남습니다. 나머지는 멸종을 맞이하게 됩니다. 저는 많은 학생들이 단순히 적응하여 생존하는 게 아니라 원하는 미래를 만들며 성장하길 바랍니다.

애슐리 블레인은 또래에게만 영감을 준 게 아니라 저를 포함한 많은 어른들에게도 귀감이 되었습니다. 애슐리는 오늘날 항공계의 영웅입니다. 애슐리의 꿈은 학교교육만으로는 이룰 수 없을 정도로 원대했습니다. 미래에 슈퍼히어로가 될 수 있는 학생들은 훨씬 많습니다. 롤 모델을 본보기로 삼아서 말입니다. 우리는 분명히 지금보다 더 효과적이고 더 나은 학교를 만들어낼 수 있습니다. 창의적이고 다재다능한 인재를 양성하려 한다면 학교가 미래의 주역들에게 영감을 불어넣고 동기부여를 하고 코칭할 수 있도록 설계해서 타인을 향한 연민과 헌신적인 모습을 말이 아닌 행동으로 보여주게 해야 합니다.

코로나로 인해 현 교육 시스템의 문제점을 파악할 수 있었습니다. 첫째, 인터넷 접속이 불가능한 학생은 교육의 기회조차 없었습니다. 이는 새롭게 수면 위로 드러난 문제점 중 하나입니다. 코로나19로 인해서 말입니다. 오랜 기간 논의되어온 사회적 불평등이 끼치는 문제점은 최근 몇 달간 더욱 확실해졌습니다. 둘째, 가르침에 의존도가 높고 수동적인 학생들은 코로나 시기에 혼자 집에서 학습하기 어려웠습니다. 하지만 좋은 소식도 있었습니다. 흥미로운 소식이죠. 자기주도적인 학습자와 자기조절적인 학생들은 코로나 시기에도 전혀 문제가 없었습니다. 실제로 저희 연구조사에 응답한 학생 중 25%는 오히려 수업일수가 줄어든 학교생활에 만족하고 자기주도적 탐구 학습을 선호한다고 답했습니다. 코로나 이전의 교육 모델보다 더 만족한다는 거죠. 그 말인즉슨 25%의 학생들은 코로나로 인한 이런 변화도 괜찮다는 거죠. 심지어 더 낫다는 겁니다. 이런 교육은 학생이 스스로 원하는 것을 찾아서 느끼고 생각하며 배울 수 있는 시간을 줄 수 있습니다. 연구조사에서 발견한 매우 흥미로운 결과였습니다.

지금까지 나눈 이야기를 잠깐 정리해보겠습니다.

목적 있는 삶이 평생 학습에 미치는 영향에 대해 저는 확신합니다. 우리가 미래의 주역인 학생들이 삶의 목적을 찾을 수 있도록 도와준다면 평생 학습의 길을 스스로 찾을 수 있다고 확신합니다. 평생 학습자가 되었을 때 더 많은 의욕을 가지게 되고 배움에서 더 많은 즐거움을 얻게 될 것입니다.

애슐리의 예에서 21세기 핵심역량도 살펴볼 수 있었습니다. 애슐리 블레인은 의사소통 능력이 뛰어나고 협업 능력은 물론 창의력도 높습니다. 위기의 순간에도 이성적 판단이 가능합니다. 조종할 때나 그 외의 상황에서도 마찬가지입니다. 애슐리에게는 몇 가지 역량이 더 있습니다. 그건 바로 변화를 위해 헌신하는 모습과 타인을 포용하는 마음입니다. 애슐리는 도움이 필요한 사람들을 보살펴주었습니다. 저 또한 조종사 자격증이 있지만, 화재 현장 한 가운데로 대형 헬기를 몰고 가서 땅이 닳을 만큼 낮은 고도로 날다가 발화 지연제를 뿌릴 수 있을지 잘 모르겠습니다. 연기 속을 뚫고 비행해야 하기에 더 쉽지 않습니다. 연기 속에서 비행한 적이 있는데 정말 아무것도 안 보입니다. 아주 위험한 작업입니다. 그런데 애슐리는 해냈습니다. 우리를 위해서 말입니다. 그래서 전 애슐리가 이러한 역량들을 모두 갖췄다고 생각합니다.

그리고 타인의 삶에 긍정적인 영향을 주고 싶어 하죠. 애슐리에게 아버지는 좋은 롤 모델이었습니다. 정말 중요한, 주목할 만한 부분입니다. 교육은 선생님들만의 몫이 아니란 겁니다. 부모의 역할도 매우 중요합니다. 학습자 주변에 있는 누구나 롤 모델이 될 수 있습니다. 그렇기 때문에 아이들 앞에서 적절치 못한 행동을 하기 전에 이를 기억해야 합니다. 아이들 앞에서 말할 때 올바른 태도로 바른 언행만 하도록 신경 써야 합니다. 그렇지 않으면 아이들은 가리지 않고 모든 것을 흡수하고 배울 겁니다. 아이들에게는 그게 표준이 됩니다. '저렇게 말해도 되는구나', '이렇게 행동해도 되는구나' 하고 말입니다.

아이들은 주변인을 통해 많은 것을 배웁니다. 그래서 우리가 아이들에게 좋은 롤 모델이 돼주거나 그러한 사람을 만날 수 있게 해주어야 합니다. 아이들에게 지식과 정보를 전달하는 것만이 중요한 게 아닙니다. 기기와 컴퓨터가 이미 지식과 정보를 전달하는 용도로 쓰이고 있습니다. 교사와 학부모가 해야 할 일은 아이들에게 롤 모델이 되어 코칭하는 겁니다.

이 모든 것들이 학생의 내재적 동기를 이끌어낼 수 있습니다. 내재적 동기가 발생하면 학생들은 더 많은 관심을 갖고 창의적인 방법으로 문제를 해결할 겁니다. 인위적으로 동기부여를 하는 양상과는 아주 다릅니다. 인위적인 방법으로는 학습 활동이나 문제해결 활동에 큰 관심을 보이지 않을 겁니다.

진정성이 없을 겁니다. 그리고 평생 학습으로 이어지지 않을 겁니다.

결국 가장 중요한 것은 평생 학습에 대한 열망을 불어넣는 것입니다. 그러한 열망이 뒷받침되지 않고서는 학습자의 호기심을 자극하기 어렵고 긍정적인 변화를 가져올 수 있는 실생활 문제를 해결하는 데 시간과 노력을 투자하도록 하기 어렵습니다.

이러한 요소들을 염두에 두고 교육과정을 설계한다면 과도한 요구일까요? 지나치게 급격한 걸까요? 저는 그렇게 생각하지 않습니다. 충분히 가능하다고 봅니다. 이러한 요소들을 이미 부분적으로 갖춘 학교들이 많습니다.

예를 들어 기업가정신 프로젝트에서 학생들에게 실생활 문제를 중심으로 학습하는 방식은 기존에도 있던 방식입니다. 마운트버넌스쿨에서는 제가 제안한 기업 혁신 아이디어를 통해 학생들에게 영감을 불어넣고 실생활 문제도 풀어보는 기회를 줍니다. 마운트버넌스쿨은 이런 교육과정을 수업이라 부르지 않고 '인큐베이터 과정'이라고 합니다. 학생들이 모여서 마치 스타트업팀처럼 실제로 제품을 만들거나 새로운 서비스를 제공하고 사회에 변화를 가져올 혁신적인 아이디어를 제시합니다. 다시 말해, 학교가 실제 기업 혁신 아이디어를 통해 학생들에게 영감을 불어넣고 실생활 문제를 풀어볼 기회를 줍니다. 학생들은 저학년 때부터 스타트업팀을 구성하여 수만 가지의 어려움을 경험하면서 문제해결을 위해 노력합니다. 이 과정에서 학생들은 의사소통 능력을 함양하고 창의적인 제품과 서비스를 기획하며 서로의 프로젝트를 평가합니다. 이게 바로 그들의 교육 모델입니다. 그리고 전체 교육과정의 목표는 목적을 찾는 데 있습니다. 동시에 해결책을 끊임없이 모색합니다. 일종의 문화인 셈입니다. 학생들은 이러한 교육 과정에서 스스로 자랑스러워할 만한 결과를 이뤄냅니다.

이와 같은 교육과정을 적용하는 다른 학교들도 많습니다. 마찬가지로 저학년부터 기업가정신 교육을 합니다. 초등학교 저학생 학생이 자신의 아이디어를 발표하는 수업에 참관한 적이 있습니다. 청중에게 전달하려는 메시지는 '포기하지 마'였습니다. 얼마나 열정적으로 발표를 하던지, 감동했습니다.

때로 우리는 미래의 주역들을 너무 어려서 현실을 모를 거라고 속단합니다. 실생활 문제를 풀 수 없을 거라고 여깁니다. 저는 그렇게 생각하지 않습니다. 학생들이 충분히 할 수 있다고 생각합니다. 만약 우리가 좋은 롤 모델을 찾아주고 적절한 도전 과제와 실생활 문제를 제공한다면, 아이들도 충분히 이해할 겁니다. 이해하게 되면 관심이 생길 거고 무척 신날 겁니다. 그리고 변화에 동참하고 싶어할 겁니다.

마운트버넌스쿨과 같은 학교들은 학생에게 인위적으로 창의력을 가르치려 하지 않습니다. 학생들에게 실제 상황을 겪게 하여 자연스럽게 창의력을 발휘할 수 있게 도와줍니다.

●●● ●

이제 제가 최근에 작업하고 있는 프로젝트를 소개해드리겠습니다. 실생활 문제해결을 중심에 두고 교육과정을 새롭게 짜서 운영하는 학교들은 세계적으로 많습니다. 이러한 학교들의 교육 모델에서 최고의 요소만 뽑아 이상적으로 적절히 잘 조합한다면 훨씬 더 효과적이고 효율적인 학교 모델이 나오리라 생각합니다.

학교 교육과정의 핵심이 되는 몇 가지 요소를 활용하여 제가 설계하고 실험하고 있는 새로운 교육과정이 있습니다. 요즘 제가 매진하고 있는 일이기도 합니다. 프로젝트 이름은 '헤일로-파이(Halo-Fi)'입니다. 이 교육과정에 대한 사전 실험을 실리콘밸리에 있는 학교들을 중심으로 시작했으며, 한국을 포함한 전 세계 여러 지역으로 확대 적용 중입니다.

헤일로-파이 교육과정(Halo-Fi.com)은 유치원 및 초·중·고 학교를 위한 프로그램이고, 유엔의 지속가능개발 목표(UN Sustainable Development Goals) 계획을 중심에 두고 개발하였습니다. 아시다시피, 유엔 지속가능개발 목표 계획에서 다루고 있는 미래 최대의 도전 과제는 건강, 식량, 에너지, 빈곤, 평화, 정의 등입니다. 이것들은 미래의 주역들이 어릴 때부터 충분히 배우고 성장하면서 익숙해져야 할 주제라고 생각합니다.

따라서 헤일로-파이 프로그램에서는 유엔이 발표한 미래 최대의 도전 과제들과 배경지식을 공부합니다. 먼저 왜 이러한 문제가 발생했는지를 공부하고 어떤 문제였는지, 문제가 어디에 있었는지, 문제의 당사자는 누구이고 문제의 원인이 무엇인지를 모두 배웁니다. 학습 목표도 뚜렷합니다.

제가 자랑스럽게 생각하는 프로그램 주제 중 하나는 '코로나19'입니다. 학생들에게 코로나 바이러스에 대해 알려주고 스스로 문제를 해결해볼 수 있도록 기회를 줍니다. 코로나에 맞설 대응 방안은 정말 다양한 측면에서 찾아볼 수 있는데, 학생들은 어린 나이에도 코로나에 대해 배우고 해결책을 내는 데 거침이 없습니다. 그중에는 놀라운 해결책도 많습니다. 학생들은 일련의 수업을 듣고 해결책에 대한 아이디어를 냅니다. 프로토타입을 만들어보기도 하고 아이디어를 발표합니다.

이 프로그램은 고학년만을 위한 것이 아닙니다. 초등 1학년에도 얼마든지 활용 가능합니다. 1학년들은 우선 문제 자체를 고민해볼 기회를 얻고, 배경 지식을 배우고, 자신만의 해결책을 구상한 뒤 프로토타입을 만들고, 실험을 해본 후 발표합니다. 그러고 나서 열띤 논의를 펼칩니다. 디자인, 모델, 이론적 근거 등 왜 그런 해결책을 구상했는지에 대해 논의합니다.

이렇게 수업을 진행하다 보면 자연스럽게 기술적인 부분에 대해서도 배우게 됩니다. 센서, 기계학습, 인공지능에 대해서도 배우고 질문합니다. "인공지능에 왜 특정 센서가 필요하나요?", "우리에게도 필요한 센서가 있나요?", "센서와 기계학습 모델의 차이가 뭐죠?", "특정 문제를 해결하려면 센서나 기계학습이 필요한가요?"

질문에 대한 답을 찾고자 학생들은 실험을 합니다. 가설을 세워 실험하고, 결과를 찾고, 결론을 내린 후 연구 결과를 발표합니다. 실제 과학자나 연구원과 같은 과정을 통해 학습합니다. 학생들은 센서를 사용해 실험을 하기도 합니다. 이런 센서는 언제 필요한지, 센서가 할 수 있는 일과 할 수 없는 일이 무엇인지 생각합니다.

한국에서도 이와 같은 실험을 했습니다. 모 학교에서 3학년을 대상으로 진행했습니다. 학생들은 도전 과제를 놓고 자신들만의 해결책을 내놓았습니다. 유엔이 발표한 최대의 도전 과제들입니다. 역시나 학생들은 실생활 문제에 깊이 빠져들었습니다. 문제해결 과정에서는 최신 기술을 활용했습니다. 이를 통해 기술이 할 수 있는 것과 반드시 해야 하는 것, 해서는 안 되는 것을 배웁니다. 실제 우리 주변의 문제에 대해 글로 배우는 것이 아닌 실험과 논의 과정을 통해 배우면 주제를 더 잘 이해하게 됩니다. 더 창의적으로 생각하고 해결책을 제시합니다.

예를 들어 수업 중에 학생들에게 이런 질문을 합니다. "인공지능 모델을 만들 때 어떻게 데이터를 선택하나요?"

학생이 제시한 인공지능 모델에 알맞은 자료가 무엇인지 물어보는 질문입니다. 학생들이 화면에 띄워놓은 사진(마스크 착용, 미착용 모습 등)을 보면서 마스크를 제대로 착용했는지, 안 했는지 여부에 따라 왼쪽('네') 또는 오른쪽('아니요')으로 옮깁니다.

만약 학생들이 실험한 내용을 바탕으로 인공지능 얼굴 감지 시스템을 개발해서 건물 출입문에 설치하고 문을 통과하기 전에 마스크를 잘 착용했는지 자동으로 확인할 수 있다면, 시스템은 다음과 같이 말할 겁니다. "마스크를 올바르게 착용하지 않았습니다.", "인증 마스크가 아닙니다.", "다른 마스크를 착용하십시오.", "코 위로 올려 착용하세요. 그렇지 않으면 효과가 없습니다."

물론 이 정도의 솔루션은 이미 나와 있겠지만, 어쨌든 생각해보세요. 초등학교 1, 2, 3학년들이 이런 내용을 배우는 겁니다.

여기서 다시 학생들에게 질문합니다. "기계학습 모델에 필요한 좋은 데이터를 어떻게 정하나요?"

그러면 학생이 대답합니다. "왼쪽 사진들을 보시면 모두 올바르게 마스크를 착용했습니다. 그런데 오른쪽 사진들은 착용한 사람도 있고 착용하지 않은 사람도 있고 제대로 쓰지 않은 사람도 있습니다. 기계학습 모델을 만들 때는 여러 데이터가 필요합니다."

데이터가 많을수록 더 정확한 결과를 도출합니다. 이것을 배우는 과정입니다. 학생들은 여러 모델을 시험해보죠. 모델을 정하고 마스크를 착용한 사진과 미착용한 사진을 찍어서 기계가 얼마나 정확하게 인식하는지 알아보는 겁니다.

실제 연구원처럼 아이들도 똑같은 과정을 직접 해봅니다. 그리고 합격한 사진들과 탈락한 사진들을 쌓아가며 얼마나 많이 시도했는지, 첫 시도의 정확성은 어떻게 되는지, 정확성을 높이기 위해 무엇을 보완해야 하는지 기록합니다.

학생들이 작성한 실험 보고서에 따르면, 사진을 많이 넣을수록 정확도(신뢰수준)가 상승했습니다. 91%까지 상승했습니다.

이게 아이들이 하고 있는 프로젝트입니다.

초등 교육과정에서 인공지능을 다루는 이유가 있습니다. 학원에서는 인공지능 관련 지식과 기술만 가르치려 하고, 주변을 둘러보면 '인공지능은 중요하니까 가르쳐야 해'라는 것에는 동의하지만 왜 인공지능을 배워야 하는지는 알려주지 않는 것 같습니다. 또한 학생들로 하여금 마스크 활용 인공지능 수업처럼 데이터 정제 과정을 거쳐 정확도를 높이고 더 나은 해결책을 찾을 수 있도록 하는 수업을 하는 경우도 많지 않은 것 같습니다.

어쨌든 제가 생각하는 인공지능 교육은 이렇습니다. 아이들에게 왜 인공지능을 배워야 하는지 스스로 답을 찾도록 안내하고, 인공지능을 사용하여 문제를 해결하면 사회에 긍정적인 변화를 가져온다고 가르칩니다. why를 알려줍니다. 아이들이 실생활 문제를 끄집어내고 해결하는 과정을 통해 현실에 관심을 갖기를 바랍니다. 아이들이 현실로 느끼게 되면 배움도 현실이 됩니다. 자신이 왜 학습을 하는지 이유를 모른 채로 무조건 학습에만 매달리면 우리가 중요하게 언급하는 핵심역량을 갖출 수 없을 겁니다. 진정성이 없는 배움은 인위적일 수밖에 없습니다. 나아가 아이들이 평생 학습에 대한 열망을 가지길 바랍니다. 그래야 학습자는 끊임없이 지적 성장과 호기심 발달을 스스로 촉진할 수 있습니다.

●●● ●

그러면 이제 인공지능의 개발 현황과 교육 분야에서의 개발 사례에 대해 이야기해보겠습니다. 또한 어떻게 인공지능을 이용하여 학생들을 창의적으로 변모시키고 평생 탐구의 길을 걷도록 할지 말씀드리겠습니다. 인공지능이 교육계에 가져오는 변화는 매우 더디지만 여러 면에서 세밀하게 변화되고 있습니다. 교육계에서 인공지능에 대한 우려가 많은 것은 어쩔 수 없는 부분이라 생각합니다. 그렇지만 교육 분야에서도 인공지능을 다각도로 활용해야 합니다. 우리는 분명히 모든 학습에서 어떠한 형태로든 인공지능을 알게 모르게 사용하게 될 것입니다. 이것은 분명한 미래입니다.

　인공지능의 개발 방향과 인공지능의 종착지에 대해 살펴보고, 인공지능이 교육에서 아이들의 창의력 개발을 위해 어떻게 활용될 수 있는지도 알아보겠습니다. 먼저 예시를 들어보겠습니다.

'이네이블(enable)'이라는 회사가 있습니다. 이 회사는 기업 실적을 향상시키기 위해 인공지능을 활용하고 있습니다. 인공지능의 힘으로 비효율적인 부분을 발견하고 개선하여 업무 프로세스를 재정립합니다. 그럼으로써 회사 전반의 성과를 증진시켰습니다. 실제로 최근 인공지능 기반의 컨설팅 회사들이 속속 등장하고 있습니다. 이들 컨설팅 회사는 이네이블과 같은 방식으로 인공지능을 사용하여 기업이 업무 효율성과 성과를 증진할 수 있도록 경영 컨설팅을 합니다.

'서드아이(THIRD EYE)'라는 회사는 딥러닝, 기계학습을 활용한 다양한 솔루션을 보유하고 있습니다. 순수 미술, 공연 예술을 가르치는 교수나 선생님들에게는 다소 불편한 소식일 수도 있겠지만, 서드아이의 인공지능은 춤을 추는 동작을 보고 어디가 틀렸는지 교정해줍니다. 심지어 요가 강사도 만들었다고 합니다. 학생들에게 요가를 가르치는 인공지능 강사입니다.

시각적 인식이나 패턴 인식 영상 비교 기술 관련 인공지능은 다양한 방면에서 이미 상당한 발전을 이루었습니다. 인공지능 기반의 무인 항공기도 그 대표적 예로, 지역 사람들의 안전 및 시설의 경비를 담당합니다. 이상한 점이 있으면 즉시 알려서 대응에 도움을 줍니다. 이런 인공지능 기기들은 이미 개발되어 상용화되었습니다. 아마존에서는 집 안을 모니터하는 실내용 무인 항공기가 판매되고 있다고 합니다. 회사 로고를 만들어주는 인공지능도 있습니다. 이 인공지능은 어떤 스타일의 회사 로고를 원하는지 정보를 입력하면 끊임없이 아이디어를 제시합니다. 워드를 넣으면 금세 로고를 만들어줍니다. 매우 감각적인 회사 로고 이미지를 만들어줍니다.

콘텐츠 큐레이션 분야에서는 이미 인공지능이 활용되고 있습니다. 페이스북과 같은 소셜미디어 기업과 넷플릭스 등 여러 기업에서 인공지능을 통해 사용자가 무엇에 가장 관심 있어하는지, 어떤 제품이나 서비스를 가장 사고 싶어하는지 알아내고 있습니다.

그리고 교육계에서 인공지능은 입학처 업무, 맞춤형 학습 경로, 학생 수행 평가에 이용되고 있습니다. 인공지능이 에세이나 질문, 발표를 평가할 수 있습니다. 인공지능은 코칭에도 사용되고 있으며 행정 업무에도 사용되고 있습니다. 이미 많은 기업들이 인공지능을 교육에 활용하고 있습니다. '세르고 (Sergo)'가 좋은 예입니다. 이 회사는 어떤 학습 콘텐츠든 인공지능을 기반으로 평가 계획서를 만듭니다. 두꺼운 교과서 내용을 숙지해야 할 때, 교과서를 솔루션에 넣기만 하면 맞춤형 학습 경로를 제공하고 평가 계획서를 만들어줍니다. 평가 과정에 제한 시간을 설정하여 학생들이 학습 과정을 모니터할 수 있도록 도와줍니다. 마이크로소프트가 흡수한 '브라이트바이츠(BrightBytes)'는 수년간 정말 많은 교육 데이터를 수집해온 기업입니다. 브라이트바이츠는 수집한 데이터를 바탕으로 학생들을 효과적으로 지도할 수 있는 여러 모델을 개발하고 있습니다. 학생들의 행동과 패턴을 분석하고 다양한 데이터 세트를 분석하여 누가 뒤처지고 있는지, 누가 어떤 도움이 필요한지 알아냅니다.

그렇다면 인공지능이 고차원적인 학습에도 도움이 될까요? 우리가 생각해야만 하는 가장 중요한 질문입니다. 전통적인 학교에서는 학생들이 이해하고 외우는 것에 온 힘을 쏟았지만, 하지만 창의적인 역량을 기르는 데는 큰 효과가 없었습니다. 우리는 학생들이 창의적인 존재가 되길 원합니다. 학생들이 자신의 과제는 물론 타인의 과제도 평가하길 바랍니다. 또 자신이 알고 있는 지식을 분석하고 응용하길 바랍니다. 고차원적인 학습과 저차원적 학습에는 미묘한 차이가 있습니다. 새로운 교육과정에 고차원적 학습을 촉진하는 다양한 학습 활동이 잘 녹여 있길 바랍니다.

한편으로 인공지능의 교육적 활용에 대한 우려도 많습니다. 인공지능의 수준은 훈련 데이터의 정확도에 달려 있습니다. 앞에서 이야기한 인공지능 활용 수업에서 학생들은 마스크를 잘 착용한 사진 데이터를 찾아 넣는 데 힘을 쏟았습니다. 그래야 이후 마스크를 착용한 사람이 잘 착용했는지 여부를 더 정확하게 분석할 수 있습니다. 만약 편향된 데이터를 기준으로 한다면 또는 부정확한 데이터가 많다면, 마스크 착용 모델은 편향적이 될 것이고, 인공지능의 분석 및 평가 결과는 정확할 수가 없습니다. 학생들이 인공지능의 한계를 이해하는 것도 중요합니다. 긍정적인 것만 볼 수는 없습니다. 인공지능의 한계도 알아야 하고 부정적인 영향도 잘 알아야 합니다.

제가 개발한 기계학습 모델 중에 스마일 AI가 있습니다. 스마일(SMILE)은 Stanford Mobile Inquiry-based Learning의 약칭이고, 학생들에게서 받은 많은 질문을 모아서 그 질문들을 자동으로 평가하는 교육 모델입니다. 학생이 어떤 질문을 하는지를 보고 그 학생이 무엇을 배웠는지를 판단하는 거죠. 예를 들어 학생이 "가나라는 나라는 어디 있나요?"라고 질문하면 스마일 AI는 별 한 개를 줍니다. 레벨 1 수준이라고 보는 거죠. 그리고 "이디오피아에는 왜 여성의 권리를 보장하는 조항이 헌법에 없나요?"라고 질문하면 이 경우에는 높은 레벨의 질문이니 별을 더 줍니다. 질문의 레벨은 1부터 5까지 있습니다.

만약 학생이 "미국 공립학교 시스템이 연방화가 된다면 장단점은 무엇일까?"라고 질문한다면, 이건 단순 확인 질문이 아니죠. 정보 몇 개 외웠다고 답할 수 있는 수준이 아닙니다. 별 다섯 개를 주고 신뢰 수준이 91%가 됩니다. 스마일은 시스템 데이터베이스에 이미 수많은 질문을 저장하고 있고, 학생들이 질문을 넣으면 그 질문이 얼마나 창의적이고 비판적인 사고를 필요로 하는 질문인지를 기존 데이터베이스를 바탕으로 평가합니다.

현재 저는 스마일 평가 모델을 응용해서 다른 솔루션도 개발 중입니다. 학생들에게 특정 기사를 읽게 한 후 가장 창의적이고 비판적 사고가 필요한 질문을 하도록 합니다. 그리고 질문을 입력하게 합니다. 그러면 인공지능 시스템이 질문을 분석, 평가 후에 "대단한 질문이네요.", "당신은 스탠퍼드, 하버드 또는 MIT에서 원하는 학생이네요.", "질문 수준으로 보아 당신은 매우 영리하군요."라고 답합니다.

제가 SAT, ACT 주관 기관의 경영진과 이야기를 나누었는데, 그가 "결국 올 것이 오고 있군요."라고 했습니다. 누가 먼저 나서든, SAT처럼 전통적인 표준화 시험이 완전히 사라질 날이 머지않았습니다. 실제로 올해는 코로나19로 이미 많은 대학이 SAT 성적을 요구하지 않습니다. 스탠퍼드의 경우에도 GRE, 이런 것들을 선택 조건으로 바꾸자는 논의가 있습니다. 일부 학과에서는 아예 GRE를 요구하지 말자고 합니다. 국제학업성취도평가(PISA)의 평가 방법도 급격히 달라질 겁니다. 지금까지 표준화 시험은 단순 이해 능력, 수학 문제 해결 능력을 중요시했지만, 이제는 비판적 사고력, 창의력을 더 가치 있게 생각합니다.

이처럼 학습 평가 모델도 변화하고 있습니다. 저 역시 평가 모델을 바꾸는 데 관심이 많습니다. 학생들이 특정 개념을 잘 이해했는지, 어떤 개념, 원리, 정보를 잘 암기하는지를 보는 것이 아니라, 학생들이 자기만의 지식으로 정리하길 바랍니다. 혁신과 변화를 일으킬 만한 창의적인 질문을 하길 바랍니다. 물론 새로운 학습 평가 모델의 성과는 아직 미미하지만, 전 세계의 평가 방식을 바꾸는 데 관심이 많습니다.

만약 평가 결과, 학생이 그렇게 창의적이지 않다면 우리가 도와주면 됩니다. 스마일 프로그램의 창에 키워드를 넣으면 시스템이 그 키워드를 바탕으로 창의적인 질문을 만듭니다. '림프종, 유전자 유형'이라고 치면 시스템은 다음과 질문을 만들어냅니다. "분자의 특징을 이용하여 확산성 거대 B세포 림프종 치료법을 계층화할 준비가 되었습니까?"

쉽게 나올 수 있는 수준의 질문이 아닙니다. 하지만 인공지능이 도울 수 있습니다. 혼자서도 창의적인 질문을 만들 수 있습니다. 키워드 몇 개만 제시한다면 말입니다.

인공지능 기반으로 평가 계획서를 만드는 시스템을 개발한 세르고와 비슷한 일을 저도 하고 있습니다. 제가 개발한 솔루션은 교육 콘텐츠를 넣으면 여러 난이도의 질문을 만들어냅니다. 물론 우리는 여전히 단순 확인 질문이 필요합니다. 개념과 원리를 이해하려면 암기해야 할 부분이 있기 때문입니다. 쓸모없다는 게 아닙니다. 제가 하고 싶은 말은 단순 확인 질문도 유용하지만, 교육적인 측면에서 더 유용한 질문을 살펴봐야 한다는 겁니다. 그래서 인공지능 모델을 사용하여 자동으로 질문을 만들어내는 솔루션을 개발한 겁니다.

저는 또한 인공지능 기반의 대화용 챗봇을 개발하고 있습니다. 'Talk to Stanford SMILE'이 그것입니다. 인공지능과 대화를 하면 시스템이 우리의 질문을 평가해줍니다. 대화를 시작하면 시스템은 우리가 입 밖으로 꺼낸 모든 단어와 모든 질문을 기억합니다. 시스템이 모두 저장해둡니다. 사생활 침해 문제가 있을 수 있지만, 어쨌든 기술은 개발되고 있습니다.

Talk to Stanford SMILE이 교육에서 어떻게 활용되는지 예를 들어 설명하자면, 다음과 같습니다. 가령 AI가 "5학년 과학에 대해서 한번 얘기해볼까? 뭐든 궁금한 거 물어보렴." 하고 대화를 시작하면 학생과 AI가 계속 이야기를 주고받는 겁니다. 이렇게 주고받은 대화와 인터뷰 내용을 인공지능은 전부 기억합니다. 학생이 2020년 10월 19일 2시 13초에 질문한 내용이 뭔지를 하나도 놓치지 않습니다. 음절 하나도 놓치지 않습니다. 시간이 흐르면서 학생의 질문 수준이 높아지거나 확장되는 과정 속에서 그 모든 것을 다 기억합니다.

이러한 과정은 꼭 학교라는 공간에서 이루어지지 않아도 됩니다. 모바일폰이 "뭐해? 지금 아무것도 안 해? 그럼 또 대화 좀 해볼까? 질문할 거 없어?"라고 하거나 갑자기 튀어나와서 "심심하지 않아? ㅇㅇㅇ에 대해서 알고 싶지 않아?"라고 하면서 학습적인 대화를 견인할 수 있기 때문입니다. 대화용 챗봇은 모바일 러닝, 온라인 러닝과 너무나도 접목이 잘 됩니다.

그리고 AI에게 학생에 대한 보고서를 요구하면, 학생이 한 모든 질문과 코멘트, 단어를 하나도 빠짐없이 기억하고 있다가 제공해줍니다. 실제로 지금 이러한 보고서를 제공하고 있습니다. 질문 분석 보고서라고도 볼 수 있습니다. 제가 지금까지 인공지능 시스템에 질문한 내용에 대해 보고를 요청하면 인공지능은 "지난 2년간 25,000개의 질문을 하셨고, 그 질문을 토대로 볼 때 당신은 과학, 수학, 정치 분야에 수준 높은 이해 능력을 보유하고 있습니다."라고 보고할 겁니다. 제 어휘력이 어느 정도 수준인지도 알려줄 겁니다.

이런 시스템이 미래의 평가 모델로 활용될 겁니다. 학생들이 다양한 종류의 디지털 활동 정보를 남길 거고, 대화 내용뿐만 아니라 파워포인트, 에세이, 이메일 등 학생이 만들어낸 모든 것을 시스템이 검토하여 학습 과정을 평가합니다. 그러면 학생 평가에서 표준화된 시험에 대한 의존도는 크게 떨어질 겁니다. 다만, 이를 위해서는 사생활 침해에 대한 우려를 우선 해결해야 합니다.

대화용 챗봇 개발에서, 제 고민은 '어떻게 하면 처리 속도를 높일 수 있을까'입니다. 대화가 가능한 인공지능 코치를 개발하려면 인간처럼 빠르게 답변을 해야 합니다. 하지만 현재 시스템은 몇 초 더 걸리죠. 인공지능이 답변을 내놓기까지 뜸을 들이는 시간을 줄이려고 노력 중인데, 1초 안에 답변이 나오면 가장 이상적이지만, 간단한 문제는 아니라서 시간과 노력을 좀 더 들여야 할 것 같습니다.

제가 지금 가장 관심을 갖고 있는 것은 '인공지능을 어떻게 활용해서 학생들을 대화에 참여시키고, 또 대화를 통해 혁신적이고 창의적인 사고를 함양하며, 비판적이고 생산적인 사고를 이끌어낼 수 있을까'입니다. 제가 최종적으로 개발하고자 하는 건 '가상의 페르소나'입니다. 최고의 코치가 되어주고 즐거운 대화를 나눌 수 있으며 학교에서 배우는 수업 과목을 지도해줄 수 있습니다. 이것이 이 프로젝트의 최종적인 목표입니다. 물론 시스템이 인간의 언어와 뉘앙스를 이해할 수 없기 때문에 자연어 처리 과정에서 어려움이 많겠지만, 이 또한 넘어야 할 산입니다. 데이터 수집에 있어서 사생활 침해 편향적인 데이터 처리, 자연어 처리 기술의 더딘 발전 속도, 자연어 뉘앙스에 대한 이해 연산 처리 설비에 대한 접근성과 격차 모두 해결해야 할 문제입니다. 어떤 그룹은 데이터를 처리하고, 빠르고 정확한 답변을 하는 모델을 구축할 수 있는 슈퍼컴퓨팅 설비를 보유하고 있지만, 대부분은 그와 같은 수준의 컴퓨팅 설비를 마련할 수 없어서 인공지능을 개발하는 데 어려움이 있습니다.

●●● ●

현재 교육계는 르네상스와 같은 시기를 겪고 있습니다. 인공지능 기술의 발전은 교육 분야에서 창의력 개발을 위한 비옥한 토양이 될 겁니다. 하지만 미래의 주역인 학생들을 전통적인 학교의 틀에 가둬둔다면 다 소용없는 일입니다. 인위적으로 역량을 키우게 될 뿐입니다.

학생들에게 평생 학습에 대한 열망과 호기심을 불어넣어야 합니다. 실생활 문제를 해결할 수 있도록 도전 과제를 제공해야 합니다. 그래야 창의적인 문제해결에 진정한 흥미와 의욕을 느끼게 될 겁니다. 이 과정이 자연스럽게 진행되려면 교사와 학부모가 롤 모델이 되어주고 코치로서 도움을 주어야 합니다. 이러한 내용들은 이해하기 어렵지는 않지만, 실천하기가 어렵습니다. 전통적인 교육 모델 속에서 오랜 시간 지속된 교육문화 때문입니다. 지금은 새로운 표준과 교육 모델을 찾아야 할 때입니다.

예전에 모 강연에서 이런 이야기를 했더니, 객석에 계신 한 분이 물었습니다. "어떻게 하면 호기심을 유지하며 평생 학습자로서 끊임없이 도전할 수 있습니까?" 정말 타당한 질문입니다. 제가 실천하지 않는데 어떻게 조언할 수 있을까요?

제 답변은 이러했습니다. "스탠퍼드대학교에서 지난 20년을 근무하고 조종사 자격증을 땄습니다. 항공기 조종사가 되기 위해 훈련을 받았습니다. 단순한 취미 그 이상이었죠. 저는 비행기를 타고 외딴 지역으로 날아가 인도적 지원과 교육 프로그램을 제공하고 싶습니다. 외딴 지역에서 학교를 설립할 수 있게 돕고 싶고, 어린 조종사들에게 영감을 주는 비행 교관도 되고 싶습니다."

이번에 애슐리 블레인을 보면서 다시 한 번 깨달았습니다. 애슐리 블레인이 19살에 비행 교관이 될 수 있었으니 저도 분명히 할 수 있을 겁니다. 그리고 저희 집 차고에서 비행기를 만들고 싶습니다. 좀 더 빠르고 연료 효율성이 높은 비행기를 만들고 싶습니다. 이런 계획으로 인해 제 여생이 바빠질 예정입니다.

아직 배워야 할 게 많습니다. 이제 황혼기에 접어들지만 저는 배움을 멈추지 않을 겁니다. 삶의 마지막 날까지 배움을 멈추지 않을 겁니다. 제 이야기가 미래의 주역들이 이 사회를 더 나은 세상으로 만들 수 있게 영감을 줄 수 있는 새로운 교육 프로그램을 개발하는 데 도움이 되길 바랍니다.

한국과학창의재단 기조 강연, 2020.10.23.

미래교육에서 코칭(coaching)이 중요한 이유

티칭(teaching)과 코칭(coaching), 이것은 방식의 문제라기보다 태도의 문제이다. 사람을 바라보는 관점의 문제이기도 하다. 기존의 교육이 티칭의 자리에 있다면 이제는 코칭의 자리로 옮겨와야 한다. 왜 그럴까?

우선 티칭은 일방향적인 관점이다. 가르치는 사람이 모든 것을 알고 있고 완벽하게 통제한다는 신념이 마음 안에 깔려 있다. 배우는 사람을 아래에 두는 수직적 관계를 바탕으로 하기에 잘 따라오지 못하거나 동기부여가 낮을 경우, "이것도 못 해?", "몇 번을 말해야 알아듣니?", "넌 왜 이렇게 의욕이 없어?"라고 쉽게 비난하는 마음이 든다. 또한 티칭은 정답을 확인하려고 한다. 이미 답이 정해져 있으니, 그것을 맞추라는 것이다. 그렇기에 학교에서 배운 것을 빠르고 정확하게 찾아내는 과정에 익숙한 학생은 좋은 평가를 받는다. 조금 다른 생각을 하거나 개성을 드러내면 '튀는 아이', '부적응적인 아이'로 낙인이 찍히기도 한다.

반면 코칭은 쌍방향을 지향하는 관점이다. 코칭에는 가르치는 사람도, 배우는 사람도 불완전하기에 더 좋은 방향으로 개선한다는 마음이 들어 있다. 존중을 바탕으로 한 수평적 관계를 맺을 수 있다. 잘하는 것은 칭찬해주고 좀 못하더라고 기다려주며 "이 부분이 좀 어려웠구나.", "네 생각은 어때?", "이렇게 하니까 훨씬 더 좋네."라고 학습자가 스스로 자신감을 가질 수 있도록 격려한다. 결과보다는 과정을 중시하고 성과에 치우치기보다 동기를 불러일으킨다. 스스로 동기부여가 된 학습자는 배움에 더 적극적으로 참여하게 되고 즐거움을 느끼게 된다.

코칭을 통해 학습자는 창의적이고 비판적이되, 다른 사람과 의사소통하고 협력하며 세상에 대해 이타심과 책임감을 느낄 줄 아는 능력을 키울 수 있다. 그리고 자신의 미래에 대한 방향성과 큰 그림을 그릴 수 있다. 이것이 미래교육에서 코칭이 더 중요한 이유다.

교육의 디지털 전환을 이해하기 위해서는 교육의 '인프라스트럭처 인버전 (infrastructure inversion, 교육기반시설의 전환)'에 대한 이해가 필요하다. 전통적 교육 시스템은 아날로그 인프라가 중심이었다. 종이책, 사람, 학교와 같은 아날로그 인프라를 잘 구성하고 활용해서 교육을 했다. 그런데 지금은 이 인프라스트럭처의 중심 축이 디지털로 이동했다. 디지털 세상 속에 과정, 평가, 교수와 같은 절차와 틀을 만들고 이것을 중심으로 디지털 지식(digital knowledge) 체계를 구축한 후, 이를 바탕으로 디지털 콘텐츠와 서비스 등이 만들어지고, 전달되고, 소비될 수 있는 인프라스트럭처 인버전이 일어나게 된 것이다.

기술을 이해하면
AI 융합교육이 보인다

1

머신러닝은
어떻게 이루어지는가?

비즈니스 문제를 해결하는 AI 회사들

정제영　　　　　　　　　　앞에서 교육의 현실과 미래교육의
방향성, 그리고 교육 전반에 대한 이야기를 폭넓게 했다면, 여기에서는
인공지능(AI) 융합교육에 대한 이야기를 구체적으로 나눠보겠습니다.

　AI와 더불어 머신러닝, 딥러닝 등 용어에 대한 정확한 이해도 필요할
것 같습니다. 조성준 서울대학교 산업공학과 교수는 이렇게 정의를 내렸
어요. "AI는 시각, 청각 기반의 주변 상황 인지를 통해 문제해결을 인간
수준으로 수행하는 컴퓨터, 데이터를 통해 사람처럼 행동하는 기계"라고
했고, "머신러닝은 인간의 학습 능력과 같은 기능을 컴퓨터에서 실현하
고자 하는 기술 및 기법"이라고 했죠. 그리고 "딥러닝은 학습을 통해 생
각하는 컴퓨터, 많은 데이터를 비슷한 것끼리 분류하는 기술"이라고 했

습니다. 즉 AI가 판단, 추론, 학습 등 인간의 지능이 가지는 기능을 갖춘 컴퓨터 시스템이라면 머신러닝과 딥러닝은 AI를 가능하게 하는 하위 방법론에 해당하는 것이죠.

최재화 AI가 데이터를 처리하는 방법은 두 가지예요. 지식 기반과 학습 기반이죠. 둘 중 처음 등장한 방법은 지식 기반이었고요. 지식 기반 방식은 사람의 과거의 경험을 중심으로 연역적 추론 방식을 기계에 직접 주입해서 사용하는 건데, 출처가 주로 전문가의 지식이다 보니 개인적인 수준에서의 지식은 객관성과 일관성을 확보하기 어렵고, 특히 암묵적(tacit) 지식의 경우 명료화, 구체화되기 어렵다는 한계가 있었죠. 이런 한계를 극복하기 위해 나온 방법이 데이터를 기반으로 한 방법입니다. 기계학습(machine learning)이라고 부르죠. 그리고 딥러닝은 사람의 뇌를 모방한 기계학습의 한 분야입니다. 기계학습, 그중 딥러닝은 방대한 학습 데이터를 필요로 하고, 학습 데이터의 한계를 넘지 못한다는 단점이 있습니다.

정제영 미래 세계는 AI가 삶의 모든 곳에서 실핏줄처럼 흐르고 있지 않을까 싶은데요, 특히 인공신경망에 기반을 둔 딥러닝은 최근 비약적인 발전을 보이고 있지요. 딥러닝을 통해 커다란 가능성이 열리자 많은 기업이 이 경쟁에 뛰어들고 있고요. 2014년 초 구글은 3년밖에 되지 않은 딥마인드(Deep Mind)라는 회사를 4억 달러가 넘는 금액으로 인수했죠. 가트너도 2014년 주목할 만한 기술 분야 중 하나로 딥러닝을 꼽았고요.

폴 김   제가 자문하는 기업 중에 직원들의
성과 개선을 도와주는 기술을 개발하는 회사가 있어요. 최근 미국에 직
원들의 성과 데이터를 수집해서 어떻게 하면 회사의 효율성을 높일 수
있을지, 또 얼마나 높일 수 있을지 등을 분석하고 도와주는 회사들이 많
이 생겼습니다. 디지털 데이터를 많이 갖고 있는 회사일수록 업무 효율
성을 높이는 데 이런 솔루션들을 적용하더라고요. 디지털 데이터를 바탕
으로 솔루션을 개발하는 일은 앞으로 더 세분화되고 가속화될 분야라고
봅니다. 사업의 확장성도 크고요. 또 다른 회사는 보안 감시 카메라 렌즈
같은 것을 모니터링합니다. 예를 들면 드론을 띄워 우리 집에 침입자가
있다거나 낯선 사람이 가까이 왔을 때 '처음 보는 사람인데, 이 사람, 어
떻게 할까요?' 하는 알람을 스마트폰으로 바로 보내줘요. 건물 경비원이
하던 일을 이제는 이 회사의 솔루션이 대체하고 있죠. 실제로 많은 회사
들이 이 솔루션을 쓰고 있어요. 발레댄스 자세 교정을 해주는 솔루션 등
개인의 취미, 운동을 도와주는 프로그램을 개발해 적용하는 회사들도 많
이 생겼습니다.

이런 모든 회사들의 공통점을 통해서 발견할 수 있는 사실이 뭐냐면,
비주얼 이미지와 관련된 딥러닝 쪽이 발전 속도도 빠르고 상업화도 상당
히 많이 되어 있다는 거예요. 아이디어를 넣어주면 알아서 로고를 만들
어주는 솔루션을 개발한 회사도 있습니다. 예를 들어 우리 회사는 '혁신

●   AI, 즉 인공지능은 사람이 할 일을 기계가 대신하는 모든 자동화를 총칭한다. 그중 머신러닝, 즉 기계
　　　학습은 규칙을 프로그래밍하지 않고 빅데이터로부터 의사결정에 필요한 패턴을 컴퓨터가 스스로 학
　　　습하는 것을 일컫는다. 머신러닝 중에서도 딥러닝은 인공신경망에 기반해 비정형화된 데이터로부터
　　　특징을 추출해 판단까지 기계가 수행하는 것이다. (인공지능 ⊃ 머신러닝 ⊃ 딥러닝)

적'이고 '미래를 지향'하고 등 몇 가지 키워드와 함께 회사 이름을 넣어주면, 회사 로고가 디자인되어 최종 결과물이 나오는 거죠. 비주얼 이미지 데이터들을 가지고 새롭게 결과물을 만들어내는 거죠.

그리고 OpenAI의 ChatGPT가 교육의 새로운 모습을 미리 보여주었습니다. 제가 전부터 강조하던 인공지능을 활용한 코칭이 거의 현실 단계에 들어왔다고 해도 과언이 아니죠. 저도 이제는 코딩하다 막히면 바로 ChatGPT에게 나의 상황을 설명하고 어떻게 하면 좋을지 자문을 구합니다. 전에는 구글에서 검색을 하여 여러 자료를 찾아 읽어보고, 찾고 또 찾아 겨우 해결책을 알아내곤 했는데, 이제는 ChatGPT가 아주 자세하게 전문적인 컨설팅을 해줍니다. 현재는 특히 기술 분야에서 최신 정보를 바탕으로 코칭을 아주 잘 해주지만, 교육은 물론 타 분야에서도 전문 코칭이 점차 가능해질 거라고 봅니다. 코칭의 바탕가 되는 정보의 양도 많아질 거고, 과거 데이터 활용도 늘어나게 되면, 관심이 가는 어떤 것을 찾는다거나 학습하려 할 때 필수 도우미가 될 것입니다. 무엇보다도 지금은 이 회사의 솔루션에 놀라고 감탄할지 모르지만, 앞으로는 이와 같은 솔루션들이 구글 검색을 대체하고 더 많은 학습 도우미, 나아가 수많은 영역에서 전문 컨설턴트를 배출해낼 겁니다. 그러면 학교의 역할도 많이 변화되어야 하고, 미래 인재인 아이들에게 이와 같은 인공지능 기술들을 어떻게 활용해야 할지 지금 가르쳐야 합니다. ChatGPT는 30년 전 인터넷이 세상에 급속도로 퍼졌던 그때와 비슷한 상황을 만들고 있습니다. 지금도 인터넷 없이 학습을 한다는 것을 상상하기 힘든데, 바로 5년 후라면, 이와 같은 인공지능 코치 또는 인공지능 컨설턴트 없이 학습하거나 일한다는 것은 상상할 수 없게 될 것입니다.

전문가의 지식을 디지털 지식으로 바꾸는 기계교육

정제영　　　　　　　　　　머신러닝은 최재화 교수님이 하는
일과 연관이 깊지요?

최재화　　　　　　　　　　네. 저의 연구는 인간의 지식과 기
술의 습득 및 그 변화 과정을 모형화하는 인지 변인(cognitive variables) 모
델링인데, 최근에는 인간(전문가)의 지식을 기계 지식 또는 디지털 지식
으로 전환시키는 연구로 확장시키고 있습니다. 기계에게 일을 시키기 위
해서는 기계한테 사람이 알고 있는 지식을 '전수', '주입', '전환'해주어야
합니다. 앞에서 이야기한 규칙/지식 기반 프로그래밍과 데이터 기반 프
로그래밍을 융합한 것이라 보시면 됩니다. 이를테면 전문성이 있는 교
육자의 지식을 디지털 지식으로 바꾸고, 이 디지털 지식을 바탕으로 디
지털 콘텐츠와 서비스를 '생성'한 후 여기서 나오는 디지털 데이터를 다
시 분석하는 과정을 수행합니다. 이 일련의 과정은 사람의 학습을 돕
는 것을 목표로 최적화됩니다. 저는 이를 '사람의 학습을 위한 기계교육
(Machine Education for Human Learning)'이라고 부릅니다. 사람의 아날로
그 지식을 디지털 지식으로 바꾸는 이 과정은 데이터를 기반으로 한 머
신러닝과는 다릅니다. 즉 기계가 데이터를 통해 학습하는 것이 아니라,
사람을 교육하는 과정을 그대로 기계에 적용한 거라 보시면 됩니다.

정제영　　　　　　　　　　최재화 교수님이 특히 관심을 두는
곳은 어디인가요?

최재화 저는 머신러닝 자체보다 전문가의 지식을 직접 주입해서 사람의 학습을 돕는 기계를 만드는 일에 더 관심이 있어요. 딥러닝이나 기계학습에서는 후반부 최적화 과정이라 볼 수 있죠. 한 가지 아쉬운 점은, 대부분의 교육 분야 전문가들이 다양한 기술들을 AI라는 두루뭉술한 개념으로 받아들이신다는 것입니다. 구체적으로 할 이야기가 무궁무진한데 거의 개념적인 수준에서 기술에 대해서만 이야기하십니다.

조기성 맞습니다. 학교 선생님들하고도 이런 주제로 가끔 대화를 나눌 때가 있는데, 관심이 주로 기술에 가 있더라고요.

최재화 많은 분들이 그러신 것 같아요. 아무래도 기술에 대한 이해 수준이 달라서 그런 듯합니다. 그래서 저는 AI라는 개념어 사용을 꺼립니다. 인지 변인 모델링은 몇백 년 전에는 수학적인 모델을 완성형으로 두었다면, 50여 년 전부터는 데이터 수집과 컴퓨터 사용이 가능해지면서 통계적인 모델을 만들 수 있게 되었죠. "데이터가 많이 있으니까, 수학만 쓰지 말고 통계를 한번 써보자."라고 해서 통계적인 모델을 만들었던 겁니다. 그리고 얼마 지나지 않아 "규칙/지식 기반도 한번 이용해보자. 꼭 통계적으로만 할 필요가 있어?"라고 생각해서 디지털 지식 기반 시스템을 만들게 되었습니다. 지식공학(Knowledge Engineering)이라는 용어로도 표현됩니다. 저는 이 접근 방법을 평가공학(Assessment Engineering)을 중심축으로 해서 맞춤형 교육에 활용하고 있는 거죠.

조기성　　　　　　　　한마디로, 수리 모형에서 통계 모델로, 다시 전산 모델로 넓혀온 거네요.

최재화　　　　　　　　그렇죠. 현재는 지식 모형 혹은 모델이라고 하면 수리, 통계, 전산 모델을 하나로 통합한 모델을 가리킵니다. 저와 함께 일하는 분들은 대부분 수학 전공자, 컴퓨터(전산학) 관련 전공자, 인지과학 전공자입니다. 수학, 컴퓨터공학, 컴퓨터과학, 인지과학의 이론적 토대 위에서 사람의 지식을 어떻게 디지털화할 수 있는지를 연구하지요. 때로는 철학 전공자와도 일합니다. 저도 학부 전공은 철학입니다. 또 분야별 내용 전문가나 지식 전문가, 예를 들면 수학을 가르치는 방법을 잘 아는 수학 교사, 언어의 내용 전문가 등이 한 팀이 되어 '사람의 지식을 기계의 지식으로 전환하는 기술'을 연구하고 있습니다.

조기성　　　　　　　　전문가의 지식을 기계 지식으로 전환한다는 게 참 쉽지 않은 일일 텐데요, 현재 어느 단계까지 와 있는 걸까요?

최재화　　　　　　　　컴퓨터가 발명되면서 촉발되었던 규칙/지식 기반 프로그래밍 프로젝트들이 다 성공을 거두진 못했죠. 지금의 기술로도 '깊은' 수준의 지식을 완벽하게 전환하기는 매우 어렵습니다. 상당히 생소한 분야라서 협업하거나 구체적인 활용도 만들기가 쉽지 않았습니다. 그래도 어느 정도 설명 가능한 개념이 '문제은행'입니다. 문제은행의 개념과 활용은 잘 알려져 있으니까요. 과거에는 교수 및 교사, 내용 전문가들이 직접 만든(출제한) 문제를 축적해서 문제은행을 만들었는데, 디지털 지식 기반은 지식의 체계를 디지털 공간에 만들고 이 지식 체계를 바탕으로 기계가 직접 문제를 '생성'해서 문제은행을 만드는 거라 보시면 기초적인 활용에 대한 이해가 가능합니다. 기계가 생성한 디지털 콘텐츠(즉 출제한 문항)를 가지고 디지털 서비스, 즉 과제도 만들고, 보고서도 만들고, 시험문제도 만드는 거예요. 그리고 이렇게 생성된 디지털 데이터를 가지고 2차 최적화를 합니다. 2차 최적화 과정에서는 데이터를 기반으로 한 기계학습이 사용됩니다. 차세대 문제은행을 맞춤형 교육을 위한 디지털 콘텐츠와 서비스 플랫폼으로 확장시키는 거죠.

그런데 전문가의 지식을 디지털 지식(기계 지식)으로 전환하는 일에는 상당한 자원(비용과 시간)이 필요합니다. 사람의 지식을 알고리즘화하는 과정이 지식 전문가와 함께 하는 아주 노동집약적인 일이기 때문이죠. 매우 고통스럽고, 전혀 AI스럽지 않은 작업이에요. 그래서 일반적인 수준에서는 사업적인 성공이 어려운 이유가 됩니다. 교육이나 지식은 공적 자원 성격이 있기 때문에 국가 단위의 전략적 투자가 필요합니다.

정제영   전문 인력이 투입되어 집약적으로 일하는 건데 돈과 시간이 정말 많이 들 수밖에 없죠.

최재화   전문가의 지식을 추출해서 기계가 이해할, 즉 상징 연산(symbolic operation)이 가능한 형태로 바꾸어서 기계에 주입해야 하니까요. 공적인 영역에 속하는 '교육에 필요한 지식의 체계'를 다루는 일이기 때문에 일개 기업이 기업이 할 수 있는 작업이 아니에요. 제가 컨설팅한 기업 중에 삼성전자, 시스코 시스템 등이 있고 최근에는 아마존과 일을 하고 있습니다만, 그 내용은 대부분 해당 기업이 필요로 하는 지식을 체계화하는 일입니다. 해당 분야 지식 전문가와 기술 보유자, 전산 전문 인력이 충분한 곳에서 그들의 지식을 디지털 지식으로 전환하는 일에 대해 컨설팅을 하죠. 다시 말해, 그들의 집단 전문성을 디지털 형태로 전환하고 신장시켜주는 역할이죠. 현재 기업들은 더 세밀하고 복잡한 레벨에서, 교육 분야는 폭넓지만 비교적 단순한 레벨에서 이 일을 하고 있다고 보시면 됩니다. 교육 분야에서는 소규모 전문가 집단만 할 수 있던 일들을 디지털 공간에서 대량 협업이 가능한 형태로 전환하려 노력 중입니다.

게임인데 시험이라고? 지능형 튜터링 시스템

정제영   교육 분야와 관련된 이야기를 좀 더 듣고 싶네요.

최재화   많은 문제점들이 있지만, '평가'는 교육 시스템의 중요한 요소입니다. 다양한 기술들로 기존 평가 시스템이 가지고 있는 문제들을 해결하는 것이 저의 목표이고요. 예를 들어 현재 각국 교육부에서는 과제를 질문과 답처럼 대화로 주고받는 시스템을 만들고 있어요. 그중 제가 싱가포르에서 하고 있는 일은 저학년을 위한 지능형 게임 개발에 디지털 지식을 활용하는 것입니다. 저학년 지능형 게임을 학생 입장에서는 게임인지, 측정인지 모르게끔 완벽하게 혼합한 디지털 시스템을 만드는 프로젝트인데, 지능 전문가의 지식을 게임 속에 넣어서 디지털 지식으로 전환하여 기계가 게임 속 콘텐츠를 만들어내는 일에 도움을 주고 있죠.

그리고 사우디아라비아에서는 고학년 대상 시험 내용을 과제 속에 흡수시키는 시스템 개발에 대한 기초 컨설팅을 진행했습니다. 사우디아라비아 교육부의 새로운 시스템은 스텔스 평가(stealth analysis)입니다. '숨겨진 시험'이라는 뜻인데, 시험을 과제 속에 혼합한 후, 과제의 결과물로 평가와 측정을 동시에 하는 거예요. 스텔스 평가 시스템을 통해 국가가 알고 싶은 건 학생 개개인의 성장 수준과 역량, 그리고 미래 성공 가능성입니다. 사우디아라비아의 스텔스 평가는 사회적 비용이 추가로 소요되는 전통적 시험을 따로 만들지 않고 학생이 지금 수행하고 있는 과제나 보고서 등의 데이터를 실시간으로 추출하고, 대학 혹은 취업 같은 목표를 설정한 후, 여기서 성공적으로 학습을 하고 성장할 수 있을지, 취직 후에 일을 잘할 수 있을지 등을 측정하는 지능형 시스템으로 하나의 디지털 인프라입니다.

물론 우리나라도 이러한 노력을 하고 있습니다. 저는 2018년부터 한국교육과정평가원에서 '온라인형성평가시스템'으로 이와 같은 측정이 얼마나 가능할지, 비용은 얼마나 드는지 등을 검토하고 함께 진행했었죠. 이 프로젝트는 2년 정도 해서 끝냈고요. 지금은 충남대학교 반재천 교수님, 김선 교수님이 주도하는 응용교육측정평가연구소(AMEC)에서 '기초학력지원시스템'을 좀 더 지능형으로 만드는 일에 협조하고 있습니다. 세계 수준에서 보면 한국도 지능형 튜터링 시스템 구축에서 전혀 뒤처져 있지 않고 계속 투자를 하고 있습니다.

정제영　　　　　　　　　　　국가별, 기업별로 기대 수준이 조금 씩 다를 텐데요.

최재화　　　　　　　　　　　다 다릅니다. 선진국은 국가 단위 든, 기업 단위든 지능형 시스템에 대한 투자 규모가 아주 큽니다. 소위, 조 단위로 자금을 투입하죠. 기업은 살기 위해서 엄청난 투자를 하는 겁니다. 그에 비해 교육 분야는 아무래도 보수적인 것 같아요. 교육의 특수성이라 생각합니다.

폴 김　　　　　　　　　　　단순히 돈의 문제만은 아니지요.

최재화　　　　　　　　　　　맞습니다. 돈의 문제만은 아닙니다. 혁신을 이루기 위해서는 혁신적인 실험들이 필요합니다. 그런데 국민의 세금은 함부로 써서는 안 되는 것이고 학생은 실험 대상이 아니니까요. 이와 같은 교육 시장의 특성으로 인해 대규모 투자는 기업들에게 큰 위험부담이 됩니다.

　학생들을 대상으로 하는 교육 시스템은 무엇보다 안전해야 합니다. 잘못된 교육으로 학생에게 해가 되지 않아야 하니까요. 기술과 시스템이 검증이 될 때까지 기다려야 하죠. 혁신의 주체들(특히 교육 기술 회사들)

이 충분히 실험하고, 경험도 쌓고, 아이들에게도 안전하게 적용할 수 있겠다 싶을 때까지 충분히 기다려야 합니다. 교육이 혁신에 대해 보수적인 태도를 취할 수밖에 없는 이유이지요. 기업 주도가 되었든, 정부 주도가 되었든 모든 것을 한꺼번에 개발할 때는 소요되는 개발 및 운영 자금이 걸림돌이 됩니다. 또한 학습 데이터 및 콘텐츠의 지적 재산권과 소유권에 대한 문제점들이 생깁니다.

더 걱정되는 것은, 학교 현장의 선생님들이 그렇게 개발된 서비스의 소비자 혹은 사용자로 전락하는 점입니다. 기술의 변화로 교사의 역할과 정의를 바꾸기 전에 기술을 통해 선생님을 더욱더 선생님이게 하는 고민도 필요합니다. 그래서 저는 요즘, 시간이 더 걸리더라도 디지털 교육 혁신의 주체와 중심축을 일선 학교 선생님으로 하는, 이른바 '교사 권한 평가(Teacher Empowered Assessment)'를 구상하고 이와 관련해 다양한 실험을 하고 있습니다.

정제영   이와 관련해서 짚어봐야 할 또 다른 이슈는, 싱가포르나 사우디아라비아에서 스텔스 평가가 가능한 이유는 우리나라와 달리 국가가 강력하게 주도하기 때문이라는 것입니다.

조기성   우리나라도 예전에는 국가가 주도하는 일방적인 정책이 가능했던 시기가 있었죠. 그러나 지금은 교육의 민주화가 널리 확산되어서 교육부가 주도한다고 해도 그대로 다 되기는 어려울 겁니다.

정제영　　　　　　　　　　스텔스 평가와 같은 지능형 평가 시
스템을 통하면 객관성과 공정성은 상당히 보장되겠지만, 학생이 의도하
지 않은 내용이 평가에 반영될 때 문제가 생길 여지가 있으니까요. 교육
부에서 평가 방식에 대한 고민을 많이 하고 해외 사례 동향도 많이 검토
하는데, 스텔스 평가를 주장하거나 도입하지 않은 데는 또 다른 이유도
있지 않을까 추측합니다.

폴 김　　　　　　　　　　AI나 기술적인 시스템을 활용해 교
육을 더 정확하게 할 수 있는 방법에 대해 현재 많은 연구가 이뤄지고 있
는 것으로 알고 있습니다.

정제영　　　　　　　　　　맞습니다. 반재천 교수님이 기초학
력 미달 학생에 대한 연구를 진행하고 있는데, 교육 보완적인 측면에서
의 연구입니다. 이보다 더 나아간 고부담 평가(high-stakes testing), 예컨
대 대학 입시와 관련된 평가에 스텔스 평가 방식을 도입하면 아마도 상
당한 논쟁이 일어나지 않을까 싶습니다.

스텔스 평가의 객관화, 데이터화

조기성　　　　　　　　　　스텔스 평가는 우리나라의 많은 기
업에서 학력 등을 비밀로 하고 직원을 채용하는 데 활용하고 있다고 알
고 있고, 널리 확대되고 있는 추세지요. 저도 스텔스 평가와 관련해 공정

성을 중요하게 보는데요, 교실에서 학생의 학습 평가를 스텔스 평가에만 의존할 수는 없겠지만, 공정성은 지금보다 더 올라갈 수 있다고 생각해요. 교사도 학생의 코치로서 평가의 일부를 담당할 수 있고요. 사회적 공정성 측면에서는 스텔스 평가가 오히려 강점이 있지 않나 싶네요.

정제영 객관적인 평가를 위해서 필요하다는 입장이신가요?

조기성 그렇습니다. 학생의 학습 데이터가 계속 저장되면 그것을 토대로 자연스럽게 평가가 이루어질 수 있다고 주장하는 것도 스텔스 평가와 맥락이 맞닿아 있거든요. 학생들이 학교에서 각자 원하는 것을 꾸준히 학습하고 프로젝트를 진행하고 이를 축적해놓으면, 교사는 익명의 학습 데이터로, 또 학생은 자신의 포트폴리오로 활용할 수 있게 되죠. 교사는 이를 비교 평가하여 모 학생이 특정 학교 또는 특정 직장에 꼭 필요한 사람이라는 것을 데이터와 포트폴리오를 바탕으로 증명해줄 수 있고요. 그렇게 되면 계층 간에 '사다리 걷어차기'와 같은 말들이 좀 사라지지 않을까요? 교육에서도 이런 것이 꼭 필요하다고 생각합니다.

정제영 중·장기적으로 교육부에서 이런 고민을 많이 하고 있고 학생의 학습 경험을 하나로 묶으려는 시도도 하고 있어요. 사교육을 제외하고 학교와 학교 외부 활동의 성과들을 모아줄 수 있는 시스템을 개발하고 있죠. 계층 간 사다리 걷어차기 이슈에 대해 저는 "강력한 자기장이 작용하고 있다."고 표현하는데, 계층 간 문제를 완화하는 데 스텔스 평가를 사용하면, 사교육 시장에서는 이에 대비하는 새로운 사교육이 나오지 않을까 우려가 되기도 합니다. 사우디아라비아는 사교육이 거의 없기 때문에 이런 자기장의 영향이 없지만, 한국에선 스텔스 평가를 하면 이에 대비한 새로운 사교육이 나오고, 그게 다시 계층 간에 격차를 만들 수 있죠. 예를 하나 들자면 AI 면접을 통해 역량을 잘 평가하려고 했더니, AI 면접을 위한 사교육이 등장한 거예요. 벌써 취직 시장에서는 엄청나게 AI 면접을 연습하고 있습니다.

조기성   원래 해커가 있어야 보안 산업이 발달한다고 하잖아요. 아무리 공교육 시스템을 정교하게 만들어도 사교육 시스템은 발달하죠. 공교육 안에서 충분히 학습이 이뤄진다고 해도 사교육으로 따로 배우겠다는 것까지 억지로 막을 순 없으니까요. 결국은 진짜 제대로 된 시스템이 개발되려면 그런 사교육(해커)도 있어야 되지 않을까 생각해요. AI 면접도 마찬가지인 것 같아요. AI 면접이 사교육으로 통과할 수준이라면 그 면접에 객관성이 없다고 봐야 하니까, 좀 더 높은 수준의 기술이 필요하지 않을까 싶네요.

정제영   공교육과 사교육을 대립적 관점으로만 보기보다 사교육이 학생의 역량까지 좀 더 폭넓게 평가할 수 있으면 좋겠다는 생각이 드네요. 사교육에 접근하지 못하는 학생들은 공적으로 더 지원해주고요. 한국 교육을 되돌아봤을 때 공교육이 사교육을 부정적으로 보는 것은 대립적 관계로만 위치시켰기 때문이 아닐까 싶어요.

경제적 여건이 된다면 사교육의 도움으로 역량을 올리는 것도 좋고, 경제적 여건이 안 된다면 공교육에서 맞춤형 교육을 지원받아 역량을 높여서 전체적으로 모든 아이들이 역량이 높아지면 베스트겠죠. 학교가 스텔스 평가를 해서 아이들 역량을 서열화하는 걸로 끝나면 별 의미가 없겠지만, 학생의 역량이 떨어진 부분을 공교육에서 진단할 수 있는 방법이 결합된다면 좋지 않을까 싶습니다.

얼리워닝 시스템으로 학습 부진을 개선하다

최재화　　　　　　　　　　사우디아라비아 사례를 좀 더 이야기해볼까요? 시스템의 목표 중 하나를 얼리워닝(Early Warning, 조기경보) 시스템으로 활용하는 예입니다. 학교에선 시험이라는 행위를 통해 학생의 데이터를 계속 측정하니까 선생님들이 학생들의 실력을 잘 알죠. 그런데 국가나 부모가 알고 싶어하는 정보는, 간단히 말해, 모 학생이 대학에 진학할 준비가 되어가고 있느냐 하는 것일 수도 있습니다. 대학을 갈 준비가 되어 있냐는 질문에 대한 대답을 고등학교 3학년 때까지 기다리는 게 아니라, 초등학교 3학년부터 준비해나가는 거죠. 대학 교육이 무료라 해도, 입학한 학생이 대학 수업을 따라가지 못하면 어쩔 수 없는 거예요. 이러한 질문에 대한 대답을 초등 3학년 데이터부터 축적해서 관리하는 거예요. 심지어 시작 시점이 더 일러야 한다고 주장하는 전문가들도 많아요. 초등 저학년 학업이 잘 안 이루어지면 초등 3학년 이후도 다 망한다는 거죠. 더 큰 문제는, 이 결과가 대학에 가서, 그리고 취직 시점에서 드러나면 사회적으로 문제가 된다는 거죠.

조기성　　　　　　　　　　사우디아라비아는 전인교육이죠?
대학까지 다 무료고요.

최재화　　　　　　　　　　네. 그렇기 때문에 대학에 가서 학
습 진도를 못 따라가면 무상교육의 의미가 없어지는 거죠. 학생이 대학
에 갈 준비가 안 되어 있다는 걸 미리 알면 뭔가 다른 방향으로 학습이나
진로를 생각해볼 수 있지 않겠느냐는 거예요. 고등학교 과정이 다 끝난
후에야 '이 아이는 대학 갈 준비가 안 돼 있다'고 알려주면 너무 늦다는
거죠.

조기성　　　　　　　　　　알리긴 알려야 하는데, 결과가 나왔
다고 해도 학생과 부모에게 쉽게 말할 수 있는 게 아니라 어려운 문제네
요.

최재화　　　　　　　　　　싱가포르도 교육에 대한 열의가 높
은 나라예요. 그래서 오히려 시험을 숨기는 거죠. 시험을 친다고 하면 부
모들이 시험 준비한다고 난리가 나고, 그러면서 각종 편향들이 나타나니
까요. 저에게 주어진 미션도 시험인지, 게임인지 모르게끔 지능 데이터
를 수집하는 시스템을 설계하는 거였어요. 이 경우, 디지털 콘텐츠를 사
용하는 아이들과 학부모는 그 구분과 활용을 모르게 하고, 국가는 정보
를 알게 하는 시스템으로 설계가 되어야 합니다. 상위권 아이들의 학습

관리는 국가의 명운과 연결된다고 생각해서 창의적이고 뛰어난 아이들을 발굴하고 관리해야 하는데, 공개적인 시험은 지나치게 과열된 교육 분위기를 조성할 위험이 있거든요. 그래서 공개 시험이 아니라, 디지털 콘텐츠 속의 액티비티(activity)로 지능 데이터 수집이 가능할지 실험하는 프로젝트였습니다.

정제영 하이스쿨 드랍아웃 얼리워닝 시스템(고등학교 학업중단 조기경보 시스템)을 제가 개발하고 있는데, 위기학생을 얼리워닝 시스템으로 찾아내어 선생님들한테 그 정보를 교사에게 주면 그걸로 얼리 인터벤션(조기개입)을 하는 거예요. 조기에 개입하고 지원해서 학업 중단으로 이어지지 않도록 지원하는 시스템이죠. 교과별 활동에서도 학생들의 학습 데이터가 있으면 '아, 이 부분에 대한 개념이 없구나' 하고 알 수 있잖아요. 지금은 아직 시스템화되어 있지 않아서 점수만 매겨서 다음 학년으로 올려보내지만, 좀 더 발전시키면 선생님한테 구체적인 워닝을 보내 맞춤형 교육을 지원받게 하거나 인텔리전트 튜터링 시스템에서 배울 수 있게 하는 등 인터벤션이 들어갈 수 있으면 좋겠다고 생각해요.

현재 얼리워닝 시스템과 인텔리전트 튜터링 시스템 등을 기술적으로 또 정책적으로 고민하고 있고, 만들려고 하거든요. 개별적으로 발표해버리면 교육 현장에서 반발이 심할 것 같아서 현재로선 연구해서 지원하는 것까지 패키지화하려는 고민을 하고 있어요. 우수한 학생을 선별하거나 순위를 매기는 목적으로 쓰는 게 아니라, 학생의 부족한 부분을 지원하는 쪽으로 연결되지 않을까 싶습니다.

2

21세기형 맞춤형 교육, 기술은 어떤 역할을 할까

기술로 대체될 것인가, 교사가 주도할 것인가

정제영　　　　　　　　이번에는 '미래교육에서 기술이 어떤 역할을 할 수 있을까'를 생각해보면 좋겠네요.

최재화　　　　　　　　실제 기업이나 국가에서 걱정하지 않는 수준에서 교육 방향과 목적에 따라 어떤 식으로 기술을 활용할 수 있는지에 대한 사례는 말씀드릴 수 있을 것 같아요. 예를 들어 조금 극단적으로 도입한 사례 중 하나가 중국의 CCS(Classroom Care System, 교실 케어 시스템)인데요, 베이징을 중심으로 굉장히 빠르게 진행되고 있어요. 교사도 인공지능 로봇으로 대체하고, 학생 관리도 CCTV를 통해 학습에 집중하게 하고 있죠. 우리가 생각했을 때 중국은 너무 빠르고 극단적인 기술 활용으로 가고 있어서, 교육자들도 상당한 우려를 표하고 있어요. 중국의 경우, 효율을 극대화한 주입식 교육이 이루어지고 있는데, '가르칠 것이 정해져 있고 트랙, 즉 교육과정에 따라 코스 수업 형태로 주입하면 된다'는 생각이 극도로 반영되어 있는 기술 적용 사례지요.

조기성　　　　　　　　　얼마 전 한 언론에서 전국 초·중·고 교사 1091명을 대상으로 AI 시대 미래교육에 대한 설문조사를 했는데 64.3퍼센트가 '공교육에 AI 교사를 도입할 필요가 있다'고 답했다고 해요. 현재 공교육에서 AI를 활용하는 일은 걸음마 수준이지만 앞으로 양질의 교육을 하기 위해서라도 필요한 것이 사실이죠. 그런 의미에서 기술이 교사의 역할을 일부 대체하고 보완하되, 결정적으로 교사가 주도할 수 있는 기술에는 어떤 것들이 있을지 생각해보면 좋을 것 같아요.

최재화　　　　　　　　　좋은 생각입니다. 이런 것들에 대해 고민하면서, 기술 활용도 두 가지 방향으로 나눠서 생각해볼 수 있을 것 같아요. 소위 디지털 지식 시스템이 교사를 대신하여 문항과 과제를 만들어 출제하고 채점도 하고 피드백도 하여 사람인 교사를 대체하는 '대체 목표'로 갈 것인지, 아니면 교사가 문항을 만들고 평가하고 기록하는 반복 과정을 기술로 대체한 후 교사는 개별화 피드백을 해주는 '보조 목표'로 갈 것인지로 나누어 생각해보는 것이죠.

조기성　　　　　　　　　기계가 해주는 피드백과 사람이 해주는 피드백에는 차이가 있지 않을까 싶네요.

최재화   네. 그래서 교사를 위한 지원 도구

를 개발할 것인지, 아니면 교사의 특정 역할을 완전히 대체할 것인지를

정하는 게 우선되어야 하는 사안입니다. 다만, 이러한 구분을 이분법적

시각으로 보기보다는 스펙트럼을 넓혀 다양한 수준으로 나눠서 보아야

한다고 생각해요. 교수−학습에 있어서도 '인텔리전트 튜터링 시스템(지

능형 튜터링 시스템)이 있으면 교사가 필요 없다', '인텔리전트 튜터링 시스

템이 효율적으로 더 잘 가르친다', '온라인으로 모든 걸 할 수 있는 칸아

카데미(Khan Academy)나 무크 같은 인텔리전트 튜터링 시스템이 나오면

기술이 교사를 대체할 수 있다'와 같은 것은 다양한 목표 중 하나입니다.

또 다른 관점에서는 '이런 시스템을 활용하면 교사 업무 중 지식 전달이

나 평가 부분을 줄이고, 좀 더 창의적인 수업, 즉 팀 프로젝트라든가 문

제해결 학습(problem solving learning)을 할 수 있다', '이해와 암기 중심의

지식 수업은 기계한테 넘겨야 교사들이 창의적인 교육과 맞춤형 교육을

학생들에게 제공할 수 있다'고 목표를 설정할 수 있습니다.

결과적으로 크게 두 가지, 즉 '기술의 주도냐', '사람 주도의 기술 활용

이냐'는 목표 설정이 핵심이지요. 다양한 요소를 고려해서, 이 연속성의

중간 어디쯤에서 목표에 대한 합의를 해야 합니다.

맞춤형 학습을 위해 필요한 것들

조기성   저는 우리나라 교육 현실에 비추어

교사와 학생, 학부모가 기술적인 부분에 관심을 갖고 좀 더 쉽게 학습에

적용할 수 있도록 하는 역할을 해왔는데, 그 경험을 바탕으로 AI 과학자나 엔지니어들이 발명하고 개발한 기술이 교육에서 얼마나 활용 가능한지, 현실성이 있는지에 대한 이야기를 해볼까 합니다.

어댑티브 러닝이나 AI 기술들이 학교에서 어떻게 적용될 수 있는지, 또 어떤 기술이 교육을 변화시킬 것인지에 대해 우리나라 기업에 자문을 해오고 있는데, 개인적으로는 현장에서 기술을 어떻게 받아들일지, 사용법이 어떻게 변화될지에 대한 관심이 높아요. 특히 최근에는 칸아카데미 이야기를 많이 하는데요, 칸아카데미를 사용하는 선생님들에 따르면, "LMS(Learning Management System)를 통해 학생들의 부족한 부분을 하나하나 볼 수 있기 때문에 현재도 어느 정도 만족하지만, 맞춤형 시스템으로 가면 더 좋겠다."는 의견이 많아요. 선생님들이 학생들 각각에 맞춰 더 정확하게 피드백을 해주고 싶어하는 욕구 때문인데요. 의사들이 발달된 기술을 통해서 환자들을 맞춤형으로 진료하고 더 정확하게 치료하는 것처럼, 선생님들도 학습적인 면에서 기술을 활용하면 훨씬 더 정확하게 지도할 수 있지요.

앞으로 교사의 역할이 단순히 학습 지도만 하는 게 아니라 면대면으로 학생들을 만나고, 학생에 대한 개별 자료를 바탕으로 도움을 줄 수 있으면 좋겠어요. 다양한 온라인 시스템이 마이크로 러닝(작은 학습 단위를 다루는 기술 기반 학습)을 할 수 있도록 도움을 줄 수 있지 않을까 합니다. 이미 구글 트렌드나 네이버 데이터랩 등 빅데이터 분석 플랫폼을 활용해 수업을 설계하고 있는 선생님들이 많아요. 무조건 지식을 전달하고 외우게 하던 방식에서 탈피하여 지식과 정보를 종합해 현실 문제에 대해 토론하며 해결 방법을 찾는 것이죠.

정제영　　　　　　　　　　　　　　이와 관련해서 최재화 교수님이 해
주실 이야기가 있을 것 같아요.

최재화　　　　　　　　　　　　　세 가지 주제로 나눠볼 수 있을 것
같네요. 첫 번째는 지금 사회 전반적으로 관심이 커진 교육 AI에 대한 개
념 설정이고, 두 번째는 학교에서 주목하고 있는 맞춤형 학습을 위한 개
별화 기술, 그리고 세 번째는 개별화 기술이 현재 어디까지 개발되어 있
는가에 대한 것입니다. 이 중에서 첫 번째는 이미 많이 알려진 사실이니
대략적인 내용만 공유하고, 기술과 적용은 함께 다뤄야 하니 두 번째와
세 번째를 하나로 합쳐서 이야기하도록 하겠습니다.

3시간 만에 이세돌처럼 바둑을 둘 수 있다?

최재화　　　　　　　　　　　　지금 제가 쓰고 있는 책의 한 주제
이기도 한 'Elements of Adaptive Learning', 즉 맞춤형 학습을 할 때 필
요한 요소들과 관련된 이야기부터 먼저 하겠습니다. 우리나라에서 AI가
대중적으로 폭발적 관심을 받게 된 건 2016년 이세돌과 알파고의 대결
이 아닐까 싶습니다. 이때 과학자들은 사용을 꺼리던 용어가 대중적으로
사용되었는데요, AI와 ANN(artificial neural network, 인공신경망)이 그것
입니다.

　2016년 이전까지 인공신경망 연구는 활발하지 않았어요. 앞서 말씀
드렸던 것처럼, 규칙/지능 기반 프로그래밍과 데이터 기반 프로그래밍

은 구분이 필요합니다. 이 관점에서 ANN는 AI의 한 분야입니다. 하지만 지금도 제 주위 전문가들은 AI라는 용어 사용을 꺼리고 있어요. 초기 AI 프로젝트들이 대대적으로 실패했기 때문이에요. 그래서 AI보다는 규칙 기반, 데이터 기반을 구분하는 용도로 '규칙/지식 기반 시스템' 혹은 '엑스퍼트 시스템' 등의 용어를 주로 사용하고 있어요. AI와 ANN의 개념이 자꾸 혼용되어 사용되는 이유도 '아티피셜(artificial)'이라는 단어가 AI에도 들어 있기 때문이죠. 이 분야 연구자들은 '아티피셜'이라는 용어가 주는 혼란을 피하기 위해서 '딥러닝'이라는 용어로 바꿔 사용했습니다. 같은 이유로 많은 연구자들이 '뉴럴(neural)'이라는 용어도 기피했어요. 결국 데이터 기반 프로그래밍을 '머신러닝'이라고 했고, 그중에 뉴럴 네트워크 모형을 활용한 것을 '딥러닝'이라 부르게 되었죠. AI를 포함해서 앞서 말씀드린 내용은 결국 프로그래밍 혹은 'Human-Computer Interaction'의 한 종류입니다. 인류가 가지는 인지적 한계를 디지털 기계를 이용하여 극복하기 위한 체계적인 방법론 혹은 도구입니다. 이를 공상과학에서 나오는 이야기나 기업의 제품이나 서비스의 광고 문구 수준으로 다루는 것은 매우 위험합니다. 교육도 학문이고 사회과학입니다. 교육 전문가들이 철학적, 과학적인 자세를 견지하는 것은 기본 중의 기본입니다.

그러다 알파고가 등장하면서 AI가 대중적인 관심을 끈 거죠. AI 바둑 프로그램이라는 이유로 한국에서 이 용어가 툭 터져나온 겁니다. 대중적 인지도도 세계로 퍼져나갔고요.

정제영　　　　　　　　　이세돌과 알파고의 대결은 당시 엄청난 화제였죠.

최재화   거의 신드롬과 같았죠. 초등학생부터 어르신들까지 알파고 AI가 대화의 중심이었으니까요. 16만 건의 기보(棋譜) 데이터를 분석해서 지도학습(supervised learning), 강화학습(reinforcement learning)을 했다고 합니다. 지도학습은 과학적 관점에서는 사실 새로울 게 없었어요. 데이터 기반 전산 모형은 기존 통계 모형의 확장이기 때문입니다. 기보를 데이터로 예측 모형을 만든 거죠. 저희 사이언스 커뮤니티에서 선풍적인 관심을 불러일으킨 것은 바로 강화학습이에요. 강화학습은 기계끼리도 추가 학습을 하는 알고리즘이죠. 당시 저한테는 굉장히 참신한 아이디어로 느껴졌습니다. 데이터와 통계 모형이 있으면 분석이 가능한 지도학습을 할 수 있다는 것까지는 이미 어느 정도 알고 있었는데, 강화학습이 나오면서, 맞춤형 평가를 연구하는 저희도 '강화학습을 맞춤형 학습에 활용할 수 없을까?' 하는 생각을 하게 된 겁니다.

조기성   그렇지만 결국엔 데이터가 있어야 하잖아요. 알파고도 기보 데이터가 있어야 분석을 할 수 있고요.

최재화   그렇죠. 그 부분이 ANN이 되었든, 딥러닝이 되었든 데이터 기반 프로그래밍의 한계이자 특성입니다. 그래서 저도 2016년엔 그러한 방법론을 교육에 활용하는 데 부정적이었어요. 16만 건의 표준화된 기보 데이터를 기계가 읽어들일 수 있는 형태로 만들었기 때문에 알파고가 학습을 할 수 있었으니까요. 결국 알파고 안에 들어 있는 수많은 기보는 전문가들이 실제로 바둑을 둔 결과물이잖아요. 그런데 강화학습으로 그 수준과 효과가 더 높아진 거예요. 따라 하는 수준이 아니라 뛰어넘는 수준으로요. 놀랄 만큼 획기적이었죠. 그러다 2017년 결정타가 등장하는데 바로 '알파고 제로'입니다. 원래 있던 학습 데이터에 대한 의존성을 엄청 낮춰주었죠. 이때부터 수많은 연구자들이 강화학습을 공부해서 맞춤형 교육에 활용하고자 연구에 몰두했어요. 지금도 이 연구들의 연장선상에 있고요. 교육 분야 적용에는 더 큰 장애물이 있다는 걸 나중에 알았습니다.

알파고 제로는 업그레이드된 알파고예요. 기보가 하나도 없어도 3시간 만에 이세돌만큼 바둑을 둘 수 있죠. 그라운드 제로(기저 수준)에서 데이터가 없어도 로봇에게 바둑의 규칙만 알려주면 말 그대로 엄청난 컴퓨팅 파워를 바탕으로 소위 '미친 듯이' 학습을 계속 해서 바둑을 둘 수 있게 되는 거죠. 이것은 정말 놀라운 경험이었어요. 아직도 저는 세밀한 수준은 이해를 못했습니다.

누굴 따라 하지 않아도, 전문가가 없어도 어떤 게임이라는 상황 속에서 학습이 이렇게 일어날 수 있으니 완전히 새로운 지평이 열린 거였어요. 코페르니쿠스의 전환에 비교할 만큼 놀라운 일이었지요!

이때부터 거의 모든 사람들이 이 기술을 아주 진지하게 바라보기 시작했어요. 완전히 다른 차원의 기술이니 그냥 흘려버려선 안 된다고 생각했죠. 이 기술을 제대로 활용하고, 여러 분야에 접목해보고자 노력했습니다. 저도 그렇게 시작했고요.

조기성   강화학습 기술을 게임에는 쉽게 접목할 수 있지만, 교육 현장에선 우려되는 면이 있어요. 학생들을 게임하듯 대할 수는 없으니까요.

최재화   맞는 말씀입니다. 교육은 게임이 아니죠. 바둑에 룰이 있듯이, 교육에는 지식의 내용과 룰이 필요한데 이게 하늘에서 뚝 떨어지는 게 아니잖아요. 강화학습은 바둑의 룰처럼 매우 간단하고, 수많은 기계들이 바둑을 수십만 건 둘 수 있는 디지털 시뮬레이션 공간 속에서 존재하고 또 적용될 수 있는 거예요. 학생들을 대상으로 교육을 이렇게 시뮬레이션하기에는 너무 먼 이야기죠. 교육은 그러한 룰도, 지식의 체계도 디지털 공간에서 존재하지 않으니, 알파고 제로처럼 강화학습을 할 수가 없잖아요. 이렇다 보니 이 기술이 교육 쪽에 들어오는 일은 거의 불가능하다고 생각했어요. 신드롬도 곧 꺼질 것이라고 여겼고요. 규칙과 지식의 체계를 구축하는 비용은 배보다 배꼽이 더 클 정도로 어마어마하니까요.

정제영   현재 전 세계적으로 사회 전 분야에서 AI 활용에 대한 관심이 높은데, 다시 불붙은 계기가 있나요?

최재화   손정의 회장이 2019년에 AI의 필요성을 주장했어요. 대통령도 AI 개발에 전념하라 하고, 구글 같은 글로벌 기업들도 AI라는 용어를 쓰고…. 그래서 AI에 모든 사람들의 관심이 집중됐죠. 2019년 10월에는 문재인 대통령이 제4차 산업혁명 시대의 핵심

경쟁력을 AI로 정의하고, 대한민국 정부를 AI 정부로 탈바꿈하겠다고 선언했고요. 사회 분위기가 어떤 기술이 어떻게 진행되고 있는지를 묻지도 따지지도 않고 'AI면 무조건 좋은 걸로' 바뀐 거네요.

조기성   아직 수준이 그 단계까지 안 갔는데 말이에요.

최재화   네. AI가 뭔지, 어떤 부분이 모호한 건지에 대해 설명부터 시작해야 합니다. 광의의 AI로 놓고 보면 컴퓨터로 사용할 수 있는 모든 소프트웨어들이 다 AI라고 볼 수 있어요. 예를 들면 '아래아한글'도 AI가 되죠. 매크로가 있어서 자동화되니까요. 다만, 이렇게 광범위한 의미로 사용하는 건 아무래도 나중에 생길 파급이 우려가 되니, 제 경우 프로젝트에 참여할 때는 "AI라는 용어만 쓰지 말고 구체적인 기술과 디지털 인프라라는 개념도 같이 사용하자."고 합니다. 대중에게 AI는 이미 기업의 마케팅용 개념어로 자리 잡아서 과학적, 학문적으로는 사용하기가 매우 어려워졌습니다.

일례로 〈모든 학생들을 위한 교육안전망 강화방안〉(2020. 8. 11)에 '인공지능 학습 프로그램'이 포함되었는데 어떤 것이 AI냐 아니냐를 검증할 장치가 마련되지 않은 상황에서 '인공지능'이 교육부 공식 문건에 등장한 거죠. 일반 사람들은 AI에 대해 다양한 기대를 합니다. 사람들의 기대치를 맞추지 못하면 그 책임을 누가 질까요? 그래서 저희 같은 연구자, 전문가가 해야 할 일은 기술들의 내용과 기능을 좀 더 명확히 정의하고, 교육에 어떻게 얼마나 활용할 수 있는지 분석하고, 다양한 문제를 해결해

나가는 방법들을 계속 모색해야 한다고 생각해요. AI에 대한 과도한 관심이 사람들에게 디지털 기술들에 대한 혼란을 불러일으키거나 잘못된 방향으로 나아가는 일이 없도록 말이죠. AI에 대해 우리가 생각하는 것과 실제는 상당히 거리가 있다는 사실부터 인지해야 할 것 같아요. 교육 현장에서의 AI 활용 방법과 수준에 대한 합의는 아직 높은 단계까지 이르지 못했다는 것도요.

정제영   다른 분야 말고 교육 분야와 AI에 대해서만 이야기하자면, 사실 준비가 덜 됐는데도 AI라는 용어가 공식 문건에 나오고 있죠. 그렇지만 교육 방향을 설정하고 정책을 마련하려면 준비가 덜 되었어도 문건을 작성하고 발표를 하지 않을 수 없기도 합니다.

개별화 교육, 맞춤형 피드백이 완성한다

최재화   맞춤형 학습으로 돌아가서, 먼저 디지털 기술 중심으로 이야기를 해보지요. 전체적인 디지털 교육 시스템을 통해 개별화/맞춤화 교육이 구현되도록 해야 합니다. 이 관점에서 맞춤형 학습은 단순한 절차적인 프로그램이 아닙니다. 전체 교육 시스템을 알고리즘으로 짜는 거라 생각하면 되는데, 이때 '맞춤형(tailored)', '자동화(automated)' 등 여러 가지 세부 방법으로 구현되는 거죠.

조기성   맞춤형 학습이라는 용어는 이제 거의 정착이 된 것 같아요. 저도 개인별 맞춤 수업이 디지털 기반에서 현실화되면 좋겠다고 생각하는데, 최재화 교수님은 맞춤형 학습이 왜 필요하다고 생각하시는지 궁금합니다.

최재화　　　　　　　　　　우선 맞춤형 학습의 목적부터 살펴보면 좋겠네요. 이에 대해선 어느 정도 합의가 이루어져 있어요. 간단하게 정리하면, '대량 개별화(mass individualization)를 기계로 구현하자'는 거죠. 대량 개별화를 사람이 구현하는 것은 한계가 있으니까요. 즉 교실에서 선생님 한 사람이 수십 명의 학생들을 각각의 수준과 흥미에 맞추어 개별 교육을 하는 데는 한계가 있죠. 그래서 디지털 기계로 대량 개별화를 구현하는 것을 목표로 두고 접근하는 겁니다.

정제영　　　　　　　　　　현재 컴퓨터가 개별화하여 맞춰주는 기술이 어디쯤 와 있나요?

최재화　　　　　　　　　　원하는 목표의 수준과 범위에 따라 다르지만, 해당 기술은 계속 진화하고 있어요. 예를 들어 전문가들이 충분히 과학적으로 검증했고 이미 정착된 기술을 한 가지 꼽자면, '맞춤형 시험(adaptive testing)' 알고리즘이 있습니다. 개별화/맞춤형 기술 활용 중 하나인데, SAT나 GRE 시험을 칠 때 기계가 문항을 골라주고 채점을 해주잖아요. 맞춤형이고 개별화가 분명히 이루어지기 때문에 많은 기업들이 '맞춤형'을 마케팅 용어로 채택하여 사용합니다. 그런데 이것은 정확히 말하면, 맞춤형 학습이 아니라 맞춤형/대응형 시험이에요. 이때의 개별화는 랭크 오더(rank order), 즉 학생의 순위 정보 파악을 효율적으로 하기 위한 개별화입니다. A라는 학생이 3등이냐 4등이냐, A가 B라는 학생보다 잘하냐 못하냐 하는 식으로 순위 정보 파악의 정확성과 효율성을 높이는 알고리즘이 바로 맞춤형 시험 알고리즘입니다. 교육에 이 과정이 필요하지만, 엄밀히 말하면 사람 대신 기계가 순위 정보 파악의 효율을 높이는 것일 뿐이니, 개별화 교육 기술과 동일한 것은 아닙니다.

조기성 　　　　　　　　　학생의 성적을 얼마나 정확하게 매기느냐에 초점이 맞춰져 있고, 이러한 평가 방식을 좋아하지 않는 분들도 많을 듯하네요.

최재화 　　　　　　　　　맞습니다. 그래도 맞춤형 시험 기술은 나온 지 이미 20년이 지났고, 충분한 검증도 되었기에 광범위하게 활용되고 있습니다. 최근 기업 쪽에서 이 기술에 상당한 관심을 보이는데, 이 기술을 개별화 교육, 맞춤화 교육이라고 홍보하고 판매하기 위한 마케팅 목적으로 남용하는 것을 방지해야 합니다. 심지어는 이 기술이 대중 마케팅 단계에서는 AI 기술로 둔갑을 합니다.

　그다음 단계 진화는 '맞춤형 진단(adaptive diagnosis)' 알고리즘입니다. 이 알고리즘의 목적은 학생의 취약점을 효율적으로 파악하기 위함인데, 시험의 목표를 단순 차원인 순위 파악에서 다차원으로 확장한 것입니다. 말하자면, 맞춤형 진단도 학습 전체가 아니라 시험에 머물러 있는 거죠. 다만, 이 진단의 목적이 학생의 순위를 정확하게 측정하기 위해서가 아니라, 인지 과정을 고려한, 취약점 파악을 위한 요소가 크게 들어가 있습니다. 엄밀히 말하면, 학습 전체는 아니지만 학습의 중요한 한 과정으로 봐야겠죠.

정제영   맞춤형 시험과 진단 기술이 곧 개별화 교육이고, AI라고 말할 수는 없겠지요?

최재화   딱 잘라서 "아니다."라고 말할 순 없을 것 같아요. AI 개념을 두루뭉술하게 사용하면 다 되는 거죠. 매크로 기능이 있는 문서 프로그램도 AI에 포함되는 겁니다. 이 부분에 대한 논의 자체가 사실은 시간 낭비에 가깝습니다. 그래서 저는 되도록 AI라는 용어를 사용하지 않으려는 거고요.

　다시 맞춤형 교육으로 돌아와서, 맞춤형 교육을 하려면 그 속에 '맞춤형 시험', 그리고 더 진화된 '맞춤형 진단'이 포함된다는 것으로 이해하면 좋을 것 같아요. 그다음 진화 단계가 '맞춤형 피드백'을 포함하는 알고리즘이고요. 학생의 취약점이 파악되면, "이 학습을 하십시오", "이 동영상을 보십시오", "이 과제를 하십시오" 등의 코디네이팅 알고리즘을 만드는 겁니다. 그런데 이 부분은 아직 학문적으로 표준화되지 않았습니다. 학습 피드백이 천차만별이고 어떤 피드백이 어떤 목표를 어떻게 달성하는지에 대한 과학적인 근거와 검증할 수 있는 틀이 갖춰져 있지 않기 때문이죠. 아직까지는 '주장' 혹은 '의견'의 형태로만 존재합니다.

조기성   컴퓨터가 학생 개개인에 맞추어 피드백을 하면 학습이 증대될 거라는 주장만 있고, 실제로는 그 주장이 기술과 기계로 전달이 안 된 상태로 볼 수 있다는 거지요.

최재화　　　　　　　　　　　정확히 보셨어요. 그런데 많은 기업
들이 맞춤형 피드백 기술을 광고하고 있지요. 저는 학문적으로 검증 가
능한 체제를 연구하고 있고요. 그래서 이러한 기술과 용어들을 구분하고
검증할 때 종종 기업에서 일하는 분들과 의견이 다를 때가 있습니다.

정제영　　　　　　　　　　　'AI 맞는데 왜 자꾸 아니라고 하냐'
고 말이죠. (웃음)

최재화　　　　　　　　　　　맞아요. 그래서 저는 그러한 논쟁
자체를 피합니다. 다시 돌아와서, 그다음 단계의 진화는 '맞춤형 충실도
(adaptive fidelity)' 알고리즘을 포함하는 단계로 봅니다. 이 알고리즘은 "맞
춤형 피드백(또는 처방)에 끝나지 않고, 그 이후 얼마나 성실하게 수행했
는지에 대한 정보를 파악하고, 그 분석 결과에 따라 다음 진단과 처방을
구성해야 맞춤형 교육이 완성된다."는 필요성에 기반합니다. 진단, 처방
과는 다른 용도의 평가 활동이 이루어집니다.

　맞춤형 교육을 완성하기 위해서는 이러한 맞춤형 진단, 처방, 충실
도를 하나의 학습 과제 속에 묶어 구현해야 한다고 생각해요. 저는 이
개념을 '맞춤형 교육을 위한 디지털 평가의 삼용일체(Trinity of Digital
Assessment for Adaptive Learning)'라고 부릅니다. 충실도 부분은 좀 생소할
수 있지만, 실제로 한 아이의 학습 과정 전반을 생각해보면, 왜 이것이
맞춤형 교육의 완성 단계에 필요한지, 그리고 왜 이 세 가지 알고리즘이

하나의 학습 행위 속에 통합되어야 하는지 이해하실 수 있을 거예요.

알고리즘이 아니라 콘텐츠의 문제다

최재화   앞에서 말씀드린 대로 지금은 맞춤
형 진단, 처방, 그리고 충실도 알고리즘은 학습에 필요한 교재나 동영상
등이 모두 디지털 공간에 준비되어 있다고 가정할 때, 이것을 어떤 식으
로 효율적으로 매칭해줄 것인가에 연구와 개발의 초점이 맞추어져 있습
니다. 그런데 여기서 한 걸음 더 나아가기가 쉽지 않아요.

폴 김   학생들 수준과 특성이 매우 다양하
니까요.

최재화   바로 그겁니다. 정말 다 다르거든요.
공부하는 방법도 다르고 성향도 다르고 수준도 다르고 목표도 다르죠.
각각의 학생들에게 맞는 개별적인 진단이나 피드백에 필요한 학습 교재
와 동영상, 즉 맞춤형 디지털 콘텐츠를 구축하는 비용이 너무 많이 듭니
다. 진단, 처방, 충실도 알고리즘도 결국 어떤 종류의 절차적 코딩으로
이루어진 매칭 알고리즘이어서 이 과정도 쉽지 않지만, 할 만합니다. 이
미 나와 있는 것도 많고요. 결국 문제의 핵심은 맞춤형 교육을 위한 디지
털 콘텐츠입니다.
  그래서 '기계가 선생님처럼 과제를 잘 생성하는 알고리즘을 만들자'는

것이 지금 최고 난이도의 맞춤형 교육 연구개발자들이 하는 일이라 보시면 됩니다. 기계에 전문가(예를 들어 선생님)의 지식을 주입해서 진단 시험, 학습 동영상, 기말 시험, 주말 과제도 만들게 하자는 거지요. 여기서 만들자고 할 때는 '생성(generate)'이라는 용어를 사용하고요. 이 생성 모형을 만들고자 하면 선생님의 머릿속에 있는 지식을 기계의 지식(즉 디지털 지식)으로 전환시키는 과정이 필요합니다. 기계가 '선생님이 만들 듯' 잘 만들려면 선생님의 지식을 가지고 있어야 하니까요. 이건 절차적 알고리즘 개발과는 다른 거죠. 데이터 기반 알고리즘으로는 여러 가지 한계가 있기 때문에, 앞에서 이야기한 규칙/지식 기반 알고리즘이 사용됩니다. 결국, 선생님, 즉 '내용 전문가'가 가지고 있는 지식을 어떻게 기계에 전환, 전달해줄 것인가가 최상위 수준의 맞춤형 교육 연구개발자의 과제입니다.

정제영　　　　　　　　　그렇군요. 그러면 기계가 선생님이 직접 만들 듯이 학습 내용을 잘 만들려면 어떤 방법을 쓰게 되나요?

최재화　　　　　　　　　지식 기반 시스템은 새로운 지식 조각을 추가하는 기능과 추가된 지식 조각을 연결해서 추론하는 엔진 기능이 필요합니다. 추론 엔진은 알고리즘으로 해결이 가능하니, 전문가의 지식을 구조화해서 변환하는 과정이 선행되어야 합니다. 이를테면 어떤 과제를 만들 때 과제 속에 포함된 지식을 구조화하여 분리하고 '진단'과 '피드백'에 필요한 형태를 갖추게 하는 거죠. 어찌 보면 문항을 만드는 과정과 매우 비슷합니다. 개념적으로는 '문항을 프로그래밍하는 것'처럼 보이는데, '문항/과제 속에 포함된 지식을 디지털 구조화해서 공유하고, 그 지식을 추론 엔진으로 확장하고, 다른 문항/과제에 공통으로 사용하는 것'에서 달라집니다. 선생님이 알고 있는 지식을 기반으로 과제로 만들고, 학생이 그 과제를 해결하는 과정을 프로그래밍하는 겁니다. 그 과제 속에 학생의 문제해결 과정에 대한 선생님의 추론이 녹아 들어가 있고, 문제해결 방식에 맞춰 피드백도 프로그래밍되는 거죠.

조기성   기계가 서치해서 어떤 내용을 찾아오는 게 아니네요. 선생님이 하는 추론을 기계가 어떻게 하느냐에 따라 질이 달라질 것 같습니다.

최재화   그렇죠. 추론 방법인 '귀납'과 '연역' 중에서 연역적 논리의 뼈대를 전문가의 지식으로 구축하고, 부족한 부분이나 최적화를 데이터 기반 귀납적 접근으로 보완하는 방법입니다. 그러니 전문가가 만드는 연역적 지식의 뼈대가 매우 중요하죠. '이 학생은 이 부분에서 잘못된 해석을 했으니까 저 과제가 잘 맞겠다' 하는 추론을 데이터를 기반으로 하고 있다면 귀납적 접근이면서 기계학습이라 할 수 있습니다. 이 경우 데이터, 즉 콘텐츠가 무수히 많아야 일을 하니까요.

　그리고 전문가들이 협업해서 정리한 교육의 지식과 추론의 룰을 기계에게 전달하는 방법은 지식을 기반으로 하고 있으며 연역적 접근입니다. 기계에게 전달, 주입하기 때문에 저는 이 과정을 '주입식 기계교육'이라고 부릅니다. 이렇게 교육된 기계를 아이들 맞춤 교육에 사용하는 거죠. 그리고 나중에 데이터 기반 학습을 추가해서 고도화하는 거죠.

귀납적 모델을 통해 선생님처럼 과제를 만들려면, 선생님이 만든 좋은 과제, 그 과제의 논리적 흐름을 연구하는 전문가들, 기계가 이해할 수 있는 학습 활동 정보, 그리고 이와 관련된 방대한 데이터가 필요한데 그게 없기 때문에 데이터 기반 프로그래밍은 근본적으로 어려움이 있습니다.

딥러닝이 좋다고들 말하지만, 실제로 교육 분야 사용은 애매하거나 한계를 가집니다. 왜냐면 선생님이 어떤 의식의 흐름을 가지고 어떤 식으로 과제를 만들었는지를 이미 만들어진 과제를 데이터를 가지고 추정하는 게 힘든 까닭입니다. 개와 고양이를 구분하는 인식 과정보다 훨씬 고차원적인 지식의 구조를 다루어야 하니까요.

조기성 그렇다면 연역적 추론 모델은 가능한가요?

최재화 가능합니다. 선생님의 지식과 사고과정을 '추출'하는 방식으로 접근하면 되니까요. 예를 들어 바둑을 둘 때 바둑의 정석 같은 것이 있잖아요. 알파고가 바둑을 배울 때는 바둑 두는 것을 열심히 보고 배웁니다. 우리가 사람에게 무언가를 가르칠 때 정석을 가르치고 그런 다음에 실전을 하면서 배우잖아요. 이론적인 내용과 사례를 알려주는 것, 이것이 연역 추론으로 이어지는 방식이죠.

우선 논리적인 구조를 기계에 주입합니다. 홉필드 뉴럴 네트워크(Hopfield Neural Network) 모델이 많은 기업들이 취하는 방식입니다. 그리고 이때는 AI라고 하지 않고 엑스퍼트(전문가) 시스템이라고 칭하죠. 1980~90년대에 유행했던 방법이에요. 그런데 엑스퍼트 시스템은 전문가가 직접 지식과 논리를 코딩해야 합니다. 전문가인 선생님이 직접 과제에 필요한 지식과 논리를 프로그래밍해서 기계에게 알려주면, 기계는 그때부터 프로그램에 따라 과제를 만들고 학생에게 적용하죠. 이후부터는 기계가 알아서 일을 잘합니다. 기계는 계산이 빠르고, 기억도 잘하고, 잠도 안 자니까요.

다만, 전문가 비용이 정말 많이 듭니다. 알파고가 기보를 읽듯이 데이터를 읽어들여서 그다음 작업으로 이어지는 게 아니라 전문가들이 직접 투입되어 지식의 틀을 만들고 교수 방법을 하나하나 프로그래밍해야 하니까요. 그래서 이 방법은 일반적인 수준 활용에서는 기각되었어요.

정제영　　　　　　　　둘 다 쓰지 못한다면, 최근엔 어떤 식으로 하고 있나요?

최재화　　　　　　　　규칙 기반은 처음부터 가능하긴 한데 돈과 시간이 많이 들었던 거죠. 경제적 활용처도 다양하지 못했고요. 그런데 AI에 대한 사회적 붐이 일면서 다양한 자금이 교육에도 투입되기 시작했어요. 그리고 새로운 방법들이 계속 진화해왔는데, 그중 하나가 두 가지 방법을 통합하는 겁니다. "선생님이 전문가니까 직접 수학의 정석 같은 룰을 프로그래밍해주세요. 그 틀로 문항을 생성해서 학습 데이터를 수집한 다음, 그 데이터로 다시 기계가 학습을 합니다. 그러고 나서 선생님이 알고 있는 것과 기계가 데이터로 추론한 것을 합칩시다." 이런 방법이 나온 겁니다. 그러면서 연역과 귀납이 통합된 앙상블 학습(ensemble learning)이 이루어집니다. '연역+귀납+기술'이라고 보면 됩니다. 연역적 지식 주입과 귀납적 기계학습을 실시간 분석용 베이지안 (Bayesian) 틀에서 융합하거나 통합한 기계교육은 데이터 기반 딥러닝의 한계인 '학습 데이터의 질/양에 대한 의존/편향'을 줄이고, 규칙 혹은 연역적 기법이 가지는 '기호/상징에 대한 의존/편향'을 줄일 수 있습니다. 최근 기술의 발전은 디지털 데이터 분석의 폭발적인 성장과 더불어, 지식 전문가들(예컨대, 교사와 교수)의 클라우드 기반 협업을 용이하게 하여 온톨로지(Ontology) 모형이라고 하는 연역적 지식 모형 제작이 디지털상에서 효율적으로 이루어지는 절차적 환경을 조성했습니다.

일단 기계한테 지식을 주입식으로 전달하고, 이를 바탕으로 기계가 생성한 문항에 대한 학생의 학습 데이터가 기계에 쌓이면, 이에 근거해서 학생 수준별로 과제를 최적화하는 거죠. 이것이 바로 맞춤형 교육을 위한 디지털 지식 구축, 즉 '사람의 학습을 위한 기계교육(Machine Education for Human Learning)'입니다.

조기성　　　　　　　　　머신러닝하고는 다른 개념이네요.

최재화　　　　　　　　　맞습니다. 머신러닝은 데이터를 통한 추론 방법 중 하나입니다. 통계 모형이 고도화되면서, 데이터만 있으면 상당히 복잡한 관계도 파악이 가능하니까 기계가 주도적으로 배운다는 개념처럼 보이죠.

저는 이렇게 교사를 포함한 내용 전문가들과 함께 기계를 교육하는 방법론을 연구하고 있습니다. 아주 먼 미래에는 지식만 전달하는 것이 아니라 사회적 규범이라든가, 사회생활을 잘하기 위한 태도나 가치관 정립을 위한 인성교육의 일정 부분도 기계를 통해 가르치면 좋겠죠.

기계교육을 통해 구축, 관리되는 디지털 지식은 전대가 후대에 지식을 전승하는 데 보조 역할을 하는 우회로를 만드는 과정과 같아요. 사람이 사람을 직접 교육하는 기존 교육의 큰 틀에 디지털 지식 체계를 보조적으로 만들어 연결한다고 생각하면 됩니다. 지식 전승을 하는 새로운 방법론입니다. 인류 개체는 반드시 죽습니다. 플라톤도 그랬고 아인슈타인도 그랬고요. 짐승이 죽어서 가죽을 남기듯이, 우리는 책이나 비디오에 지식을 외재적으로 표상해서 인지적, 시간적 한계를 극복했는데, 이제는 디지털 지식의 형태로 후세에 전달하는 거죠. 기계가 사람을 대체하는 것이 아니라 사람이 잘하는 건 사람한테, 기계가 잘하는 건 기계한테 맡기자는 의도인데요, 이렇게 분리를 해야 교사는 코칭에 더 집중할 수 있고 교육이 더 발전하리라고 봅니다.

기계는 수업 준비를, 교사는 맞춤형 교육을

최재화　　　　　　　　기계 입장에서 생각하면 선생님에게서 주입식 교육으로 지식을 습득하고, 학생들과는 지식을 매개로 상호작용하면서 동시에 학습을 하지요. 기계가 일방적으로 문항이나 과제만 생성하는 게 아니라, 학생들의 반응 데이터로 '아, 이 학생한테는 이렇게 이야기하고, 이 정도 수준의 이런 과제를 두 시간 안에 해결할 수 있도록 하는 게 맞는 방법이구나.' 하고 추가로 학습하는 겁니다. 그리고 다음번에 같은 주제로 과제를 생성할 때는 이와 비슷한 학생이 나오면 이전 사례와 비슷하게 적용해주게끔 최적화를 하는 거죠. 이러한 과정을 통해 디지털 지식이 구현하는 개별화 교육이 고도화됩니다.

모든 교육 참여자들이 지식을 새로이 쌓아나가면서 디지털 지식도 인류의 지식 체계를 표상하며 그에 따라 점점 진화합니다. 디지털 지식 또한 헤겔의 말처럼 '절대지(Absolute Spirit or Knolwege)'와 비슷하게 진화하지 않을까 생각됩니다. 표상(책이나 글)을 기반으로 지식을 전승하던 인류가 디지털 콘텐츠와 서비스(시험, 연습 문항, 학습 자료)라는 기계가 '생성'하는 새로운 디지털 형태의 지식을 만들어나가게 되는 거죠.

정제영　　　　　　　　　　　기계교육을 통해 구축, 관리되는 디지털 지식은 공교육을 위한 것이고 또 선생님들과 다 같이 만들어나가야 하니까, 민간 기업이 추진하기보다는 교육부 차원에서 투자해서 좀 더 빨리 성과가 나면 좋겠네요.

최재화　　　　　　　　　　　저도 그렇게 생각합니다. 아니, 그렇게 되어야만 합니다. 어떤 선생님이 발견한 연역적 관계, 연결 혹은 개념 형성이, 그 선생님만 알고 있는 디지털 정보가 아니라 보편타당한 교육적 지식이 되기 위해서는 '존재론적 합의(ontological commitment)'가 필요합니다. 교육적 지식이 공공의 자산 성격을 갖게 되는 것이 여기서 비롯되죠. 저는 이러한 디지털 지식 층(layer)을 경제 성장을 위한 고속도로에 비유하며 '디지털 교육 인프라'라고 부릅니다. 디지털 교육 인프라 위에 다양한 교육 참가자들(기업, 학교 등)이 개발한 애플리케이션들이 올라가면 민관이 협업하는 상태에서 교육과정, 수업, 평가가 고도로 일체화되고, 이것이 또 진정한 의미의 빅데이터를 생성하게 됩니다. 이 데이터를 추가 혁신의 원료로 사용하면서 인류의 지식 전승은 지속적인 발전을 도모할 수 있게 되는 거죠.

다시 말씀드리자면, 현재 선생님들이 플랫폼에 수업 동영상을 올리고 학생들이 과제물 결과를 올려서 피드백을 주고받는 기술은 혁신이라고 보기 어렵습니다. 여기서 크게 한발 더 나아가야 합니다. 제4차 산업혁명에서 이야기하는 빅데이터, AI 활용을 위해 교육이 나아가야 할 방법 중 하나로서 제가 이와 같은 주장을 하는 거죠.

조기성　　　　　　　　　　디지털 지식 체계만 잘 구축되면 수업 준비를 할 때 더 집중할 수 있겠어요.

최재화　　　　　　　　　　그렇죠. 하나부터 열까지 되풀이되는 수업 준비 및 수업 내용을 반복해서 다룰 필요가 없고, 이런 준비 과정을 모든 선생님들이 반복하지 않아도 되죠. 교과 과정에 맞춰 지식 조각을 잘 만드는 선생님, 진단 과정 모형을 잘 만드는 선생님, 과제를 잘 만드는 선생님, 피드백 지식을 잘 구현하는 선생님 등 각각의 역할에 맞게끔 디지털 공간에서 협업을 하는 거죠. 각각의 역할을 나누고 창의적으로 협업하면 됩니다. 모범을 보이는 거죠. 그렇게 해서 융합된 디지털 지식이 잘 만들어지고 나면, 사용을 잘하는 선생님, 그리고 이러한 지식을 추가로 업그레이드하는 선생님으로 나뉘게 되겠죠. 이것이 제가 생각하는 디지털 지식의 교육적 활용, 즉 디지털 기술을 활용하는 맞춤형 교육의 큰 틀입니다.

3

교육 4.0에 AI를 활용하는 국가들

맞춤형 학습에서 교사는 코치여야 한다

정제영   최재화 교수님은 AI란 용어를 널리
쓰고 있는 현재 상황에 대해 우려를 많이 표하셨는데요. 제가 그 중심에
있기 때문에 관련해서 이야기를 드릴까 합니다.

저는 AI 시대 미래교육이 어떤 방향으로 나아가야 하는지에 대한 연
구를 하고 있으며, 이것을 교육정책에 반영할 수 있도록 구체적인 기술
부터 방향 제시까지 고민해서 정부에 제안을 하고 있어요. 먼저 AI 시대
를 이야기하며 최재화 교수님이 AI(인공지능)와 ANN(인공신경망)을 구분
해주셨는데요, 지금은 넓은 의미로 그냥 AI로 함의해서 쓰고 있는 것 같
아요. 기술 측면에서 AI가 정확한 표현은 아니지만, 국제기구나 정책 쪽
에서는 명분이 필요하기도 하고, 그 명분을 앞으로 내건 후에 이를 방향

삼아 더 빠르게 노력하기 위해서죠. 정책 입안자들은 변화를 추구하기 위해서 완성되지 않은 기술일지라도 지향해야 할 방향으로 설정하는 경향이 있죠.

정작 연구개발자들은 '기술이 아직 완성되지도 않았는데 무슨 정책이냐'라고 의아해하는데, 정책을 만들고 제시하는 분들은 남보다 앞선 미래를 이야기하고 방향을 제시해야 하는 일의 특성상 어쩔 수 없는 부분도 있는 것 같아요.

조기성　　　　　　　　　우리나라에서 현재의 온라인 수업을 넘어 'AI 교육'이라고 통칭하여 정책적으로 어떤 고민을 하고 있는지 공유하면 좋을 것 같네요.

정제영　　　　　　　　　그렇지요. 이와 관련해 교육 분야에서 어떻게 해야 할지에 대해 제 생각을 공유하겠습니다. 2020년 다보스 포럼에서 언급된 교육 4.0에서부터 시작할까요? 지금 우리는 정해진 교육과정의 틀 안에 아이들을 집어넣고 잘 달리냐 못 달리냐를 평가하고 있지만, 미래학교 4.0은 아이들이 스스로 자신의 꿈을 향해 나아갈 수 있도록 맞춤형 학습을 하는 것을 목표로 하고 있어요. 최재화 교수님은 이를 'Mass Adaptation or Tailoring(대량 맞춤형 혹은 개별화)'이라는 개념으로 설명해주셨는데, ITS(Intelligent Tutoring System)를 통해 대량 맞춤형 교육이 가능해지고, 여기에 아날로그적인 교사의 지도, 즉 코칭이 더해지면 학생 개개인에게 맞춤화된 개별 교육이 가능해지는 거죠.

폴 김　　　　　　　　　그리고 그 교육은 학교를 졸업한다고 끝나는 게 아니라 평생교육에까지 이어져야 할 테고요.

정제영　　　　　　　　　그렇죠. 교육은 한 시기에만 받고 끝나는 게 아니니까요. 그런 의미에서 교육 4.0에는 AI가 필수 조건이에요. OECD에서도 각국이 AI 시스템을 구축할 수 있도록 돕는 것을 목표로 제시하고, AI 공공정책을 수립하고 공유하기 위한 온라인 플랫폼(National AI policies & strategies)을 제공하겠다고 공표했죠.

OECD가 정한 AI 전략의 5원칙

정제영　　　　　　　　　OECD는 교육을 포함한 국가 전체의 AI 활용 정책들을 분석하면서 동시에 AI 활용 정책을 얼마나 실행하고 있는지도 조사했어요. OECD에서 제공한 자료를 보면 AI 전략을 발표한 나라들을 그 실행 수준에 따라 4개 등급으로 분류했는데, 가장 잘하고 있는 나라가 캐나다, 핀란드, 이탈리아, 우루과이 등이죠.

폴 김　　　　　　　　　우리나라는 어디에 해당하나요?

정제영　　　　　　　　　미국을 포함해서 한국과 일본은 3등급에 해당되는데, 아직 전면적으로 정책이 이루어지지 않는 나라, AI 전략을 발표는 했지만 실행이 잘 안 되는 나라로 평가되고 있어요.

조기성　　　　　　　　　　　　OECD가 AI 전략이나 원칙으로 발표한 게 있나요?

정제영　　　　　　　　　　　　크게 '5원칙'과 '국가 정책과 국제 협력을 위한 정책적 권고사항'을 발표했죠. AI 전략의 5원칙을 살펴보면, 포용적 성장 및 지속가능한 개발과 복지, 정의롭고 공정한 사회, 투명성 및 설명 가능성, 안전성 및 보안 원칙, 책임성 등이에요. 권고사항은 이를 뒷받침하는 AI 생태계 구축과 협력에 대한 구체적인 내용이고요.

　포용적 성장 및 지속가능한 개발과 복지 원칙과 정의롭고 공정한 사회 원칙은 승자 독식 사회를 막기 위한 원칙이지요. 이것은 전 지구적인 이슈라고 할 수 있을 만큼 굉장히 중요한 원칙이죠. 세 번째는 투명성 및 설명 가능성 원칙인데요, AI 알고리즘이나 그 불명확성에 대해 AI 최고 전문가도 어떤 과정으로 결론과 해결 방법이 나왔는지 잘 모르겠다고 하는 것을 언론에서 본 적이 있어요. "내가 만들었지만 왜 이런 답이 나왔는지 나도 모른다. 그것이 ANN의 특징이다."라는 논지였죠. 이런 부분에 대한 우려 때문에 최대한 설명할 수 있는 AI를 만들기 위해 설정한 원칙이 아닐까 싶습니다.

폴 김　　　　　　　　　　　　저는 네 번째 안전성 및 보안 원칙에 관심이 많습니다. 알고리즘을 통해 나온 결정과 결론에 대해 과연 누가 책임져야 하느냐에 대한 문제들이 AI 개발자라든가, AI 활용 상황에서 아주 중요하니까요.

정제영　　　　　　　　　　저도 공감하는 부분입니다. 앞의 네 가지와 마지막 책임성 원칙까지, 이 권고사항은 각국의 전문가들이 회의를 통해 추출한 결론으로 하나의 지침이 되지 않을까 합니다.

　앞으로 연구개발에 투자를 확대하고 모두가 접근 가능한 AI 생태계를 구축해서 AI를 위한 정책 환경이 잘 구축되길 바라는데, 특히 교육 분야에서 인적 역량을 확대해야 하는 이유가 노동 시장의 변화에 대한 대비책을 마련하는 의미도 있으니까요. 교육의 변화가 국가의 미래에 큰 영향을 미칠 거라는 건 의심의 여지가 없죠. 이와 함께 마지막으로 드리고 싶은 말씀은 신뢰할 수 있는 AI를 위해서 전 세계가 협력해야 한다는 겁니다. 국가 단위의 협력이 필요한 이유는 기술이 인간을 압도할 수 있다는 데 대한 우려가 크기 때문이죠.

로봇이 교사를 대체하나?

폴 김　　　　　　　　　　미래교육에 대한 요구가 지금처럼 절실한 적은 없었던 듯합니다. 현재 우리 사회는 저출산의 가속화로 학생 수가 급속하게 줄고 있어요. 이에 따라 교육 분야에도 혁신이 필요하죠. 또 한 가지는 초고령화 사회로 진입하면서 생산가능인구가 확 줄고 있다는 겁니다. 반면 부양인구는 늘어나고 있지요. 사회 문제라면 양극화 현상도 빼놓을 수 없겠죠.

정제영　　　　　　　　　　네. 양극화는 정말로 심각한 현상이에요. 우리나라는 사회 이동이 다이내믹한 편이었는데, 이젠 그런 이동이 끊어지고 고착화되는 현상이 보이거든요. 교육 분야에서도 이런 문제를 어떻게 풀어볼 수 없을까 하는 과제를 안고 있죠. 'AI 융합교육'이 'AI 활용 교육을 포함하여 교육계가 안고 있는 여러 가지 문제들을 종합적으로 해결하는 미래교육의 전략을 만들어야 한다'는 차원에서 교육부 주도로 연구가 진행되고 있는데, 이 정책 연구의 책임을 제가 맡고 있어요.

조기성　　　　　　　　　　정제영 교수님이 보기에 교육 분야에서 AI 기술을 적용한 사례로 주목할 만한 곳이 있나요?

정제영　　　　　　　　　　미국 조지아공과대학교가 유명한데요, 조지아공과대에서 인공지능 시스템인 왓슨(Watson)이 AI 조교로서 학생들의 질문에 답하고 쪽지시험 문제를 출제하고 토론 주제를 제시하는 등의 역할을 수행했는데, 그 정확도와 속도가 뛰어나서 학생 만족도가 크게 올라갔어요. 이것은 AI 기술과 인간이 효과적으로 협력할 수 있다는 걸 보여준 아주 좋은 사례라고 생각합니다. 반면 중국의 교실 케어 시스템(Classroom Care System)은 우리나라뿐만 아니라 국제기구에서도 우려의 시선을 받고 있어요. 기술적으로 상당한 투자가 이루어졌고 실험적인 모델이지만 너무 기술 주도이기 때문이죠. 교실에 있는 학생 한 명, 한 명을 스캐닝하여 뇌 활동을 체크하는 등 케어를 넘어 감시 같은 느낌을 받았을 정도니까요.

조기성　　　　　　　　　　중국에서 굳이 그렇게까지 하는 이유가 있을까요?

정제영   공교육의 질을 높이기 위해서인 것 같아요. 실제로 중국에서는 이에 대한 투자도 많이 이뤄지고 있어요. 베이징을 예로 들면, 베이징도 서울처럼 강남과 강북이 있어 경제적으로 잘사는 지역과 못사는 지역이 있는데, 못사는 지역에는 교사가 부족한 상황이에요. 잘사는 지역의 교사를 분석해서 이를 토대로 티칭 로봇을 만들어 교사가 부족한 학교에 배치하고 있어요.

조기성   티칭 로봇이라면 어느 정도의 수준 인가요?

정제영   AI를 활용한 진짜 로봇까진 아닙니다. 교사의 강의 내용을 녹화하고 이것을 다시 로봇 형태로 구현한 것이기에, 정확히 말하면 AI 기반은 아니죠. 하지만 교실 케어 시스템과 함께 언젠가는 교사가 완전히 로봇으로 대체되는 교실을 꿈꾸는 게 아닌가 하는 생각을 품게 합니다. 이런 방향을 긍정적으로 보는 분들도 있지만, 아직은 좀 더 신중하게 접근하는 게 좋지 않을까 생각합니다.

4

한국의 AI 교육,
무엇이 문제인가

AI 교육에 활용할 학습 데이터가 없다

정제영 　　　　　　　　우리나라는 코로나19로 인한 언택
트 사회 이전에도 지역 간, 계층 간 디지털 리터러시 격차가 컸습니다.
특히, 빈부 간 디지털 격차가 커서 '디지털 디바이드(digital divide)'라는 말
이 공공연하게 사용될 정도였죠. 『OECD PISA 2018을 통해 본 한국의
교육정보화 수준과 시사점』(KERIS, 2020)에 따르면, OECD 회원국을 대
상으로 학생들이 학교에서 디지털 기기를 활용하는 정도를 조사했는데,
그중 한국은 29위를 차지했고, 활용 빈도는 마이너스를 기록했어요.

조기성 　　　　　　　　우리나라가 IT 강국이라고 믿고 있
던 사람들에게는 정말 깜짝 놀랄 만한 소식이었겠군요. 그런데 코로나로

상황이 좀 바뀌진 않았나요?

정제영   많이 바뀌었다고 봐야죠. OECD 조사에 따르면, 코로나19 이전인 2018년엔 우리나라 교실에서 디지털 기기를 쓰는 수업은 약 16퍼센트였어요. 굉장히 낮은 수치죠. 그런데 최근 조사에서는 90퍼센트로 확연히 올라갔습니다.

실제로 코로나19 이전까지 한국의 교실 수업에서는 디지털 기기 사용률이 낮았어요. 그래서 학습자의 학습 데이터가 거의 없다시피 했던 거죠. 그런데 사교육에는 굉장히 많이 쌓이고 있어요. 교사와 학생을 위한 온라인 자료실과 교과서, 학습지 등을 만들어온 민간 기업들에는 학습자 데이터가 있습니다. 학원이나 인터넷 강의 업체들 또한 마찬가지고요. 최근에는 유아나 초등학생 대상으로 스마트 홈러닝 가입을 하면 태블릿 PC를 무료로 주는 민간 기업들이 많아요. 가입하면 태블릿 PC를 줘서 아이들이 그걸 통해 학습을 하다 보니까 학습자 데이터가 순식간에 쌓이는 거죠.

얼마 전부터 KERIS의 e학습터, EBS의 온라인클래스 등을 통해서도 학습자들이 디지털 기기를 활용한 학습을 하고 있어요. 하지만 여기에 탑재된 강의를 듣고 자료실을 사용한 후에 구글 클래스룸 등으로 과제를 제출하고 피드백을 받는 정도로 활용하고 있기 때문에 민간 회사의 디지털 기기와 달리 학생들이 문제를 푼 결과나 학습 과정이 로그데이터로 모이고 있지는 않은 상황이죠. 이곳에서 확인할 수 있는 로그데이터는 학생들이 로그인해서 동영상을 몇 분 봤는지 정도의 데이터일 뿐이에요. 제가 그 데이터를 받아서 분석했는데, 쓸 만한 데이터는 거의 없더라고요.

폴 김   그렇기에 코로나19로 인한 온라인 학습의 확대가 역설적으로 보편적인 디지털 교육의 기회가 될 수 있다고 생각해요. 특히, 아이들은 습득력이 정말 빠르거든요. 금세 익숙해지고 자신이 궁금한 것, 자신이 배우고자 하는 것을 스스로 찾아나섭니다.

조기성   디지털 교육의 인프라를 구축하고 디지털 온라인 교육이 확대될 수 있도록, 단순한 경험으로 끝나는 것이 아니라 장기적인 비전을 마련해 미래교육으로 도약해야겠죠. 나아가 민간 교육 기업과 공교육 간의 디지털 교육 인프라의 격차가 벌어지지 않도록 정책적인 보완이 필요하다고 봅니다.

학생들을 가르칠 AI 인력이 없다

정제영   AI 핵심인재 수급에 있어서 미스매치 문제도 좀 심각한데요. 두뇌 유출로 인한 것이라고 흔히들 말하는데, 대학에서 AI 전공을 새로 만들어서 교수 공개 채용을 해도 지원자가 거의 없는 상태예요. AI 인재들은 이미 직업을 가지고 있어요. 대학에서 학생들을 가르칠 AI 인력이 없는 거죠.

그래서 이번에 교육부와 과학기술정보통신부가 전국의 대학을 조사했어요. 교육부가 공문을 보내서 전수조사를 했는데, AI와 관련해서 준비를 하고 있는 게 전공 교육과정을 개편하고 교양 교육과정도 일부 개편하는 정도예요. 실질적인 변화가 이루어지는 대학은 거의 없다고 봐야죠. 전문가가 턱없이 부족하고 어떻게 해야 할지 모르는 가운데 우왕좌왕하는 상황으로 보입니다.

조기성　　　　　　　　　　앞서 교육 3.0이라고 표현한 근대식 학교교육에도 상당한 한계가 있고 격차가 있어 보입니다. 특히, 초·중등 교육에서는 그동안 선택 중심 교육과정, 창의적 체험 활동, 자유학기제 도입 등 다양한 노력을 해왔지만, 여전히 학년제에 기반한 교육과정으로 인해 경직되어 있는 것도 사실이고 선택 과목의 폭도 좁죠. 기본 교육과정에서부터 AI 기본 소양교육이라 할 ICT 교육조차도 부족한 상태지요.

나이에 따른 학습 vs 역량에 따른 학습

정제영　　　　　　　　　　그런 와중에 코로나로 인해 학습 격차가 커지고 있다고 걱정하는 목소리가 높아졌죠. 학생의 경제사회적 배경 조건이 달라서, 또 학생 개개인의 자기주도적 학습 역량이 달라서 학습 격차가 심화된다는 표현이 언론에 종종 등장하고 있어요.

조기성　　　　　　　　　　학습 격차는 원래부터 있어왔지요. 어제오늘의 일이 아닙니다.

정제영　　　　　　　　　　맞습니다. 코로나로 인해 예전과 다른 방식으로 학교 수업이 이루어지다 보니, 여러 사람들의 우려 속에 새롭게 이슈가 되고 있을 뿐이죠. 개인 간, 교실 간, 학교 간, 지역 간에 다양하게 존재했으니까요. 교실에서의 학습 격차가 어제오늘의 일은 아니지요. 다만, 아이가 집에서 학습하는 시간이 늘어나면서 부모가 옆에서 지켜보다가 "내 아이가 이 정도일 줄은 몰랐다."고 실감하게 된 거죠. 아이가 집에서 온라인으로 수업받는 걸 옆에서 보니까 집중도 못하고, 선생님이 알려준 걸 잘 따라 하지도 못해서 근심이 굉장히 늘어난 거죠. 미국은 물론이고 공교육 체제에서 똑같이 나타나는 현상이에요. 그래도 미국은 선택과목이 있고 수준별 학습을 중학교부터 나눠서 하고 있는데, 한국에서는 수준별 학습을 부정적으로 보는 시선도 많습니다.

조기성   평등교육에 위배된다는 관점이지요. 우리나라의 학년제 시스템은 능력이 아니라 나이에 따라 나눠서 가르치니까요.

정제영   또 한 가지, 우리나라는 유급제도가 없죠. 누구나 똑같은 내용으로 학습을 하고 그에 따라 순위를 매기고 있잖아요. 평가에 너무 초점을 맞추고 있어서 학교의 주된 역할이 교육이 아닌 평가와 선별인 듯 보일 때가 많습니다. 학교의 역할이 왜곡되어 있는 상태가 오랜 기간 계속되어왔어요. 그래서 이런 근대식 교육을 바꾸려고 했지만, 쉽지가 않네요. 학교 시스템을 자동차에 비유하면 왼쪽 앞바퀴가 잘못된 것 같아 최신형 광폭타이어로 교체했는데, 외려 자동차가 덜컥거리고 잘 작동하지 않는 것과 비슷해요. 학교에서 평가 방식도 바꾸고 교육과정도 바꾸는 등 부분별로 최적화하는 시도를 했는데, 전체적인 시스템에서는 이러한 접근이 오히려 성능을 더 떨어뜨리는 결과를 낳은 거죠. 그래서 교육계 전체가 변화를 시도하지 않을 수 없는 지금이야말로 시스템적인 전환, 전체적인 전환에 대한 고민이 필요한 시점이라고 생각합니다.

5

AI 시대, 무엇을
어떻게 가르칠 것인가

AI 교육은 맞춤형 교육을 위한 지렛대

정제영   코로나19로 전 세계가 엄청난 충격을 받았습니다. 그리고 현재도 상당한 혼란을 겪고 있는 중이죠. 감염병으로 인해 대면으로 이루어지던 많은 일들에 제약이 생기면서 사회 전 분야에서 디지털화가 가속화되고 있죠. 심지어 모임도 줌 또는 가상현실을 통해 이루어질 정도죠. 교육도 예외는 아니고요. 그러나 한편으로 교육의 양극화, 학습 결손 문제 등이 불거지며 학교교육의 중요성에 대해서도 다시 한 번 생각하게 되었습니다. 코로나19가 종식되면 어떻게 될까요? 기존 학교교육으로 돌아가게 될까요? 저는 그렇지 않다고 생각합니다. 코로나19라는 전 세계적인 충격 이후의 새로운 균형상태(equilibrium)를 찾아가게 될 거라고 생각합니다.

조기성   우리는 지금 갈림길에 놓여 있는 셈

이죠. 기존의 교육으로 갈 것인지, 미래교육으로 갈 것인지 말입니다. 정
제영 교수님은 미래교육을 설계하는 교육정책 연구자로서 미래교육의
핵심이 뭐라고 생각하시나요?

정제영   저는 세 가지 질문을 늘 생각하는데

요, 첫 번째가 '왜 미래교육인가'입니다. 미래교육을 이야기하면서 많은
사람들은 AI 교육을 떠올립니다. 제가 보기에 AI 교육은 '지렛대'입니다.
이 지렛대를 써서 '균형상태'를 깨어야 한다고 생각해요. 그리고 이 질문
은 AI 교육이 왜 필요한가에 대한 공감대 조성으로 이어지지요. 두 번째
는 '무엇을 가르칠 것인가'이고, 세 번째는 '어떻게 가르칠 것인가'입니다.
두 번째 질문과 세 번째 질문은 곧 미래교육에 연결되는 시스템을 어떻
게 갖출 것인가에 대한 정책적 질문으로 연결되고요.

먼저 '왜 필요한가'에 대한 이야기부터 말씀드릴게요. 현재의 학교 시
스템은 근대적이고 경직된 제도잖아요. 특히 우리나라 학교 시스템은 경
직도가 높다고 보는데, 대표적으로 근대 시대로부터 이어진 학교 제도,
표준화된 교육과정, 경쟁적인 상대평가, 규격화된 학교 공간을 꼽을 수
있어요. 비교적 자유롭고 융통성이 있는 미국 교육도 사실은 여러 문제
가 있어요. 유급제로 인해 학업 중단 사례가 굉장히 많거든요. 학업 중단
율이 높은 지역은 중·고등학교 합쳐서 30퍼센트까지 중퇴를 하는 상황
이에요.

그에 비하면 한국은 학생들이 중퇴를 잘 하지 않죠. 고등학교에서 9등
급이라는 '이상한' 낙인이 찍혀도 그냥 학교에 다녀요. 표준화된 교육과

정, 경쟁적인 상대평가로 등급을 나눠 석차에 따라 순위를 매기는 방식이 여전히 통용되고 있죠. 학교 공간과 교육 방법이 딱 맞아떨어지도록 효율적인 시스템을 갖춘 채 그 안에서 강의식 수업을 하고 있죠. 저는 이 문제를 해결하기 위한 지렛대가 바로 AI 교육이고, 학생 중심 맞춤형 교육으로 전환이 필요하다고 생각해요.

조기성　　　　　　　　　지금 교육부에서 다양한 제도들을 만들어내고 있는데, 그중 고교학점제가 있어요. 말씀하신 취지로 만들어진 것이죠.

정제영　　　　　　　　　아직은 여러 가지 한계가 있는 것도 사실이죠. 이번 기회에 고교학점제를 더 제대로 만들고, 또 중학교, 초등학교까지도 내려가 맞춤형 교육으로 바꾸는 것이 필요하다고 봅니다. 이런 전체적인 교육 시스템을 개인별 학습 시스템(personal learning system in school)으로 볼 수 있습니다. 아직 완벽하지는 않지만요.

조기성　　　　　　　　　하지만 여전히 '학교에서 이러한 학습 시스템을 소화할 수 있을까' 하는 의문이 드네요.

정제영　　　　　　　　　저도 그렇습니다. 지금 온라인 교육으로 홈스쿨링이 가능하다는 주장이 상당한 힘을 얻고 있는데, '이럴 바에야 학교 안 다니는 게 낫지 않나' 하는 이야기가 나올 정도입니다. 심지어 개인별 학습 시스템을 학교에 탑재하자는 주장과 온라인 홈스쿨링으로 학교를 대체하자는 주장이 부딪치며 논쟁적 이슈를 만들기도 했죠. '왜 학교가 왜 필요한가, 왜 미래교육인가, 왜 AI 교육인가'에 대한 논의는 교사, 학부모, 학생 사이에서도 공감대가 형성되어 있는 것 같습니다. 과거의 시스템에 문제가 있다는 생각을 공유하면서, 미래를 향한 변화가 필요하다는 생각을 하는 분들이 점점 많아지고 있는 것 같아요.

코딩과 알고리즘은 미래의 기본 소양일까?

정제영　　　　　　　　　　AI 교육에 대해선 학자들마다 해석이 조금씩 다른데요. 가장 좁은 의미의 AI 교육은 그야말로 컴퓨터 사이언스 분야의 교수와 연구자를 키우는 교육이에요. AI 전문가를 기르는 교육인데 석·박사 과정에 해당되죠. 그리고 전공은 조금 다르지만 AI를 활용해서 그 분야의 전문가가 되는 것을 AI 교육으로 생각하는 경향도 있어요. 컴퓨터교육이나 정보교육 분야에서 하는 말은 이보다는 조금 더 확장적이지만, 여전히 좁은 의미의 개념이에요. AI에 대한 지식과 정보를 가르쳐야 한다는 관점으로 기본적인 개념 학습과 코딩에 관한 내용을 담고 있어요. 코딩 수업 시수를 정보교육 교과에서 몇 시간으로 할지에 대한 것과 '파이선(Python)을 가르치고 코딩을 해야 된다', '코딩언어를 배워야 된다'는 의견들이죠.

조기성　　　　　　　　　　기존 소프트웨어 교육보다 한 단계 높은 수준 정도이지 전체를 포괄한다고 보긴 어렵네요. 그렇다면 넓은 의미의 AI 교육이란 무엇이라고 생각하는지요?

정제영   '전 생애에 걸쳐서 AI를 활용할 수
있는 교육'이라고 생각합니다. AI가 거의 모든 프로그램에 적용되어 있
는 시스템으로 디지털 리터러시, 데이터 리터러시, 미디어 리터러시 등
으로 표현되는 교육이지요. AI 기술이 반영된 다양한 앱과 소프트웨어를
유용하게 사용하는 기능 중심의 교육이고요.

  그러나 정말 사용하기 쉬운 기술이 나와도 이것을 사용하지 못하는
이들은 여전히 존재할 겁니다. 앞서 제가 예로 들었던, 앱으로 경춘선 좌
석을 예매하지 못한 탓에 열차에서 내내 서 있는 노인 분들처럼요.

최재화   코딩과 알고리즘이 미래의 기본 소
양이 되고 있는 추세지만, 인문학적으로 사유하는 사람들은 아직 일부인
듯해요. 코딩을 기계와의 효율적 대화로 간주하고 인류의 생존 기술로
보는 인문학적 통찰이 필요합니다.

정제영   네, 동의합니다. 디지털 리터러시만
해도 언어적 측면보다는 여러 가지 소프트웨어나 앱을 활용할 수 있는
'사용자'로서의 역량 교육의 필요를 가져왔지요. 또 한 가지 중요한 문제
는 윤리 문제라고 보는데요. AI 사회에 필요한 윤리는 대면을 통해 관계
를 형성해온 지금까지의 사회와는 다른 방식의 윤리의식이 필요하다고
생각합니다.

폴 김   좋은 지점을 짚어주셨네요. 앞으로
AI 사회에 새롭게 적용되는 윤리 문제가 중요하게 떠오를 것이라고 생
각해요. 이에 대한 논의는 이미 시작되었지만, 전 세계적으로 더 활발하
게 일어나야 하지요.

AI는 지식을, 교사는 창의 학습을

정제영   교육과정 분야에서 중요한 부분은,
가장 넓은 의미의 개념으로서 '그동안 우리가 가르쳤던 국어, 영어, 수
학, 사회, 과학 등 교과의 지식과 정보를 미래 사회에도 가르칠 것이냐'
하는 것인데요. 한번은 중학교 2학년 수학 선생님들과 대화를 나눈 적이
있어요. 선생님들에게 중2 수학을 왜 가르치느냐고 물어보니, 중3 수학
을 배우기 위한 과정이라는 거예요. 그럼 중3 수학은 왜 배우느냐고 물
어보니, 고등학교에 가기 위해서라고 하고, 그럼 고3 수학은 왜 가르치
느냐 하니, 대답을 못 하시는 겁니다. 대입 시험을 위해서라고 답하자니,
교육의 목적에 대한 생각을 하지 않을 수 없었던 듯합니다.

선생님들의 말대로라면 다음 단계의 수학을 이해하기 위해서 그 전
단계의 수학을 배우는데, 이것이 아이의 삶에 어떤 의미가 있는가에 대
해서 답을 못 하고 있는 거지요.

다른 과목도 비슷합니다. 중학교 2학년 국사 시험 문제 중 하나가 망
이, 망소이의 난이 몇 년도에 일어난 거냐 하는 거예요. 여러분, 망이, 망
소이의 난이 몇 년도에 일어났는지 아세요?

몰라도 사는 데 전혀 지장 없습니다. 망이, 망소이의 난이 일어난 해를 아는 게 삶을 살아가는 데 어떤 도움이 되겠어요. 인터넷 정보 검색을 하면 다 나오는 거잖아요.

조기성   그보다는 그 시대에 천민들이 왜 난을 일으켰는가를 이해하는 게 오히려 더 오래 남을 수 있는 지식이죠.

정제영   바로 그겁니다. 그런데 그 사건이 몇 년도에 일어났고 순서는 어떻게 되며 만적의 난과 비교해서 어느 게 더 먼저 일어났는지를 외우고, 지역이 어딘지 지도에서 찾고….

우리가 지식을 왜 이렇게 가르치고 있는가에 대해 생각해봐야 해요. 많은 교육학자들이 이를 젠가 게임에 비유하는데요. 핵심적인 틀을 남기고 나머지를 빼는 게 젠가 게임의 원리잖아요. '교육과정이 꽉 차 있다', '원리 중심으로 교육하고 핵심적 개념을 남기고 다 빼야 한다'는 의미이지요. 빼는 과정이라야 하는데, 우리는 논의를 할수록 플러스 과정이 되고 있어요.

최재화   이것 좀 넣어 달라, 저것도 좀 넣어 달라고 하는 이익집단들이 많아서 그래요. 교육에는 다양한 참가자들이 있으니까요.

정제영   대학도 마찬가지죠. 전공이 살아남아야 하니까요. 학교에서 가르쳐야 할 역량에 대해 고민하기엔 현실적으로 해결해야 할 문제들이 많은 것 같습니다.

폴 김　　　　　　　　　　학교에서 가르쳐야 할 중요한 역량을 저는 6가지로 생각합니다. 제가 6C라고 말하는 건데요, Creativiy(창의력), Critical Thinking(비판적 사고), Collaboration(협업), Communication(의사소통), Compassion(이타심)과 Commitment(책임)로 남과 사회를 생각할 줄 아는 역량과 자신의 행동에 따르는 책임에 대한 역량이죠. 전 세계 역사를 보면, 교육이 잘된 엘리트를 중심으로 엄청난 피해와 사회적 파괴가 진행되었어요. 제노사이드(genocide, 집단학살)도 철저한 엘리트 집단의 계획에 의해 자행되었고, 큰 테러들도 교육의 부재로 인해 생긴 것은 아니었죠. 교육의 기본 목적은 개인의 사회적 신분 상승과 부의 축적, 권력 쟁취에 있지 않았어요. 근본적인 목적은 사회적 목적, 즉 더 발전되고 평화로운 세상을 공유하려는 데 있었죠. 그런데 지금은 지나치게 개인의 성공을 쟁취하는 수단이 되어버린 것 같아요. 교육 개혁이 필요한 것은 분명하지만, 그보다 먼저 사회적 공감대를 형성할 수 있는 교육철학에 대한 대중교육이 더욱 시급하다고 생각되네요.

조기성　　　　　　　　　　교육철학에 대한 논의가 활발하게 일어나면 좋겠습니다. 더불어 실제 교육 현장에서 어떤 교육을 할 것인가에 대한 고민도요.

정제영　　　　　　　　　　현재 교실에서 교사가 수업 후에 아이들을 평가해보면 100점을 받는 아이도 있지만 대부분은 50에서 100

점 사이에 있어요. 암기와 이해 단계도 완벽하지 않은 것이 현재 학교 상황인 셈이죠. 이해와 적용까지 잘하면 우수 학생으로 분류되고요.

기계적인 어댑티브 러닝으로 할 수 있는 부분이 바로 암기와 이해 단계예요. 어댑티브 러닝을 통해 학생별로 차이가 나는 부분을 해결해줄수 있고, 이걸 끝까지 효율적으로 관리해줄 수 있는 시스템이 인텔리전트 튜터링 시스템(지능형 튜터링 시스템)이죠. 저는 AI가 이 두 단계를 학습시켜줄 수 있다고 생각해요. 그리고 교사의 역할은 창의 학습 단계라고 봅니다. 폴 김 교수님이 중요하게 언급한 6C를 함량하기 위한 코칭의역할도 여기에 해당되는 것일 테고요. 현재 일부에서는 기계가 이 단계까지도 가능한 프로그램을 연구하고 있어요.

조기성 　　　　　　　그런데 적용과 분석, 평가가 주가되는 창의 학습 단계까지 AI 개별화 시스템으로 대체한다면, 협업 능력이나 소통 및 공감 능력을 키워주는 과정이 생략될 수 있지 않을까요?

정제영 　　　　　　　AI 과학자 중에는 이 단계까지도 다할 수 있다고 하는 분도 있는데, 기계에게 이 단계까지 맡기는 것이 좋을지에 대해서는 사회적 합의가 필요한 것 같습니다. 저는 창의 학습 단계를 교사가 맡는 것이 가장 좋을 것이라고 생각해요. 플립드 러닝(Flipped Learning)이나 하이브리드 러닝(Hybrid Learning)이 가능하니까 교실에서 암기와 이해에 쏟던 많은 시간에 창의 학습을 하고, 암기와 이해 중심 학습은 기계에 맡기는 것이지요. 이것과 관련해서는 앞으로 더 많은 이야기를 나누면 좋겠습니다.

우리는 현재의 상황을 지나치게 부정적으로 보진 않는다. 지금은 우리 교육 현장이 변화와 성장을 위해 나아가는 단계이고, 모든 일이 그렇듯 어려운 일도 반복해서 하다 보면 더 효율적이고 효과적인 방법을 찾을 것이라 믿기 때문이다. 학생들도 온라인 수업에 익숙해지면 ICT 활용 능력이 더 좋아질 테고 자신만의 공부법을 찾아가리라 믿는다. 지금보다 더 다양하고 개별화된 수업을 통해 자기만의 실력을 쌓을 수 있을 것이다. 앞으로 미래 사회를 살아갈 우리 학생들에게 ICT 기술과 인공지능 기술을 활용한 교육은 선택이 아니라 필수다.

2025년, 대한민국
교육 혁명이 시작된다

코로나가 끝나면
오프라인 수업으로 돌아갈까

학부모의 눈높이가 올라가면 변화가 시작된다

정제영   코로나19가 끝나면 과연 어떻게 될까요? 일각에선 과거로 다시 돌아갈 것이라는 기대도 있고, 그래서는 안된다는 의견도 있는데요, 어떻게 생각하시는지요?

조기성   돌아가고 싶다고 해서 쉽게 돌아갈수 있을까요? 온라인 수업과 디지털 기술의 중요성에 대한 학부모들의 눈높이가 많이 올라갔어요. 경험도 많아졌고요. 앞으로 학교 현장에서 벌어지는 일들이 점점 더 오픈될 것 같아요. 학교에 맞는 시스템이 계속 만들어질 테고, 교사들도 시스템 지원이 안 돼서 어렵다는 말은 더 이상 못할 겁니다. 코로나 종식 여부와 상관없이 예전으로 돌아가려 해도 돌아갈 수 있는 상황이 아니라고 생각해요.

최재화　　　　　　　　　　　현재 수업이 상당 부분 온라인으로 진행되고 있잖아요. 디지털 학습 공간이 학교에서도 기본이 된 거죠. 온라인 학습이 디폴트(default, 기본 설정)가 되기 때문에 코로나가 종식돼도 돌아가긴 어렵겠죠.

정제영　　　　　　　　　　　저도 비슷한 생각입니다. 코로나가 전 세계 학교교육에 큰 충격을 가한 건 사실이죠. 그동안 변화해야 한다는 목소리를 내는 소수의 사람들과 그것에 동의하지 않는 다수의 선생님들, 교육계 인사들이 있었는데요. 이제는 변화가 필요하다는 걸 느끼고 있고 실제로 교수, 교사의 역할이 많이 변화되었습니다. 물론 다시 예전처럼 돌아가고 싶은 선생님들도 있죠. 미래교육을 향한 준비가 완성된 상태도 아닙니다. 온라인 교육이든 블렌디드 수업이든 기술적 지원이 더 이뤄져야 하고요. 이런 점에선 이전으로 돌아갈 가능성도 상당히 있다고 봅니다. 그래서 더 서둘러야 할 것 같아요. 변화는 피할 수 없는 현실이니까요. 코로나가 끝나는 상황에 맞춰서 한 단계 업그레이드될 수 있도록 준비하는 게 정말 중요하다고 봅니다.

최재화　　　　　　　　　　　코로나가 종식되었다고 해도 몸이 아파서 학교에 못 가는 상황이 생길 수 있잖아요. 예전 같으면 몸이 아파서 학교에 못 가고 그만큼 수업을 못 들으면 그 책임은 고스란히 학생 몫으로 남았죠. 그런데 이젠 그렇지 않을 겁니다. 학교에 못 가는 일이 수업을 받지 못하는 이유가 될 수 없을 테니까요. 이런 단적인 예를 놓고 보면, 이전과 이후의 차이가 어떤지 알 수 있을 거예요.

정제영　　　　　　　　　　그래서 정책을 담당하는 교육 당국 뿐만 아니라 교육청이나 선생님들, 학교 차원에서도 어떤 부분들을 준비해서 미래를 대비할지 현실적인 고민과 대응이 필요할 것 같습니다.

조기성　　　　　　　　　　제가 학교에 있다 보니 교사 입장에서 변화를 고민하게 되는데요, 교사를 변화시키려면 학부모의 눈높이를 더 높여야 한다는 말을 많이 하거든요. 우리나라에는 모델이 되는, 쇼케이스로 삼을 만한 학교가 거의 없어요. 학교를 다 똑같이 만드니까요. 학생 개개인이 능력과 자질과 관심이 다양한 만큼 학교도 다양한 교육을 할 수 있어야 하고, 모든 학교가 다 똑같을 필요는 없다고 생각해요. 좋은 모델이 될 만한 학교를 만들어서 학부모의 눈높이를 올리고, 자연스럽게 학부모들이 요구하면서 교사들이 변화하지 않을 수 없게 만들어주는 일이 필요하다고 봅니다. 그게 지금 제가 하고 있는 일이기도 하고요. 앞으로 학생들의 문제를 해결해주는 방향으로 교육이 변하려면 국가 차원에서 교육의 변화를 위해 힘써야겠지요.

변화가 더딜 때 우리가 해야 할 일

정제영　　　　　　　　　변화는 불가피하지만 속도가 문제인데요, 빠르게 변하는 부분도 있는 반면에 더디게 변하는 부분도 있습니다. 예를 들어 기술적 변화에 비해 교육철학에 대한 인식의 변화는 느린 것 같아요. 급속한 변화가 반드시 좋은 것만은 아니고 마찬가지로 느리다고 해서 나쁘다고 볼 수만은 없겠지만, 빨리 변하면 좋겠다고 생각하는 부분이 느릴 땐 답답함도 느낍니다. 이런 상황에서 우리가 해야 할 일이 있다면 어떤 걸까요?

폴 김   말씀하신 것처럼 기술이 변하는 속도는 빠른데 우리의 생각은 그에 못 따라갈 때가 있죠. 그런데 속도가 왜 느릴까 생각해보면 그럴 수밖에 없는 이유가 있는 것 같아요. 사람의 생각이라는 것이 외부 상황에 따라 휙휙, 그렇게 변하는 게 아니거든요. 코로나19라는 강제성이 우리의 삶을 많이 변화시켰지만, 한편으로는 미래로 이행할 수 있는 시간을 만들어준 것도 같아요. 더 이상 과거의 방법이 통하지 않는다는 것을 알았으니 본질적인 것에 집중하면서 중요한 것과 그렇지 않은 것을 가려야겠죠. 성적과 등수를 우선하기보다 인성을 기르는 교육을 생각할 때라고 봅니다.

최재화   저도 맥락이 비슷한 이야기를 해볼까 합니다. 제가 어렸을 때 말썽을 많이 피웠는데 그럴 때마다 학교 선생님들이 "선생 집 아들이 그러면 되니?"라면서 한 번 더 챙겨주셨어요. 부모님이 교사여서 받은 혜택이죠. 이야기를 좀 더 확장해보면, 아이들을 위하는 입장에선 선생님과 부모님이 따로 있는 게 아닌 것 같아요. 어떤 부모님은 선생님으로 일하고 있거나, 친척 중에 선생님이 있거나, 자녀가 선생님이거나, 친구, 선배, 후배가 선생님일 수 있잖아요. 그렇게 우리가 아는 누군가는 선생님이고, 우리와 긴밀한 관계를 맺고 있죠.

한 가지 더 이야기하자면, 선생님들 중에 기계를 다루는 데 서툰 분도 있잖아요. 그래서 활용 단계에 있는 기계는 누구나 쉽게 다룰 수 있고 접근이 용이하게 개발되고 도입되어야 하죠. 기계를 활용해 가르치는 게 문제가 아니라 기술적 접근이 어려워서 난감해하는 분도 있잖아요. 선생님들이 새로운 기술이나 기계 때문에 스트레스를 받으면 아이들도 힘들 것 같아요. 우리가 늘 협력하자, 인성을 함양하자고 말하는데 주변 동료부터 챙기면 좋겠다는 생각이 들어요. 기술에 익숙한 사람들끼리만 모여서 이야기하지 말고, 서로 알려주고 챙겨주는 커뮤니티가 만들어지면 좋겠습니다. 아이들도 그런 모습을 보면 좋은 영향을 받지 않을까요.

조기성　　　　　　　　　　교사 지원 인력에 대한 논의는 계속 나오고 있어요. IT 전문가들이 학교에 많이 채용돼야 한다는 이야기도 있고요. 학회에서도 지속적으로 연수를 하는 등 도움을 주려고 노력하고 있습니다. 선생님들의 커뮤니티가 재밌는 건, 자기가 가진 지식에 대해 소유권을 주장하기보다는 그냥 퍼줘요. 새롭게 나오는 것도 알려주고요. 그게 교육이 발달하는 과정이 아닐까 하는 생각이 드네요.

폴 김　　　　　　　　　　교사의 입장과 관련해 좋은 이야기가 나왔으니, 저는 부모님들의 교육 참여 부분에 대한 이야기를 할게요. 코로나 시기에 아이들이 집에 있는 시간이 많다 보니 힘들다는 이야기들을 많이 하시죠. 집에서 일해야 하는데 아이를 가만히 앉혀놓기만 할 수도 없고요. 전에는 학교에 보내면 걱정할 필요가 없었는데 공부도 봐줘야 하고, 밥도 챙겨줘야 하고, 함께 이야기를 나누거나 놀아주기도 해야 하고, 할 일이 늘어난 것이죠.

지금 상황이 부모님에게는 상당히 힘드시겠지만 그만큼 부모님의 역할이 더욱더 중요해졌죠. 저는 이게 바람직하다고도 봅니다. 그렇기에 부모님도 시간을 가질 수 있고, 아이들도 자기주도적으로 학습할 수 있는 프로그램이 많이 개발되면 좋겠어요. 아이들이 스스로 아니면 자기들끼리 모여서 프로젝트를 하고 그것을 온라인으로 공유하는 등의 프로그램이 많이 나와서 학습은 교실에서만 하는 것이 아니라는 인식이 이번 기회에 정착되었으면 합니다.

정제영   네, 맞습니다. 학습이 꼭 학교에서만 이뤄지는 것은 아니니까요. 그런 인식이 정착되기 위해서는 어떤 것이 필요할까요?

폴 김   가까운 변화로는, 다양한 학교 밖 수업들과 이를 진행하는 보조교사가 많이 생기면 좋겠어요. 예를 들어 오늘은 어느 동네에 가서 보조교사가 진행하는 학교 밖 소규모 수업을 듣고, 학교 선생님들은 학교에서 그런 활동들을 전체적으로 모니터링하면서 필요한 코칭을 하고요. 테크놀로지 관련한 부분에서도 역량 있는 인력들을 고용하면 직업 창출에도 기여할 수 있고, 소규모 수업을 통해 티칭이 아니라 코칭으로 넘어가는 모델이 생겨날 수 있겠죠. 또한 부모님들이나 선생님들의 시간적 참여를 줄이되 효과를 극대화하려면 인공지능 같은 시스템 기반이 필요하다고 봅니다. 학생들을 지금보다 더 개별적으로 이해하는 모델이 되어야 하고요.

그리고 더 넓은 변화로는, 맞춤형 교육을 생각할 때 학습 데이터의 방대한 수집에 대한 사회적 공감대가 있어야 할 것 같아요. 선진국일수록 개인정보보호법이 상당히 강한데, 맞춤형 학습 활동을 통해서 나오는 데이터들을 얼마나 사용할 수 있을지 관련법들도 많이 개정돼야 할 테고요. 법 개정이 되지 않으면 새로운 교육 모델은 진행하지 못할 수도 있습니다. 아무리 기술이 발전한들 이론적으로만 이야기되다 끝날 수 있으니까요. 보호는 최대로 하되 연구할 수 있는 데이터들을 쉽게 잘 모을 수 있으면 좋겠어요. 그렇게 정부의 뒷받침으로 많은 연구가 일어나서 AI를 잘 활용한 시스템을 구축해야죠. 그래야만 미래교육이 가능하다고 생각합니다.

2

AI 시대에 편안하고
행복하기 위해

교육 개혁은 더하기가 아니라 빼기

정제영   교육부가 추진하는 미래교육 부문
에서 현재 중요하게 떠오른 AI 교육 종합 방안에 대해 조금 말씀드리면,
정책의 방향을 이해하는 데 도움이 될 것 같은데요. "인간과 AI가 공존하
고 기술의 혁신과 인간의 포용이 균형을 이루는 것"을 국가의 비전이라
고 본다면, 교육에서는 "AI 인재 강국을 만드는 것"이 비전입니다. AI 인
재는 AI 시대를 살아갈 사람들을 편안하고 행복하게 해주는, 가장 좁은
개념의 AI 전문 인재를 말하죠. 전 국민이 AI 사용자가 되기 위한 기본
적인 소양교육이 인공지능 교육의 넓은 의미의 개념으로, '무엇을 가르
칠까? 이것이 학교를 어떻게 바꿀까?'에 대한 고민과 가치 정립으로 이
어진다면, AI 정책 중에서도 AI 교육정책에 해당되는 것은 바로 AI 인재

교육이라고 보면 될 것 같습니다.

최재화   AI 전문 인재를 위한 교육 시스템 준비가 더 중요해지겠네요. 어떻게 방향이 잡히고 있나요?

정제영   국가에서 교육과정을 바꾸는 준비를 하고 있는데 그 시작이 2022년이에요. 초·중·고 교육과정이 중앙집권적으로 일시에 바뀌게 되죠. 2025년에 고교학점제가 도입되고, 이 학생들이 대학에 들어가는 2028년에 새로운 대입제도가 적용되고요. 새 교육과정을 2022년에 발표하기 위해 2020년까지 총론을 만들고 2021년에 각론을 만든다는 계획이 잡혀 있습니다.

조금 더 자세히 말씀드리자면, 우선 국가 교육의 큰 틀과 방향성을 제시하고 초·중·고 각 교과별 각론을 만들어서 2022년에 발표할 계획입니다. 이때부터 교과서 개발에 착수해서, 학생들에게 적용하는 첫해가 2025년인 셈이죠. 이런 국가 교육 계획에 따라 저도 정책적 관점에서 미래교육을 연구하고 있어요. 우리들의 논의도 국가 교육과정에 영감을 주고 영향을 끼칠 수 있기를 기대합니다.

최재화   새 교육과정과 교과서가 만들어지는 과정에서 AI 기본교육(소양교육)도 수업 시수로 책정되나요?

정제영   지금 논의 중에 있어요. 그리고 교육과정-수업-평가-기록 시스템을 구축하는 게 있죠. 교육과정을 재구성해서 평가하고 기록하는 것은 교사의 핵심 업무이기도 한데, 교수평가에서 중요한 것이 '어느 부분을 빼주고 어느 부분을 더해줄 것인가'라고 봐요. 사실 그동안 우리나라의 교육 논의는 플러스만 있었죠. 학생 각각에 대해 기록을 하고 피드백을 주는 것만 해도 일이 많은데, 교육부는 개별적 피드백을 하라고 강조하고 그 우수 모델로 혁신학교를 이야기합니다. 그런데 실제로 혁신학교 현장에 있는 선생님들에게 물어보면, 밤 10시, 11시까지 일하고 주말에도 일하세요. 모든 선생님들에게 일반화하기 어려운 모델인 거죠. 학생 개개인에게 맞춤형 피드백을 해주려면 교수평가의 상당한 부분을 기술적으로 지원해야 해요. 시스템의 지원 아래 선생님들이 시간적으로나 정신적으로 여지가 생길 때 맞춤형 피드백의 역할을 더 잘할 수 있어요. 우리가 더 생각하고 논의할 수 있는 건 '교사의 역할과 업무에서 어느 부분을 먼저 빼줄 거냐' 하는 겁니다. 이 부분이 상당한 이슈이지요.

교육 분야에서 지식 수업과 평가, 기록 관련해서 현재 자료를 잘 쌓아둔 곳이 사교육 업체예요. 자체 개발한 교육 플랫폼과 교육 프로그램, 기기를 통해 이 부분을 더 적극적으로 개발하고 있죠. 그에 반해 공교육 분야에서는 수업, 평가, 기록을 총체적으로 다루는 시스템이 없어요. 나이스(NEIS)라는 게 있는데, 나이스에서는 결과만 기록하기 때문에 학습자 데이터라고 보기 어려운 수준입니다. 예를 들어 '수학의 이해'에 대한 기록이 "정제영 학생, 수학 35점."이라고만 저장되어 있는 거죠. 의문을 제기할 수도 있겠죠. "점수가 왜 이래?" 그에 대한 답은 이러할 테고요. "몰라. 그냥 35점. 35점이면 우리 반에서 꼴등." 대학에도 이런 데이터만 있습니다. 나이스의 데이터에는 학생의 출결, 성적, 그리고 교과별 특성 등이 조금 들어가 있는 정도죠.

2022년에 새 교육과정이 발표되고 새로운 시스템이 적용되어, 교사의 역량이 재규정되고 코치로서의 역할이 실현되길 기대해봅니다. 수업을 하는 교사를 뒷받침해주는 시스템 없이 교사 혼자서 다수의 학생들을 코칭하기는 어려울 테니까요.

현재는 기존의 교육 방식을 크게 변화시킬 수 있는 자료도 없고, 시간도 없고, 역할도 제대로 할 수 없는 상태예요. 새 교육과정과 시스템이 구축된 상태에서 교수평가와 행정 부담이 최소화되면 교사가 코칭의 역할을 더 잘 수행하게 되겠죠. 교사의 역할에 대한 전문성을 높이는 노력도 필요할 거고요. 그러려면 학교 공간도 혁신이 필요해요. AI 교육을 위한 인프라 구축이 시급해 보이고요. 스마트폰을 사용하듯이 직관적으로 사용할 수 있는 AI 교육 플랫폼도 만들어져야 하고요.

나이 구분 없는 무학년제 교육과 학습 격차

최재화　　　　　　　　디지털 교육 시스템을 갖추는 것도 중요한데, 우리가 앞에서도 이야기한 것처럼 학습 격차의 문제도 고민해봐야 할 것 같아요. 이것에 대해선 어떻게 생각하시는지요?

정제영　　　　　　　　저는 무학년제가 학습 격차 문제를 해결하는 데 도움이 될 거라고 생각합니다. 나이에 따라 가르치는 제도부터 바꿔야 한다고 봐요. 능력에 따라 가르쳐야 하는데, 수학을 잘 못

하는 학생에게 '너는 17살이니까 고2 수학을 배워라'고 하는 것이야말로 학생을 소외시키고 불행하게 만드는 일이죠. 그래서 정해진 수업을 잘 못 따라오니까 '너는 9등급', 이런 결론이 나오는 거지요.

조기성　　　　　　　　　　제 생각엔 한국 정서에서 무학년제를 실행하기는 시기상조가 아닌가 싶어요. 당장은 실행하기 힘든 제도죠. 나이와 학년을 중시하는 사회문화가 있잖아요. 정제영 교수님이 말씀하신 무학년제는, '학년 구분 없이 학습하는 맞춤형 학습', 그리고 'AI 분석을 통해 맞춤형 학습'으로 접근하면 같은 교실에서도 서로 다른 교과, 서로 다른 진도, 서로 다른 난이도로 학습이 이루어질 수 있지 않을까 합니다. 같은 교실에서 이루어지는 하나의 수업이라도 최소한의 기본 지식 수업 후에는 학생들이 인공지능 시스템을 통해 각자의 수준과 흥미에 맞추어 학습할 수 있다면 가능하지요. 교사는 학생들이 학습하는 과정에서의 어려움을 해결할 수 있도록 도와주고, 수업 중이나 수업 후에 학습 분석 자료를 보면서 "ㅇㅇ학생은 ㅇㅇ부분이 부족하니까 이쪽으로 더 학습하면 좋겠다", "ㅇㅇ에 관심이 있어 보이니 ㅇㅇ을 시도해보면 좋겠다"고 평가하여 피드백을 주면 되니까요.

최재화　　　　　　　　　　같은 내용을 배워도 학생별로 개별 수업이 가능하니 무학년제도 아주 불가능하진 않겠네요. 다만, 한국은 나이에 따른 서열문화가 견고하게 자리 잡고 있어서 금방 수용되긴 어렵겠지요. 그리고 학교의 목표가 단순히 학업 능력의 극대화는 아니잖아요.

조기성   그런 면이 있죠. 우리는 아직도 나이와 학번을 따지잖아요. 이게 좀 바뀌었으면 하지만 사람들의 인식이 바뀌는 데는 오랜 시간이 걸리니까요. 한두 개라도 좋은 예를 만들어가면 어떨까 싶어요.

제가 얼마 전에 칸랩스쿨(Khan Lab School) 수업 참관을 했는데요. 프로젝트 기반 수업(문제해결 학습)을 하는데 관심사가 같은 아이들끼리 모둠별로 모여서 학습하더군요. 학년 구분이 없었고 교육과정과 관심 교과별로 학습을 했어요. 그리고 이러한 학습 과정이 LMS(학습관리 시스템)에 기록되었고요. 칸랩스쿨에서는 학생들이 자신의 관심사에 따라 교과를 선택하여 수업에 참여하기 때문에 교육과정도 다를 수밖에 없고, 자연스럽게 무학년제 시스템이 작동하고 있었어요. 당장 우리 학교 시스템에 적용하긴 어렵겠지만, 학년 구분은 그대로 두되 교과별로 배우는 내용의 주제나 난이도를 다르게 하고, 학생 데이터 분석이 이루어지면 모든 학생이 각각의 관심사에 따라 학습을 할 수 있지 않을까 싶네요.

정제영   형식은 다양하게 시도하되 학습 격차를 줄이기 위한 노력은 지속되어야겠죠. 온라인을 적극 활용한 블렌디드 수업은 이미 일상적인 것이 되어가고 있고, 학교를 벗어난 학습이 가능하다는 거잖아요. 수직적 교육에서 수평적 교육으로 변하는 과정이기도 한 것 같아요. 그렇기에 미래교육에 대한 이러한 논의가 앞으로 더 깊고 광범위하게 이뤄지면 좋겠습니다.

티칭 격차와 디지털 기기 활용도 격차

조기성   저는 아이들의 학습 격차뿐만 아니라 교사들의 티칭 격차도 이야기되어야 한다고 봐요. 학습 데이터를 제대로 보고 또 이것을 사용할 줄 아느냐에 따라 티칭 격차도 상당히 크거든요. 교사들의 디지털 기기 활용도와 데이터 활용도 관련해서는 국가의 교사 교육과정에서 이에 대한 기준과 교육 내용을 새로 만들어야 할 것 같습니다.

최재화   이게 참 중요한 문제 같아요. 가르치는 사람이 배우는 학생보다 기술을 못 따라가서 생기는 어려움이 분명히 있으니까요.

조기성   발전된 기술이 있으면 그것을 활용해서 교육에 적용해줘야 하는 의무가 교사에겐 있다고 생각해요. 학생들은 앞으로 이런 디지털 기술들을 활용하면서 살아가게 될 테니까요. 디지털 기술들을 학교가 아닌 학교 밖에서 배울 때는 사회적 문제에 부딪치기도 하고요. 솔직히 개인적으로는 교실 밖에서 온라인 게임 앱이나 채팅 앱만 사용하던 아이들이 이번 기회에 줌이나 구글, 팀즈 같은 다양한 앱을 사용해볼 수 있게 된 것이 반갑게 느껴집니다. 학교 밖에서 사교육으로 접하던 인강(인터넷 강의)을 학교에서도 할 수 있다는 것을 보여준 사실도 한발 나아간 것이라고 보고요. 모든 아이들에게 교육의 혜택이 돌아가고 있다고 볼 순 없지만, 어떤 아이들에게는 분명히 좋은 경험과 공부가 되었을 거예요. 코로나19 상황이 종결되면 온라인 도구와 프로그램에 대한 교사들과 학생들의 생각도 많이 성장해 있겠죠.

교실에서 아이들을 관찰해보면, 문제를 해결하는 방식에서 어른들보다 온·오프라인을 더 잘 활용한다는 생각이 들어요. 우리 세대보다 한 세대 앞선 미래를 살아갈 아이들에게 맞는 시스템이 하루라도 빨리 정착되면 좋겠습니다.

정제영 디지털 온라인 교육의 확대로 변화된 수업의 경험 중에 선생님들에게 좋았던 경험이 있다면 뭔가요?

조기성 우선은 과제를 온라인으로 제출받는 것입니다. 이건 다른 선생님들도 공통으로 말씀하시더라고요. 아이들로부터 과제물을 받고 평가하거나 피드백을 해주는 일이 확실히 더 편해졌죠. 이전엔 여기에 쏟는 시간에 대해 불평을 하면서도 그 누구도 그런 시스템을 만들 생각을 하지 않았어요. 선생님들이 이제 구글 클래스룸과 팀즈를 자주 쓰는 것도 사용하기 편하기 때문이에요. 비판적인 사람들은 왜 외국 회사 프로그램을 써서 우리나라 학습 데이터를 그들에게 넘겨주냐고 우려의 말을 하기도 하지만요.

그리고 온라인 수업을 하면서 중요해진 게 저작권 문제거든요. 교실에서 수업에 사용하고 교실 밖으로 유출하지 않을 때는 문제가 안 되지만, 온라인상에 배포가 될 때는 문제가 생기잖아요. 저작권자 입장에서는 온·오프라인에서 보호받던 자신의 콘텐츠가 교육 자료 안으로 들어가고, 그 교육 자료가 온라인상에 공개되면 온라인은 물론이고 오프라인에서도 보호받지 못하게 되는 상황이 벌어지니까요. 그렇지만 학교 입장에선 그 많고 다양한 자료에 모두 사용료를 지불하고 교육 자료를 만들기는 어렵겠지요. 그래서 저작권 문제가 없는 콘텐츠 아카이브 같은 것을 만들어 공유해도 될 것 같아요. 외국에 좋은 사례가 있다면 배울 필요도 있고요.

또 우리 안에서 우리의 교육 방식만 고집할 것이 아니라 외국의 교육이나 문화도 좋은 게 있으면 수용하는 게 자연스러운 일이죠. 우리가 교육 시스템을 잘 만들어서 외국 학교에서 볼 때 자기네 학교에 적용하면 괜찮겠다는 그런 생각들을 가질 만큼 매력적이면 좋겠어요. 교육부와 과기정통부가 힘을 모아 같은 방향으로 가야 한다고 생각해요. 그렇게 하지 않으면, 구글이나 마이크로소프트 같은 외국 회사에 우리의 학습 데이터가 차곡차곡 쌓여 진짜 AI 학습도구가 나오는 날에, 우리는 비싼 값을 주고 그것을 사용할 수밖에 없을 테니까요.

여기에 더해 반드시 짚어야 할 것은, 우리나라 교육 문제는 언제나 그 종착점이 대학 입시잖아요. 개별 맞춤 교육을 기본으로 아이의 흥미와 관심사를 찾을 수 있는 적성교육, 진로교육을 병행한다면 미래교육은 그리 어려운 것이 아닐 수도 있습니다.

최재화   맞습니다. 우리나라 교육 문제는 언제나 종착점을 대학 입시로 집중시키는 데 있다고 봅니다. 그 가치를 분산시키는 정책과 사회적 합의가 필요합니다.

폴 김   아이들이 관심 있는 분야를 찾아서 스스로 학습할 수 있도록 환경을 만들어주는 것도 중요합니다. 학교 교육과정에서는 최소한의 공통적 교육을 함께 배우지만 개별 시간을 주어 각자가 좋아하는 부분을 배우게끔 시스템을 바꿔주는 거지요.

조기성 　　　　　　　그것이 가능하도록 관심사가 같은 학생들이 온라인상에 모여서 협력 학습을 할 수 있도록 온라인 공동 교육과정 같은 것도 만들면 좋겠습니다. 초등, 중등, 고등 전 교육과정에서요. 꼭 대학이나 대학원에 가서 자신의 전공 분야를 찾고 전문가 공부를 하는 것이 아니라, 내가 정말 관심 있는 분야를 찾고 그 분야에 관심을 가진 학생들이 지속적으로 학습할 수 있게 해주는 것도 중요하고요. 그렇게 해서 고등학교 때는 꼭 인문고가 아니더라도 특성화고나 마이스터고 같은 데 가서 졸업 후 바로 취업하거나 취업 후에 다시 대학에 갈 수도 있는 그런 전반적인 교육 시스템의 변화가 필요하지 않나 생각이 드네요.

정제영 　　　　　　　지금 우리의 논의는 결과적으로는 빅데이터를 쌓고 그것을 토대로 AI 학습도구를 개발하면, 우리가 겪고 있는 교육의 문제도 일정 부분 해결할 수 있다는 쪽으로 진행이 되고 있는 것 같습니다. 2022년에 새 교육과정이 발표되고 이후 교과서와 관련 교육 자료도 다시 개발에 들어갈 텐데, 이러한 고민을 담아 더 발전적인 방향으로 나아갈 수 있도록 우리도 더욱 힘을 쏟아야겠습니다.

3

격차의 빈틈을
기술이 보완한다

빅데이터가 위기학생과 교원 수급을 지원한다

정제영 인공지능 활용 정책 관련해서도 이
야기를 나눠볼까요? 지금 제가 개발하고 있는 것 중 하나가 교원 수급
시스템인데요, 우리나라는 교원의 수요와 공급을 교육부가 총괄하고 있
어요. 그동안은 학생 수와 학교 수를 가지고 평균적인 관점에서 간단한
통계를 통해 수급을 조절했는데, 지금은 탑다운 방식이 아닌 바텀업 방
식으로 바꾸는, 즉 실제 학교 규모와 상황 등을 고려한 교원 수급 시스템
을 빅데이터 분석을 통해서 만드는 것들이 정책적으로 활용되고 있어요.
학습자 관리지원 시스템도 개발되고 있고요.

　저를 비롯해 교육 분야 많은 연구자들이 정부 차원에서 진행되는 AI
기반 교육 시스템 개발에 힘을 쏟고 있으며 최근에는 학습자 플랫폼도

만들고 있어요. 학습자 데이터를 모으고 나서 이것을 바탕으로 개별 진단 시스템을 개발할 예정인데, 학생 개개인에 맞춰서 도서를 추천하는 독서 시스템도 그중 하나죠. 궁극적으로는 학습 경험에 대한 빅데이터를 기반으로 데이터를 표준화하고 다양한 에듀테크 플랫폼과 서비스를 구축할 계획이에요. 교육 분야 유관 기관의 데이터 코드를 분석하여 표준화하는 일도 여기에 속해요. AI 시대 학령 인구 대비 교원 수급 예측 모형 개발도 굉장히 시급한 과제로 보고 있습니다. 교원 1인당 학생 수 지표를 개발하고 학생 수 대비 개설 교과목을 산정하고 개인별 맞춤형 학습 지원을 가능하게 하기 위해서죠.

최재화 　　　　　　　　　이런 큰 그림을 실현하기 위해서는 시스템적인 전환이 필요할 듯합니다. 먼저 기성세대가 생각을 바꿔야 하고, 기술이 레버리지 역할을 해줘야 할 테고요.

정제영 　　　　　　　　　맞습니다. 기술이 레버리지 역할을 해줘야 하죠. 그런데 제가 가장 중요하게 생각하는 건 사실 시스템의 문제보다 사람의 문제예요. 교사 역할의 일부를 빼서 기술이 대체하게 해주는 건데, 이러한 변화를 일으키려는 힘, 그건 바로 공감대 형성이거든요. 참여와 공감이 있어야 시스템의 전환도 일어날 수 있다고 생각합니다. 컴퓨터 과학자 앨런 케이는 이런 말을 했죠. "미래는 예측하는 것이 아니라 창조하는 것이다." 저 또한 미래는 우리가 인벤트(invent)해야 가능하다는 믿음을 갖고 있습니다.

폴 킴　　　　　　　　　　저도 공감합니다. 아무리 AI 시대가 온다 하더라도 기본적으로 인간이 주체가 되어야 한다는 건 변함없으니까요. 그렇기에 6C가 중요하게 부각될 거예요.

조기성　　　　　　　　　　방식 면에서 살펴보면, 압도적으로 많은 데이터가 필요해요. 학생들이 검색한 데이터든, 학습한 데이터든, 읽은 데이터든, 과제 데이터든 상관없이 많이 모일수록 좋죠. 그중에서 우리가 필요한 부분만 분석할 수가 있거든요. 교과적인 분석도 가능하고 학생들의 관심도에 대한 분석도 가능하지요.

최재화　　　　　　　　　　데이터뿐만 아니라 그것을 분석하는 틀도 중요하겠죠.

폴 킴　　　　　　　　　　그렇죠. 하나의 알고리즘으로만 분석하면 알고리즘을 만든 사람의 의도에 따라 결과가 나올 수 있으니까요. 원 데이터는 많이 쌓을수록 좋고, 분석 틀은 다양하게 써서 비교하는 거죠. 어쨌든 학생들이 데이터를 활용하기 위해선 모든 학생들의 디지털 활동들이 일단 기록되어야 해요.

정제영　　　　　　　　　　초기적인 데이터라면 출석이나 성적이 있을 것 같은데 또 어떤 것들이 추가되면 좋을까요?

폴 킴　　　　　　　　　　출석과 성적이 암기 위주식 학습 모델에서 평가할 때 필요한 것이라면, 미래교육에서 추가될 데이터는 교실 밖에서 이루어지는 학습 기회나 문제해결 능력, 비판적 사고, 창의력, 동료들과 함께 팀워크를 할 때의 협동성 등이 되겠죠. 그것이 어떤 작품일 수도 있고 에세이일 수도 있고 파워포인트로 발표한 것일 수도 있고, 종류는 다양하겠죠. 디지털화된 자료들도 많을 테고요.

앞으로는 평가 모델도 바뀌어야 해요. 여러 명이 동시에 프로젝트를 진행할 때 개별적으로 또는 협동적으로 진행하는 것을 어떻게 평가할 것인지, 온라인 수업을 할 때 눈이 어디를 보고 있는지, 고개를 얼마나 끄덕였는지, 남이 말할 때 몇 초 만에 대답을 했는지, 화면을 항상 끄고 있는지 아니면 켜고 있는지 등이 모두 데이터가 될 테니까요. 생각하면 엄청나죠. 그런데 이런 데이터들을 많이 수집하면 할수록, 종류가 많으면 많을수록 일정한 패턴을 찾아낼 수 있고, 그것을 통해 학생들에게 어떤 도움을 줄지 판단할 수 있게 되겠죠. 그래서 정보보호에 대한 이야기가 중요하게 대두될 수밖에 없을 테고요. 이런 연구가 활발히 진행되려면 어떤 서포트스트럭처(support structure)가 필요한지 논의돼야 합니다.

조기성　　　　　　　　　데이터에 대해서는 2020년 11월에 대통령직속 4차산업혁명위원회 에듀테크 활성화 TF에서 공고가 나갔어요. 개인정보보호에 대한 이야기도 같이 권고되었지요. 학생 본인 또는 지도하는 선생님만 분석된 결과를 볼 수 있게 하는 식으로 최대한 개인정보를 보호하면서도 데이터를 식별할 수 있도록 논의, 조정되었습니다.

최재화　　　　　　　　　교육 데이터에도 여러 종류가 있습니다. 학생들의 데이터와 더불어 교육자들의 전문적인 지식도 데이터가 됩니다. 이들의 지식을 기반으로 하는 전문가 지식 데이터가 있죠. 집단 지성을 발휘하려면 전문가 데이터, 즉 전문 지식 데이터를 잘 공유하는 게 중요합니다. 요즘처럼 온라인으로 공유되고 협업으로 모이면 가공할 힘을 발휘하거든요.

정제영   데이터 활용에 대한 관점이 다양한 것 같습니다. 학생들이 생성하고 활용하는 데이터부터 전문가의 평가와 기준에 대한 데이터도 있고, 학습 활동이나 콘텐츠에 대한 데이터도 있고요. 이런 것들이 결합되었을 때 인텔리전트 튜터링 시스템의 데이터가 같이 개발되어 함께 성장할 수 있겠지요.

기술을 잘 아는 인재 vs 사람을 잘 아는 인재

최재화   저는 기계학습이 교과과정으로 들어가는 것에 반대하는 입장입니다. 기업들과 일할 때 인재 선별을 위한 스크리닝 테스트(screening test, 선별검사)를 만드는 데 도움을 주는 일을 종종 합니다. 이때 기술을 글로 배운 지원자들을 최우선적으로 제외시킵니다. 인공지능 개발 회사들이라도, 그들이 원하는 인재는 단순한 기술자가 아니고 특히 글로 배운 사람들이 아니기 때문이죠. '지금 우리가 살아가는 데 문제점이 뭐지? 사람들이 뭘 불편해하고 힘들어하지?' 이런 문제의식에서 출발해 문제해결 방법을 찾는 과정에서 새로운 아이디어와 기술이 나오는데, 많은 엔지니어들이 그걸 잘 못해요.

기업에서 필요로 하는 교육 분야 인재는 여러 가지 다양한 상황과 맥락에서 문제가 뭔지, 무엇 때문에 사람들이 힘들어하는지 등 그 이면에 담긴 걸 찾아내는 사람이에요. '도메인 문제'라고 하는데, 이를 위해서는 사람을 알아야 해요. 상대적으로 기술을 잘 다루는 사람은 많습니다. 그래서 경쟁이 치열합니다. 기술 활용을 잘하기 위한 도구들도 계속 개발되고 있습니다. 올해, 내년이 아니라 10년 후, 20년 후 추세를 읽어서 미래를 준비해야 합니다.

정제영　　　　　　　　　　실제로 AI 업계 쪽은 어떤가요?

최재화　　　　　　　　　　일단은 전문적인 엔지니어가 많이 없어서 개발에 진척이 느리고 거기다가 엄청난 거품도 껴 있지요. 잡 마켓(job market)에서 AI 연구개발자에 대한 수요가 핫한 것은 맞습니다. 동시에 회사는 기존 연구개발 인력을 퇴출하고 있기도 하죠. 전문성이 정확하게 구분이 안 되니 회사에서 많이 뽑았다가 걸러내는 것이라고 볼 수 있습니다. AI 업계는 빠른 속도로 발전하는 분야인 데다, 취업 단계에서는 어떤 사람이 진짜 필요한 인재인지 판별하기가 쉽지 않습니다.

조기성　　　　　　　　　　학력을 포함해 스펙을 보고 높은 연봉을 주고 데려왔는데, 실제 회사에서 프로젝트 하는 모습을 지켜보다가 성과가 없음을 보고 나가라고 하는 거네요.

최재화 　　　　　　　　네. 그래서 기술을 다루는 사람 못
지않게 현장의 문제를 찾아내는 창의성이 필요합니다. 기술은 이미 상당
히 발전해 있고, 웬만한 알고리즘은 깃허브(GitHub)에 들어가면 다 공개
되어 있거나 패키지 형태로 제공되고 있으니까요. 이미 공개된 기술을
활용해 어떤 사람의 어떤 문제점을 해결해주느냐가 관건이지요. 즉 우리
삶의 어떤 문제를 어떻게 해결하느냐에 대한 논리적이고도 창의적인 접
근이 필요한 거죠.

조기성 　　　　　　　　한 세대, 아니 10년, 20년만 해도 차
이가 좀 있죠. 지금 학생들이 자라 연구소나 기업에 들어갈 때쯤이면 완
전히 다른 세상이 되어 있을 수도 있고요.

최재화 　　　　　　　　지금 당장은 AI 기술을 잘 다루는
인재를 필요로 하지만, 요즘은 변화의 속도가 너무 빨라서 5년 뒤 세상
은 어떨지 알 수가 없습니다. 변화의 속도가 더 빨라지고 있기 때문에 교
과과정에 AI를 집어넣는 것은 고민을 많이 해야 하는 문제인 것 같아요.
한번 들어가면 빼기도 힘들 테니까요. 앞으로 5년, 10년 후에 어떤 인재
가 얼마나 필요할지 역으로 추적해서 지금의 교과과정을 어떻게 바꾸는
게 좋을지 생각해야 합니다. 5년 뒤, 기업들이 원하는 인재는 상당히 다
른 인재일 수도 있으니까요.

정제영 　　　　　　　　말씀에 깊이 공감합니다. 다만, 교
육과정이나 정책에도 정치적인 속성이 있어요. 누구의 목소리로 결정되

느냐 하는 건데요, 교육정책 분야에 AI 관련해서도 다양한 목소리가 있습니다. 중요한 건 어느 한쪽으로만 너무 깊이 들어가지 않도록 하는 게 정책을 만드는 사람들의 입장이죠. 교육예산 집행과 실행을 하나가 독식하지 않도록, 어떻게 보면 약간 나눠주기 식으로 되고 있는데, AI 교과과정 추가 여부에 대해서는 지금 논의를 많이 하고 있어요.

조기성   미래교육정책 연구 분야에서는 컴퓨터교육이나 정보교육을 담당하는 교수님과 선생님들의 목소리가 크겠군요.

정제영   매우 필요하다는 입장이죠. 물론 '사용자(user) 용도로 조금만 배우면 된다. 굳이 그 원리까지 이해할 필요는 없다'는 내용의 주장도 있는데, 어느 한쪽으로 밀어붙일 수 있는 것은 아닙니다.

폴 김   AI 연구와 개발, 그리고 적용은 모든 분야에서 시작점에 있기 때문에 'AI가 사회에 어떤 영향을 미칠지'에 대한 것은 정제영 교수님이 앨런 케이의 말씀을 인용하셨던 것처럼 '미래를 기대하기보다 미래를 만들어가야' 하는 것 같아요. 앞으로 어떻게 하느냐에 따라 많은 변화가 뒤따르고 그 방향도 바뀔 것으로 생각되고요. 그래서 우리가 지금 어떻게 하느냐가 더 중요하다고 봅니다.

4

AI 교육 파일럿
프로그램 엿보기

아이들이 참여한 AI 교육 사례

폴 김   제가 한국에서 AI 관련 파일럿 프로그램을 한 적이 있어요. 아이들한테 '센서'와 '머신러닝'의 차이점이 뭔지, 어떤 솔루션을 만들 때 센서가 필요하고, 또 머신러닝은 어떤 경우에 필요한지를 스스로 판단하게 해서 만들어보고 설명하는 프로젝트죠.

정제영   무척 흥미로운 주제네요. 어떤 식으로 진행하셨는지, 아이들이 어떤 반응을 보였을지 궁금합니다.

폴 김   '이미지 데이터를 모아서 기계가 누가 누군지를 인식할 수 있는 데이터베이스를 만들려고 한다. 그러면 어떤 식으로 데이터를 모아야 이게 제대로 작동할까?' 하는 주제로 아이들이 스스로 배워가도록 티칭했는데요. 저한테도 아이들한테도 무척이나 흥미진진한 시간이었어요. '비주얼 이미지 데이터를 어떻게 만들었을때, 테스트를 해보니까 정확도가 얼마나 늘어나더라' 하는 걸 직접 해보는 건데요. 스마트폰 카메라 기능을 활용해 처음에는 마스크를 쓰지 않은 얼굴을 찍고, 다음엔 마스크를 쓴 모습을 찍고, 마스크 대신 배추를 얼굴에 대고 찍는 등 다양한 도구를 활용해봤어요. 그리고 그 사진들을 토대로 테스트를 해봤죠. 데이터의 이미지가 얼마나 더 추가됐을 때 정확도가 올라가는지를 알게 한 건데, 데이터에 양과 데이터의 질이 어떻게 딥러닝에서 결과를 바꾸는지 아이들이 실제로 만들어보고, 테스트해보고, 정확도를 높여보는 시도를 해본 거지요. 그중 한 아이가 실험 보고서를 썼는데, 다음과 같았어요.

테스트 결과 보고서를 쓰세요.

1. 테스트 횟수: 5회

2. 가장 높은 정확도(%): 97%

3. 가장 낮은 정확도(%): 82%

4. 정확도를 높이기 위해 어떤 일을 했나요? 그리고 결과가 어떻게 달라졌나요?

   이미지를 추가했더니 신뢰성(Confidence)이 91%로 올라감.

폴 김　　　　　　　　　　　아이들이 직접 이미지 데이터를 만들어보고 어떤 데이터를 올렸을 때 정확도가 얼마인지 스스로 알게 된 거예요. 어떤 상황에서 센서가 필요하고 어떤 상황에서 딥러닝의 알고리즘이 필요한지 스스로 배우게 하는 방법은 다양하지만, 가장 좋은 건 아이들이 직접 솔루션을 디자인해보는 거죠. 디자인씽킹, 딥러닝, 코딩 등을 활용해 직접 만들어보고 실제로 테스트를 해보는 교육과정이 필요한 거예요.

학교에서 사용하는 딥러닝 솔루션들을 살펴봤더니, 거의 대부분 입학시험 때 쓰더라고요. 지원자가 너무 많으니까 솎아내서 잠재력이 있는 학생들을 뽑기 위해서겠죠. 역량 있는 학생들을 발굴하는 데 활용하는 거죠.

정제영　　　　　　　　　　　그런데 이런 프로젝트가 폴 김 교수님에게는 어떤 의미가 있었는지요?

폴 김　　　　　　　　　　　평소에도 하이오더러닝(high order learning)과 관련된 데이터를 모으는 데 관심이 많은데요, 학생들이 어떻게 창의적으로 활동을 하고, 분석하고, 평가하고, 적용하는지에 대한 데이터를 어떻게 모을 것인가에 흥미를 느끼기 때문이에요. AI는 훈련을 위한 데이터(training data)가 없으면 의미가 없기 때문에, 데이터를 수집하는 채널들이 많아야 합니다. 다행히 저는 직접 수업을 디자인하는 것도 좋아하고, 다양한 수업들을 참관하는 것도 좋아해요.

그리고 많은 학교들에 자문을 하기도 하는데요. 한번은 초등학교 4학년 학생들의 로봇 수술 수업에 참관을 한 적이 있어요. 아이들이 직접 로봇을 만들고 3D 프린터를 이용해 만든 인공 심장을 로봇에 넣은 후에, 심장에 생긴 혈전을 제거하는 수술 수업이었죠. 초등학교 4학년 아이들인데 정말 깜짝 놀랄 정도로 잘 만들었어요.

조기성   저도 수업을 하다 보면 아이들에게 깜짝 놀랄 때가 많아요. '어떻게 이런 생각을 다 했지?' 하고 감탄한 적이 한두 번이 아니에요.

폴 김   제 심정도 딱 그랬답니다. 로봇도 심장도 학생들이 다 만들었고, 수술용 실과 가위를 사용해서 직접 수술을 진행했어요. 수술하는 동안 모니터링을 할 수 있는 스크린과 촬영 도구까지 아이들이 설치했죠. 그 모든 과정을 아이들이 직접 한 거예요. 수업을 지켜보며 많은 생각이 들더군요. 그중에서 가장 관심을 끌었던 건 역시 '학습 데이터가 뭐냐' 하는 건데요. 인터랙션(interaction) 데이터도 있고, 프로젝트 기반 학습 데이터, 디자인 기반 학습 데이터 같은 것도 있죠. 이러한 수업에서 아이들이 관심을 갖는 것은 표준화된 시험과는 전혀 상관이 없잖아요. 시험에 나오는 것도 아니고요. 실리콘밸리에 있는 학교들은 지금 이런 수업들을 활발하게 진행하고 있어요. 실리콘밸리의 교육자, 과학자, 엔지니어는 '여기서는 데이터가 뭐냐', '여기서는 어떤 데이터 형식을 모아야 하냐', 이런 것들에 관심을 갖죠.

조기성   부러운 이야기네요. 우리도 아이들과 그런 수업을 하는 날이 오기를 바랄 뿐입니다.

문제점을 배우지 않으면 AI 피해자가 된다

정제영   AI 관련해서 기대도 있지만 불안한
부분도 있을 듯합니다. 어떤 것을 가장 큰 문제점으로 보시는지요?

폴 김   저는 일단 사생활 침해 문제를 조심
스럽게 봅니다. 실리콘밸리가 다양한 분야에서 원천 기술을 많이 가지
고 있지만, 인공지능 관련 데이터 수집 부분에서는 중국을 따라갈 수가
없어요. 중국은 사생활 침해에 대한 법적 제한이 느슨하기 때문에 개인
정보 데이터를 엄청나게 많이 수집할 수 있고, 그걸 가지고 만들 수 있는
여러 가지 모델들이 많습니다. 미국에서는 하고 싶어도 데이터 수집이
너무 어렵죠. 한국의 경우, 원천 기술도 없고 데이터 수집도 쉽지 않다면
인공지능의 미래는 가늠하기 어렵지 않을까요?

  인공지능 활용과 관련해 편향된 데이터들이 상당히 많다는 것도 문제
인 것 같아요. 이것을 학생들에게 어떻게 이해시키느냐가 중요하고요.
어떤 인공지능이나 솔루션이 나왔다고 해도 그걸 '전적으로' 믿어서는 안
된다고 생각해요. 제가 파일럿 프로그램을 만들고 아이들과 함께 해보는
것도 하나의 프로그램이 어떻게 만들어지고 어떻게 작동되는지를 이해
시키기 위해서예요. 그들이 성장해서 나중에 사회로 나갔을 때, '아, 이
것은 문제가 있다'라고 인식하면 문제점을 짚어내야 하니까요. 단순히

'인공지능은 좋은 거다'라고만 배우면 문제점을 찾게 할 수 없어요. 그건 위험하다고 봅니다. 그런 의미에서 우리가 인공지능의 피해자가 될 수 있다는 사실을 알리는 것도 필요하다고 생각합니다. 제가 인공지능과 데이터 관련 커리큘럼을 만들고 중요하게 교육하는 이유도 그런 맥락에서죠.

조기성　　　　　　　　　파일럿 프로그램을 만든 이후 본격적인 프로그램으로 개발할 때 비용 문제도 있을 것 같습니다만, 그것뿐만이 아니라 기술적인 문제도 넘어야 할 부분이 많을 듯합니다. 가장 어려운 부분은 무엇인가요?

폴 김　　　　　　　　　비용과 기술, 둘 다 어렵죠. 기술적으로는 자연어를 처리하는 문제가 어려운데요, 아직도 갈 길이 멉니다. 이 문제를 해결하려면 비용이 어마어마하게 들겠죠. 하나둘 달라지는 점들이 보이지만, 한국은 자연어 처리 과정에 대한 인프라가 상당히 뒤처져 있기 때문에 앞으로 AI 개발 경쟁을 어떻게 해나갈지에 대한 지속적인 논의와 정책이 시급하다고 생각합니다.

조기성　　　　　　　　　AI 관련해서 우리가 이야기를 나눌 때 학습 격차를 줄일 수 있는 기술이나 시스템적인 부분, 더 나은 교육으로 나아갈 수 있는 정책적인 면도 고민하지만, 지금 나온 이야기처럼 반대급부를 돌아보는 것 또한 의미가 있다고 봅니다.

최재화   기술과 인간의 협력과 대결은 역사
적으로 꾸준히 반복되어온 주제죠. 그만큼 빛과 그림자가 공존하고 있는
면이 있고요. 그래서 윤리적인 담론들도 함께 형성되어야 하지 않나 싶
습니다. 누구를 위한 기술인지는 항상 고민해야 하는 주제입니다.

폴 김   사람들을 편리하고 이롭게 하는 '어
떤 것' 뒤에는 우리가 생각하지 못했던 것들이 항상 있는 것 같아요. 지
금은 부정적으로 여겨지는 것이 나중엔 긍정적으로 변하기도 하고, 지금
은 긍정적으로 받아들여진 것이 이후엔 위험한 것으로 판별되기도 하죠.
그래서 새로운 것을 배우되, 그 새로움이 무엇인지 성찰적으로 사고하는
것이 필요하고, 이론으로 학습하는 것보다 직접 실험하고 경험하면서 깨
닫는 게 중요한 것 같아요.

정제영   정말 좋은 말씀 많이 들었습니다.
저도 상당 부분 동의가 되고요, 기술을 대하는 태도를 비롯해서 윤리적
인 측면은 항상 염두에 둬야 할 것 같습니다. 미래교육에 대한 다양한 이
야기를 하다 보니 우리 대담의 흐름이 AI 시대에도 변하지 않고, 바뀔 수
없는 교육의 본질로 가고 있는 것 같은데요, 이에 대한 이야기는 다음 시
간에 더 나누도록 하겠습니다.

빅데이터에 의한 통계 분석이 미래를 예측하지만 예측이 틀릴 확률은 반드시 있다. 바로 그 틀릴 수 있는 확률이 있기 때문에 우리는 희망을 가진다. 아이들이 변할 수 있다고 믿는다. 아이러니한 이야기지만, 1퍼센트의 희망이 99퍼센트의 통계적 사실보다 더 중요할 때가 있다. 사실 데이터는 관측된 것을 의미하기 때문에 보이지 않는 부분, 미래성장 가능성, 잠재 능력에 대해서는 더욱더 예측하기 어렵다.

확률이 낮을 수도 있고 심지어 정말 작을 수도 있지만, 그런 부분을 뚫고 들어가 도전을 해야 하는 것 역시 교사의 역할이다. 이건 기계가 할 수 없는 영역이다. 통계가 보여주는 결론을 배반하는 비효율적이고 반합리적인 일이기 때문이다. 마지막까지 사람에 대한 희망을 놓지 않는 게 교육이다.

AI 시대에도 바뀔 수 없는
궁극의 교육

1
지식 공부는 기계,
창의 학습은 교사

인성교육을 로봇이 한다고?

정제영 기초지식 공부는 기계로 대체하고, 프로젝트 학습이나 인성교육은 교사가 창의적으로 교육해야 한다는 것이 현재까지의 중론인데요, 인지적인 학습 외에 관계 형성이라든가 프로젝트 학습 같은 것도 기계로 대체될 가능성이 있을까요?

최재화 사람이 지니고 있는 특성 중에 정서적인 특성도 있고 인지적인 특성도 있잖아요. 제가 하는 연구에선 인지적인 특성 중에서도 논리 구조가 확실한 지식만 다루고 있어요. 예를 들어 수학, 과학, 문법 같은 것들이죠. 옛날에는 선생님들이 수업을 통해 어떤 책 한 권, 문항 하나, 과제 한 가지, 이런 식으로 지식을 전달했잖아요. 이것을 기계에 저장해서 전달하는 용도로만 쓰는 게 아니라 선생님의 지식을 디지털 지식으로 전환해주는 거예요. 그러면 기계가 책 같은 것을 만들어주죠. 시험문제도 만드는데, 단순히 시험문제를 만드는 게 아니라 지식 체계를 구성하고 이를 바탕으로 다양한 문제를 만들어냅니다. 사람처럼 지식의 체계를 갖고 있는 기계는 논리 정연하게 책, 과제, 시험 등을 새로 생성할 수 있죠.

조기성　　　　　　　　　기존의 교과서와는 개념부터 다른 디지털 교과서도 가능하겠네요. 시험문제와 과제를 만들고 이와 관련해 평가하는 일만 기계가 해도 교사들의 노동력은 획기적으로 줄어들 거예요. 그런데 이것이 어떤 방식으로 이뤄질 수 있을까요?

최재화　　　　　　　　　제가 생각하는 맞춤형 교육 시스템의 목표는 '대량 맞춤형 혹은 개별화(Mass Adaptation or Tailoring)'입니다. 선생님들이 시간을 많이 들여 반복적으로 해야 하는 개별화 작업을 안 해도 되게끔 만드는 거죠. 물론 낮은 수준의 지식부터 차근차근 올라오면서요. 과거에는 아주 소수만이 맞춤형 교육을 할 수 있었죠. 그런데 지금은 기계를 통해 대량 맞춤형 교육을 해주고 사람이 추가로 정서적인 부분이나 창의적인 부분의 교육을 보완하는 겁니다. 예를 들어 창의력은 인지적인 면에 해당하지만, 정서적인 부분과 환경적인 부분이 영향을 많이 끼쳐요. 단순히 학습 속도가 빠르다거나 결과물을 빨리 제출한다는 것만 가지고 창의적이라고 보긴 어렵죠. 이러한 부분의 교육은 사람이 잘한다고 봅니다. 기술이 아무리 발달해도 사람이 해야 하는 영역이 따로 있다고 생각해요.

다만, 대량 맞춤형 교육 시스템을 제대로 만들려면 시간이 필요합니다. 아이들에게도 시간이 필요하지만 선생님들에게도 시간이 필요하듯, 예산보다도 더 필요한 게 전문가들의 지식을 디지털 지식으로 전환하는 시간입니다. 구축에 상당한 시간이 필요합니다. 전략적인 투자와 인내심도 필요하고요.

노동력을 많이 투입해야 하는 일에서 해방되면 그만큼 시간이 확보되는데, 그 시간을 어디에 투자할 것인지는 각자 다를 거예요. 저는 정서를 돌보고 풍부하게 하는 쪽에 시간을 쓰라고 권하고 싶어요. 기계가 단순하고 반복적인 일을 대신해주거나 줄여주면 우리는 자신을 돌볼 수 있는 시간을 좀 더 가질 수 있죠. 하지만 기계가 할 수 있는 건 거기까지예요. 그 이상의 문제, 즉 어떻게 살아야 하는지 방법까지 알려주거나 해결해주는 건 아니죠. 인성교육까지 해주는 기계가 나오길 바라는 사람도 있을지 모르겠지만, 인간이 해야 할 일까지 기계에게 떠넘기진 않길 바랍니다. 따뜻한 기계를 만드는 건 언제나 관심 있지만, 기계 기반 인성교육은 가능하지 않다고 봅니다.

조기성　　　　　　　　그런데 기계를 통해 더 많은 것을 시도하는 분들은 있을 것 같아요. 기계가 단순하고 반복적인 문제 해결을 넘어 프로젝트 학습까지 가능하다면, 인성교육도 가능할 것이라고 보는 입장도 있고요. 심지어 교사를 완전히 대체할 수 있다고 전망하는 쪽도 있죠.

정제영   아주 불가능한 일은 아닐 수도 있겠지만, 가능성 여부를 떠나 현재의 기술로 가장 효과적인 것은 기계가 정답이 있는 문제나 지식을 전달하고 이해 수준을 확인하는 정도입니다. 한 명의 교사가 여러 아이들의 부족한 부분을 일일이 가르쳐주는 것보다 효율적이라고 생각하고요.

조기성   우리나라의 경우 한 명의 교사가 해야 할 일이 너무 많은 것 같아요. 지식을 전달하는 것뿐만 아니라 아이들의 정서를 돌보고 인성을 키우는 일까지 요구받잖아요.

정제영   학부모들도 비슷한 고충을 느낄 것 같아요. 과거 대가족 제도에서는 할머니한테서도 배우고 삼촌, 이모, 고모 등 가까운 친척들의 도움도 많이 받았죠. 그런데 부부 중심의 핵가족 구조로 바뀌면서 아이의 교육 문제가 온전히 부모의 책임이 되었잖아요. 부모도 아이들을 잘 모르는 상태에서 육아와 자녀 교육을 해야 하기에 크고 작은 실수가 많은데, 여러 아이를 키우는 것이 아니라 한두 명만 키우기에 더욱 그런 것 같아요. 심리적으로 어마어마하게 부담이 되는 일이죠.

조기성   '어떻게 하면 부모 교육을 잘할까' 하는 문제는 언제나 이슈가 되는 것 같아요. 로봇이 부모 교육을 잘할 수 있다고 부모 역할을 로봇으로 대체하진 않겠지요. 물론 아이디어는 낼 수 있겠지만요. 부모는 지식과 지혜를 알려주는 교육적 역할도 하지만 사람 사이의 상호작용을 통해서만 발전되는 관계나 인격 형성 등에 기여합니다. 설령 기술적으로 가능하더라도, 해서는 안 되는 영역도 있다고 생각해요.

폴 김   인간관계 자체가 복잡하고 미묘한 상황에서 이뤄지는 건데 정답을 정해주고 획일화시키긴 확실히 어렵겠죠.

정제영   요즘 나오는 인텔리전트 튜터링 시스템(지능형 튜터링 시스템), 기계학습의 특징 중 하나가 정답을 가르쳐주는 거예요. 알고리즘에 있는 정답을 찾아가도록 하는 건데, 제가 번역한 책 『인공지능 시대의 미래교육(Artifical Intelligence In Education)』에도 나와 있는 표현을 빌리자면 AI는 지식 전달 교육, 주입식 교육의 끝판왕이거든요. 가장 효율적으로 지식을 주입해주는 방식일지는 몰라도 정형화되지 않은 지식까지 답을 정해놓고 따르게 하는 건 바람직하지 않다고 봅니다.

최재화   이러다가 인간의 감성까지 정답화하려는 시도가 생길지도 모르겠군요. 정서적, 윤리적인 측면을 더 생각해봐야 할 시대인 것 같아요. 교육을 단순히 지식 전달이라고만 생각하면 생각의 폭이 굉장히 좁아질 수밖에 없습니다. 조기성 선생님의 말씀처럼 '사람 사이의 상호작용'이 중요하다고 보고요. 그래서 학습에서는 교사와 기계가 같이 공존하고 조화를 이루되 인성적인 측면은 교사가 주도하는 게 더 바람직하다고 생각합니다. 반복은 기계에게 어울리고요.

빅데이터가 예측하지 못하는 1퍼센트의 희망

조기성 사람의 인성이 형성되는 과정을 살펴보면 굉장히 특별합니다. 데이터를 가지고 만들어낼 수 있는 게 아니거든요. 결국은 사람과 사람의 관계가 중요하다는 걸 깨닫게 되죠. 코로나19 상황에서 다양한 온라인 수업이 생겨난 건 고무적인 일이고, '미래엔 학교라는 공간이 없어져도 되는 거 아닌가?' 하는 생각을 한 사람들도 있을 거예요. 하지만 역설적으로 학생과 학부모가 '왜 학교가 필요한가'를 더 많이 느끼고 학교에 가고 싶다는 생각도 더 많이 하게 되었다고 해요. 특히, 처음 학교에 입학하는 초등학교 1학년, 중학교 1학년, 고등학교 1학년, 대학교 1학년의 경우, 온라인으로 학습은 가능하더라도 친구들과 직접적으로 관계를 맺는 일에선 어려움을 겪으니까요.

폴 김 관계 맺음 속에서 학생들이 변화되는 면도 많지요. 학습장애가 있다고 오해받던 아이들도 좋은 돌봄과 코칭을 받으면 정상적으로 학습하는 모습도 보이거든요.

조기성 맞습니다. 어른들에게도 그런 면이 있지만, 특히 아이들은 자기에게 진정으로 관심을 보이면 그에 부응하려고 해요. 꾸짖음이나 비난보다 칭찬이 아이들을 성장시키는 이유죠.

최재화　　　　　　　　　　그런데 아이들이 학교에서 보이는 모습과 집에서 보이는 모습이 좀 다르지 않나요?

조기성　　　　　　　　　　많이 다르죠. 부모님들이 가장 놀라는 것도 바로 그런 점이에요. 집에서는 말 잘 듣고 착하고 순종적인 아이인데, 학교에서는 폭력적인 경우도 있고요. 학교폭력위원회가 열리면 가해자의 부모님들이 거의 대부분 이런 말씀을 하세요. "우리 애가 얼마나 착한 애인데, 그럴 리가 없다. 욕도 잘 못 하는 아이다." 그런데 학교에선 고집도 세고 욕도 잘 하고 친구들에게 나쁜 짓도 하거든요. 부모님들이 알지 못하는 면이 행동으로 나오는 거죠. 아이들의 세계도 일종의 사회예요. 어떨 때 보면 어른들의 세계보다 더 치열한 사회라고 느낄 때도 있어요.

정제영　　　　　　　　　　그런 점에서 아이들이 또래 집단이든, 가정이든, 학교든 사람과 사람 사이에서 관계를 경험하는 일이 중요하죠.

조기성　　　　　　　　　　결국 다양한 사람들과 함께 여러 일을 경험하는 과정 속에서 인성이 만들어지기 때문에 사회적 관계를 맺지 않으면 무인도에 혼자 있는 것과 같아요. 혼자만 존재하면 인성을 논할 이유도 없겠지요. 인성 문제가 중요해지고 논란이 되는 건 우리가 사회적 존재이자 관계적 존재이기 때문이라고 생각해요. 부모에겐 내 아이가 세상에서 가장 귀하고 훌륭한 아이지만, "아이가 사람들 속에 있을 때 어떤 사람일까? 어떤 모습일까?" 하고 물어보면서 자신이 모르는 아이의 모습이 있을 수 있다는 것을 인정하는 것이 인성교육의 출발점이 아닐까 싶습니다.

최재화   저도 빅데이터가 예측하지 못하는 부분이 있다고 봅니다. 결국 아무리 뛰어난 빅데이터 기반 시스템이라 하더라도 과거 데이터에 기반한 것이므로 역사가 어떻게 움직일지는 아무도 모릅니다. 게다가 기계학습으로 고도의 정밀한 판단이나 정신적인 부분까지 예측하는 건 더 어려운 일이죠.

조기성   이를테면 IBM 왓슨이 암 진단을 해요. 정확도가 상당히 높아요. 그럼에도 중요한 것은 그 데이터를 참고해서 내리는 의사의 진단이죠. 최종 판단은 결국 담당 의사가 할 수 있는 거니까요. 교육에서 학생의 본질적인 문제와 머신러닝이나 AI가 분석해주는 문제가 정확하게 일치하지 않을 수도 있어요. 학교에서는 학습 외에도 교사(교수)와의 관계, 가정 문제, 이성 문제, 친구 관계 등이 섞여서 학생 한 사람의 신체적, 정서적, 지적 성장을 이루어나가므로 아무리 정확한 시스템이 있어도 결과적으로는 당사자를 직접 대면해야 알 수 있는 것이 있어요.

그런 의미에서 아무리 로봇의 시대가 오고 빅데이터가 힘을 발휘한다고 해도 교사의 역할은 절대로 사라지지 않을 거라고 봅니다. 이것이 의미하는 것은 AI 시대를 맞이하여 교사의 역할은 무엇인지 교사의 시간은 어디에 쓰여야 하는지에 대한 방향성이라고 생각해요. 학생 한 명, 한 명에게 좀 더 관심을 기울이며 그들을 이해하고, 그들의 진로와 삶에 대해 더 많이 고민할 수 있을 테니까요. 아마 앞으로 교사들의 역할이 많이 바뀌겠죠. 하지만 교사는 여전히 교육의 중요한 한 축을 담당할 것이라고 확신합니다.

정제영　　　　　　　　　　조금 덧붙이면, 과거 일화 중에 '유전학과 교육학의 논쟁'이라는 게 있는데요. 뇌과학의 발전으로 유전자 데이터를 분석하면 어떤 아이가 공부를 잘할지 못할지, 누가 범죄자가 될지 안 될지를 알 수 있다는 가설에서 시작된 논쟁이에요. 그런데 범죄자의 유전자 가계를 연구하던 교수가 어느 날은 자신의 유전자를 분석했는데 범죄자의 유전자와 같더라는 거예요. 하지만 그 교수는 범죄를 저지르지 않았거든요.

빅데이터에 의한 통계 분석이 미래를 예측하지만 예측이 틀릴 확률은 반드시 있죠. 바로 그 틀릴 수 있는 확률이 있기 때문에 우리는 희망을 가져요. 아이들이 변할 수 있다고 믿거든요. 아이러니한 이야기지만, 1퍼센트의 희망이 99퍼센트의 통계적 사실보다 더 중요할 때가 있죠. 반대로 빅데이터 분석으로 아이가 99퍼센트 실패할 확률이 있다고 나오면, 바로 그런 결과 때문에 희망을 잃어버릴 위험도 있는 것 같아요. 그런 게 제가 볼 때는 많이 우려스러운 측면이고요. 사실 데이터는 관측된 것을 의미하기 때문에 보이지 않는 부분, 미래성장 가능성, 잠재 능력에 대해서는 더욱더 예측하기 어렵죠.

확률이 낮을 수도 있고 심지어 정말 작을 수도 있지만, 그런 부분을 뚫고 들어가 도전을 해야 하는 것 역시 교사의 역할이라고 생각해요. 그건 기계가 할 수 없는 영역이죠. 통계가 보여주는 결론을 배반하는 비효율적이고 반합리적인 일이니까요. 마지막까지 사람에 대한 희망을 놓지 않는 게 교육이 아닐까 합니다.

조기성　　　　　　　　　　이런 이야기들을 학부모들께 해드리면 좋겠어요.

정제영　　　　　　　　　『토정비결』을 쓴 이지함 이야기도 해드리고 싶군요. 야사인데요, 『토정비결』을 처음 만들었을 때 100퍼센트 맞았다고 해요. 그러자 『토정비결』에 근거해 자신의 한 해 운수를 들은 동네 사람들이 아무도 열심히 살지 않더라는 겁니다. 성공할 운수의 사람은 어차피 성공할 테니 아무것도 안 하고, 인생 망했다고 쓰여 있는 사람은 뭘 해도 안 될 테니 역시 아무것도 안 했다는 거죠. 그래서 이지함은 책을 고쳐 썼다고 해요. 일부러 여지를 남겨두었다고 해요. 90퍼센트가 그렇게 나와도 10퍼센트의 가능성을 심어둔 거죠. 그래서 『토정비결』 속 기술이 다 애매하게 표현되었다고 해요. 나쁜 일이 있을 수도 있다고 하지 100퍼센트 안 좋다고 말하지 않습니다.

　어떤 의미에선, 미래를 다 알면 사는 게 많이 재미없을 것 같아요. 호기심도 안 생기고 도전도 안 하고 미래에 대한 기대감도 없고요. 빅데이터나 유전자로 인간의 미래를 다 안다면 교육의 존재 이유가 없을 수도 있고요. 우리 삶을 표현할 때 '한 치 앞을 모른다'는 말을 하는데, 그런 의미에선 오히려 미래를 모른다는 게 흥미롭네요.

2

AI 시대, 교실에서
배워야 할 것들

미래의 기본 소양은 성실성과 협력

정제영   AI 추천 시스템이 처음 나왔을 땐
신기했지만 지금은 별 생각 없이 추천 목록을 참고해 상품이나 서비스를
구입하잖아요. 불과 10년 전에는 생각도 못했던 일이죠. 앞으로 AI 기술
은 교육뿐만 아니라 더욱 광범위하게 쓰일 텐데요, 현재 초등학생이라면
어떤 것을 배워야 할지 궁금할 것 같아요. 기술이 더 발전한 사회를 살아
가기 위해서 지금 당장 교실에서 어떤 걸 배워야 할까, 또 교실 밖에서는
아이들에게 어떤 도움을 줘야 할까, 미래 인공지능 시대에 대비해 어떤
소양이 필요할지 이야기 나누면 좋겠습니다.

최재화   교실에서 '가능한 모든 것'은 개별화

가 기본'이라는 합의가 필요하다고 생각해요. 그리고 그 다름에 어떻게 대처할 것인지에 대한 합의도 필요하고요. 인지 능력이 하위 10퍼센트에 포함되는 학생들에게 무엇이 필요한지도 정책적으로도 준비되어야 하고요. 이 학생들이 교육의 사각지대에 놓이지 않도록 하는 것이 중요해요. 국가에 따라서는 기존에 IQ가 하위 10~15퍼센트면 군대를 못 가거나 특정한 직종의 직업을 구할 수 없게 되어 있습니다. 인권 문제도 있기 때문에 고민이 많이 되는 부분이라고 생각해요. 저는 그와 관련된 일을 가까이서 다루다 보니, '지능이라는 게 도대체 무엇인가, 사람의 지능을 숫자로 바꾸는 게 합당한가', 이런 생각이 많이 합니다.

정제영　　　　　　　　지능검사를 집단적으로 실시한 게 제1, 2차 세계대전 때 군대에서예요. 전쟁터에서 "총을 쏴", "쏘지 마" 같은 명령을 할 때 바로 알아들어야 하니까 최소한의 언어 능력이나 수리 능력에 대한 검증을 필요로 했죠. 전쟁에 나가 싸우려면 그래도 말은 알아들어야 하니까요.

최재화　　　　　　　　맞습니다. 당시에 사람들이 "표준화시험(standardized test)이라는 게 말이 안 된다. 어떻게 사람의 능력을 수치화하냐."고 했는데, 전시가 되면 불가능하던 일도 가능해지죠.

조기성　　　　　　　　지능은 고정된 것이 아니라 변하는 거잖아요. 다중지능을 이야기하기도 하고요. 지능검사에서 높은 수치가 나오지는 않았는데 아주 영리하고 공부를 잘하는 아이들도 있거든요.

지능도 영향을 미치겠지만 성실하고 정서적으로 안정된 아이들이 공부는 더 잘하는 것 같아요. 또 간혹 학교생활에 잘 적응하지 못하는데, 학교 밖에서 뛰어난 능력을 보이는 아이들도 있고요. 아이들이 길러야 하는 소양을 말할 때도 이런 부분이 더 반영되면 좋겠고요.

최재화 　　　　　　그렇죠. 그 관점에서는 미래 사회라고 해서 지금과 아주 다르진 않을 것 같아요. 물론 기술이 발전하고 지금은 생각하지 못하던 것들이 가능해지는 사회에서 살게 되겠지만, 그래도 기본적으로 갖춰야 하는 덕목이 있는데, 저는 그중 하나가 성실성(conscientiousness)이라고 생각합니다. 더불어 사는 사회는 눈에 보이든 보이지 않든 서로 간에 신뢰와 약속으로 움직이고, 그것은 성실함이 바탕이 될 때 가능하죠. 최근 중요하게 보는 특성입니다. 신뢰와 약속을 지키는 것에서부터 개인과 사회의 안전이 지켜지니까요. 이 교육이 잘 되지 않으면 기술이 발달할수록 큰일 날 것 같아요. 제도적으로 성실성이 충분히 발휘될 수 있는 풍토를 만들어주는 게 필요한 것 같고요. 합의와 신뢰, 그리고 성실성의 네트워크를 디지털 환경에서 구축하는 방법도 고민하고 있습니다.

폴 김 　　　　　　중요한 또 한 가지는 협력(collaboration)이 아닐까 싶어요. 앞으로의 사회는 협력을 잘 못 하면 경쟁력이 떨어질 거예요. 프로젝트 수업을 해보면 협력을 잘 이끌어내는 팀이 있는데 반드시라고 해도 좋을 만큼 이 팀의 성과가 좋아요. 혼자만 잘한다고 되는 게 아니라는 걸 배우는 것만으로도 의미가 크죠.

정제영   잘하고 못하고의 문제가 아니네요.

최재화   물론이죠. 잘 못해도 돼요. 키워드
는 협업이죠. 이길 수도 있고, 질 수도 있고, 성공할 수도 있고, 실패할
수도 있지만 혼자서는 안 된다는 걸 알았으면 합니다. 혼자만의 성과를
강조하면 경쟁이 너무 심해져요. 개인의 무한경쟁을 시도하는 사회에 과
연 미래가 있을까요? 이미 기업 직원 채용에서도 협력 요소는 중요하게
적용이 되고 있어요. 협업을 잘 못하는 사람들을 회사에서 안 좋아하거
든요.

정제영   지금 저희가 아이들이 미래 사회에
서 잘 살아가려면 무엇이 필요할지 이야기를 하고 있는데, 성실함과 협
력을 가장 중요한 핵심 요소로 손꼽는 데는 다들 동의하시는 것 같습니
다. 그렇다면 반대로 어떤 점이 걸림돌이 될까요?

최재화   통계 모형으로 이야기하면, 기계학
습에서 '과적합(overfitting, 데이터 학습이 과해서 실제 적용 시 오차가 증가함)'
이 되어 있는 상황을 걸림돌로 들 수 있습니다. 어떤 사람들은 자신의 성
공 방정식이 고착화되어 있어서 생각을 잘 안 바꿔요. '이렇게 하면 성공
한다'고 생각하는 편향이 강하게 형성되어 있어서 새로운 상황에 적응하
는 유연성이 떨어지게 되는 거죠. 회사에서 입사 지원 인터뷰를 통해 제
일 먼저 걸러지는 사람들이 이 경우에 해당돼요. 이런 사람들은 실패를
거의 경험해보지 못했기 때문에 세상에 자기보다 똑똑한 사람이 있다는

걸 못 받아들일 수도 있고요. 앞으로 새로 배워야 할 것들이 많은데, 자신의 부족함을 정신적으로도 못 견디죠. 그래서 새로운 환경에서 학습 능력이 오히려 저하됩니다.

폴 김   정신적 성장은 자기 틀을 부수고 다시 짓고, 환경이 바뀌면 부수고 다시 짓고 하는 일을 수없이 반복하는 과정에서 일어나는데, 조기 과적합이 심할 경우 고집이 생기고, 이게 굳어지면 편견이 강해져요. 다른 사람들의 의견은 들으려고도 하지 않지요.

최재화   고집을 부리다가도 깨우치고 바뀌면 되는데, 과적합된 사람들은 더 큰일을 저질러요. 자기가 옳다고 고집하면서 조직 전체에 해를 줄 수도 있는 거죠. 소위 IQ가 높은 상위 15퍼센트에 해당하는 사람들 중에 이런 경우가 많아요. 이런 사람들은 협력하기보다 경쟁을 하고 화려한 스펙들도 독자적으로 이룬 거죠. 지능지수 중위급에서 협력을 잘할 줄 아는 사람들이 협력을 못하는 상위 15퍼센트보다 훨씬 선호되는 이유가 이것입니다. AI 면접도 알고 보면 성실하고 협력할 줄 알고 조기 과적합이 안 되어 있는 지원자들을 알고리즘으로 찾아내는 거죠. 이런 사람들을 찾기 위한 알고리즘을 만드는 컨설팅을 가끔 합니다.

조기성   조기 과적합된 사람들은 협력을 제대로 배우지 못한 게 아닐까요? 예전엔 그게 더 성공할 수 있는 요인이었으니까요. 혼자 열심히 공부하고 연구해서 교수도 되고 사업가도 되고 의사도 되고요.

최재화　　　　　　　　　우리 사회가 워낙 급변해왔기 때문
에 경쟁에 과도하게 내몰린 경향도 있다고 생각해요. 기성세대는 그 방
정식을 공유하는데, 미래에는 어떤 방정식이 통용될지가 오늘의 주제이
니까요. 우리 주위에 이런 사람들이 많아진 건 우리 사회의 모습이 투영
된 결과이기도 하죠. 그런데 세상은 변화하고, 중요한 건, 변화하는 환경
에 적응해야 한다는 거예요. 조기 과적합을 선호하는 시대는 이미 지나
갔는데, 아직도 그러한 가치관에 매여 있으면 시대착오적인 사람이 되는
거죠. 변화의 속도가 점점 더 빨라지기 때문에 머리도 마음도 말랑말랑
해야 해요.

경쟁이 아닌 상생

조기성　　　　　　　　　지식은 검색을 통해 충분히 찾아낼
수 있어요. 검색한 내용을 어떻게 정리하고 그것들의 핵심을 파악해서
내가 필요한 지식으로 만들어내느냐, 이게 중요하죠. 단편적인 지식이
아니라 고차원적 사고, 즉 문제를 찾고 어떻게 해결하는가가 중요한 거
예요. 현실에 기반한 사회적 문제, 지금 있는 이슈들을 내가 해결한다고
생각해보는 거죠. 사회 문제를 나만의 시선으로 바라보고 그것을 다른
이들과 공유하고 논의하면서 해결책을 제시하는 프로젝트를 하면 나중
에 자신만의 포트폴리오가 될 수 있다고 봅니다. 프로젝트를 통해 정말

많은 것들을 배우기도 하고요.

　그런 과정을 통해 경험하는 것 중 하나가 어렵고 힘든 것도 버티고 견디는 일인 것 같아요. 결과가 빨리 안 나온다고 좌절하기보다 '이 길이 아닌가? 그렇다면 다른 길은 뭐가 있을까?' 생각을 거듭하며 포기하지 않고 새로운 길을 찾아내는 능력을 기르는 거죠.

정제영　　　　　　　　　　조기성 선생님의 말씀을 듣다 보니 『그릿(Grit)』이 떠오르네요. 우리나라에서도 베스트셀러가 됐는데, 펜실베이니아대학교 심리학과 교수인 앤절라 더크워스가 쓴 책이죠. 이 책이 미국에서도 엄청난 반향을 일으켰는데, 미국은 학업 중단이 많아요. 중·고등학교를 다니다 그만두는 경우가 많은데, 사실 공부를 잘하고 못하고에 앞서 학교 다니는 것 자체가 힘든 일이죠. 『그릿』은 과정을 잘 이수하고 끝까지 해내는 것의 중요성을 역설하며 끈기라는 정신력을 화두로 내놓았죠.

최재화　　　　　　　　　　누구에게나 적용되는 중요한 특성이죠. 실제로 한 분야에서 성공한 사람들은 대단한 노력가들이잖아요. 천재가 왜 천재인가 하면 불굴의 의지를 가졌기 때문이라고 하는데, 그것을 그릿이라고 말할 수 있을 것 같아요.

정제영　　　　　　　　　　성실함, 협동성, 유연함, 그리고 끈기를 가진 사람들이 만들어내는 세상은 무한경쟁을 통한 승자독식이 아니라 함께 살아가자는 상생의 사회와 문화일 거예요. 시대정신이 공공선의 특성을 담보한다면, 기계가 지배하는 디스토피아의 위험성에 과몰입하지 않아도 되지 싶습니다.

그런데 우리 사회는 끈기를 강조하는 경향이 좀 많았죠? 상급학교 진학을 위한 성적이 개인의 인내와 끈기로 이룬 성과에 달려 있는 한 협업이 이뤄지기 힘들지 않을까 하는 우려와 함께 우리가 미래 세대들이 반드시 갖춰야 할 덕목들을 어떻게 현실적으로 익히게 할지 고민이 됩니다. 빠르고 정확하게 답을 찾는 데 역량을 집중하는 현재의 교육이 각성하고 달라져야 할 부분인 것 같아요.

3

왜 코딩 교육을
해야 하는가

코딩은 기계와 소통하는 제2외국어

정제영   이번엔 학부모님들이 궁금해할 이
야기를 좀 나눠볼까요? 코딩 책도 많고 교구도 수입되어 들어오는데, 이
모든 걸 다 배워야 할까요? 또 우리나라 교육에서 컴퓨터 관련 교육이
많이 뒤떨어져 있다고 하잖아요. 코딩하고 게임 만드는 일은 소수의 영
재교육을 받는 아이들만 한다고 생각하고요. 여기에 대해 의견을 나눠보
면 좋겠습니다.

최재화   코딩 교육도 데이터에 과적합이 되
면 안 된다고 생각해요. 학습을 기계학습과 사람을 통한 대면학습으로
나눈다면, 기계는 주어진 데이터를 가지고 하는 경험적인 학습을 하지

만, 사람을 통한 대면학습에서는 추론을 사용한 이성적인 학습도 할 수 있죠. 경험의 한계를 인지하고 그것이 없어도 머릿속에서 논리적으로 상상하는 게 이성의 힘이니까요. 코딩 교육이 어떤 효과가 있었는지를 과거 경험만 사용하지 말고 왜 필요할지도 창의적으로 추론하고 상상해야 합니다. 저희부터 창의적이고 협동적이어야 합니다.

폴 김　　　　　　　　　　맞습니다. 우리가 누군가와 협업할 때 소통이 잘 되면 좋잖아요. 그런 것처럼 기계와 소통하는 제2외국어 같은 느낌으로 코딩을 배우면 어떨까 싶습니다. 하지만 어렸을 때부터 직업적 전망이 좋으니 무조건 엔지니어 해라, 게임 개발자 돼라, 공대 가라, 이러진 않았으면 좋겠어요. 기술을 가졌어도 인문학적 상상력이 없으면 단순한 수행을 반복하는 기계와 크게 다를 바가 없으니까요.

최재화　　　　　　　　　　코딩도 중요하지만 모두 코딩 전문가가 될 필요는 없죠. 하지만 경험은 중요하다고 생각해요. 게임 매크로를 만든다고 할 때, 누군가는 파밍(farming, 캐릭터 능력을 올리기 위해 아이템을 모음)은 기계한테 시키자는 아이디어를 내고, 기계나 프로그램을 잘 다루는 친구들과 협력해서 쉽게 레벨업하는 경험을 하죠. 제가 게임을 참 좋아하는데요, 초등학생 때 SPC1000이라는 컴퓨터가 처음 나왔어요. 그게 좋았던 게 뭐냐면, 그림도 그려주고 소리도 내주는 거예요. 내가 삼각형을 그리라면 삼각형을 그리고 동그라미를 그리라면 동그라미를 그리고요. 그때의 경험으로 컴퓨터나 프로그램을 다루는 데 자신감을 갖게 됐어요. 이후로는 코딩을 안 했지만 '하면 되지'라는 생각이 쭉 있었던 것 같아요. 대학원에 진학해서도 코딩을 잘 못했지만, 잘하는 친구와 협력해서 하면 된다는 생각을 하고 있었거든요. 코딩이 필요한 일이 있으면 잘하는 사람을 찾아서 하면 된다는 생각은 제 인생에서 정말로 큰 도움이 됐습니다.

그리고 요즘은 일상 언어를 통해서 코딩이 상당히 구현됩니다. 인간과 기계의 대화에서 소통을 도와주는 프로그램 또는 기계가 있는 거죠. GPT-3가 바로 그런 기계입니다. 기계에게 논리적으로 말을 하면 그 말을 인식한 기계가 그대로 코딩을 해주니까, 오히려 키워야 하는 능력은 논리적 사고력과 표현력이죠. 그리고 '무엇을 해야 하지?' 하고 문제를 찾고 파악하는 능력, 질문하고 실행하는 능력이 중요해요. 내가 뭘 하면 내 주위에 있는 사람들의 문제를 해결할 수 있을까, 이 해결 방법을 누가 왜 좋아할까, 이것이 어떤 가치를 창출할까, 그리고 이것을 논리적으로 어떻게 표현할 것인지에 대해 생각할 줄 알아야 해요. 철학과 수학과 코딩으로 리버스 엔지니어링(Reverse Engineering, 분석, 설계, 구현의 과정을 거꾸로 하는 역공학으로, 예를 들면 악성코드 분석할 때 사용)할 수 있어야 해요. 그걸 잘하기 위해서 코딩도 하는 거고요. 단순히 코딩을 하기 위한 코딩이 아니에요. 코딩은 물론 코딩과 관련된 모든 학습은 다시 사람으로 돌아옵니다. 사람을 잘 아는 능력이 기본으로 필요한 거죠.

조기성　　　　　　　　　　맞습니다. 그래도 코딩을 하려면 최소한의 소프트웨어 기본교육은 필요하지요. 2015 개정 교육과정에 따르면, 초등학교에서 소프트웨어 교육은 총 17시간입니다. 초등학교에서는 한 명의 선생님이 여러 교과를 가르치기 때문에 소프트웨어 교육과 다양한 교과를 연계해서 융합수업이 가능하지만 모든 선생님들이 이렇게 하고 있지는 않습니다. 중학교 역시 34시간의 소프트웨어 교육 시간이 확보되어 있지만, 초등학교와 다르게 정보 교과로만 다루기 때문에 융합수업이 이루어지기 힘듭니다. 중학교에서는 교과 중심 수업을 하기 때문에 타 교과 선생님들과 함께 생각을 모아 융합수업을 하기에는 어려운 점이 많습니다. 다가오는 2022 개정 교육과정에서는 초·중등학교에서 소프트웨어 수업 시수를 늘려야 한다는 주장이 많이 나오고 있습니다.

앞으로 초등 교육과정에서 소프트웨어 교과를 포함한 전 교과를 주제 중심 융합수업으로 꾸려나가기 위해서는 교원 양성 단계에서부터 융합수업을 다루어야 하고, 기존 교사들에게는 연수도 필요합니다. 중학교에서는 융합수업을 할 수 있는 주제 중심 교과 주간을 따로 두는 방법도 생각해볼 수 있습니다. 또 이를 지원할 정보 교사의 충원도 필요하고요.

코딩 교육과 관련해 영어 교육에 대한 이야기도 계속 나오고 있는데요, 아이들이 인터넷에서 자료 검색을 하다가 NASA 등 해외 지식/정보 플랫폼에 접근하기도 하고, 또 게임이나 SNS를 하면서 영어를 접하는 일이 많아서인 것 같습니다. 현재 우리 교육과정에서는 초등 3학년 때부터 영어를 공부하고 있는데, 실제로는 사교육 등으로 과도하게 이루어지는 지역도 있습니다. 개인적으로 볼 때 현재의 과열된 영어 교육은 기술이 발달하면서 차츰 가라앉지 않을까 생각됩니다.

결론적으로 미래 지향적인 교육의 변화를 위해 무엇보다 중요한 것은, 선생님들과 학교 현장이 성적 중심의 교육이 아닌 문제해결 중심의 교육을 할 수 있도록 사회적 합의를 이루어내야 한다는 것입니다.

논리적으로 생각하는 힘을 길러야 한다

정제영   지금 세계적으로 널리 사용하고 있는 스크래치, 한국에서 네이버가 개발한 엔트리 같은 것들은 초등학교에서도 하고 있는 블록 코딩 방식이에요. 컴퓨터 언어를 배우지 않은 아이들에게 AI에 대한 기본 원리, 컴퓨팅 사고력(Computational Thinking, 컴퓨터 과학자가 생각하는 것처럼 생각하기)을 가르치는 부류가 있고, 학년이 올라가면 파이선 등을 통해서 언어코딩을 가르치는 부류가 있죠. 학교 교육과정에서 언어코딩을 어느 수준으로 가르칠 것이냐가 현재 우리나라에서 이슈인 것 같아요.

그런데 저는 교육학자로서 좀 우려되는 상황이 있어요. 언어코딩이 학교에 교육과정으로 들어왔을 때 중간고사나 기말고사에서 암기해서 시험 보는 상황이에요. 최악이라 할 수 있죠.

조기성   그렇게 되면 또 엄청난 사교육 열풍이 불 거예요. 논리적 사고력과 생각하는 힘을 키우는 것이 핵심인데, 코딩을 해야만 살아남을 수 있다는 식으로 왜곡될 수 있죠.

최재화   생각의 힘에 대해 한 말씀 드리고 싶어요. 2000년 전에 책이 처음 발명됐을 때, 철학자들이 책을 싫어했다고 해요. 사람들이 긁적긁적 적기만 하고 머릿속에 넣지 않는다는 거예요. 다 외워야 하는데, 자꾸 메모만 하니 기억력이 떨어진다고요. 그래서 책을 싫어했던 거죠. 머릿속에 넣고 다녀야지 왜 손에 들고 다니냐, 이러면서 싫어했어요. 컴퓨터가 처음 나왔을때도 비슷한 이야기가 나왔고, 모바일 디바이스가 나올 때도, 이제 디지털 지식이 나오면 또 그 이야기를 하겠죠.

폴 김   그러고 보면 세계 4대 성인이라고 하는 예수, 공자, 소크라테스, 석가도 자신의 생각을 글로 직접 써서 남긴 사람은 없었어요. 모두 말로 했죠. 그것을 제자들이 받아서 적은 게 후대에 남은 것이고요.

최재화   시대에 따라 지식을 저장하고 표현하고 전달하는 방식이 달라져왔던 거죠. 지금은 디지털 지능과 흡사한 디지털 지식이 나오고 있습니다. GPT-3가 나왔다는 건 검색해서 찾을 필요도 없다는 거예요. 질문에 대한 대답을 GPT-3가 생성해주니깐요. 옛날에는 도서관에 가서 찾거나 최근에는 구글링을 해서 답을 찾아 재구성했죠. 그런데 이젠 그런 수고가 필요 없어요. 학습된 기계가 직접 만들어주니까요. 말하고 싶은 문장도 만들어주고 동영상도 만들어주고 시험 문제도 만들어주고 비디오도 만들어주고 다 만들어주는 거예요.

'생성'을 하는 디지털 지식과 사람이 만든 것을 분류, 검색해주는 기능은 근본적인 차이가 있습니다. 그리고 이런 과정에서 비즈니스 모델이 나옵니다. 기업이 거기에 관심을 가지니까요.

조기성   예전에 책을 싫어했던 것처럼 이런 걸 싫어하는 분들도 있겠는데요? 생각하는 힘이 점점 떨어진다고요.

정제영 기성세대와 현재 젊은 세대는 학습을 하는 방식과 내용이 다르다고 생각합니다. 디지털 지식을 사용한다고 해서 생각하는 힘이 떨어지는 것은 아닐 듯합니다. 지금 우리가 전화번호를 몇 개나 외우고 있을까요? 저도 어렸을 적에는 중요한 전화번호는 다 외우고 있었는데 이젠 몇 개 안 돼요. 휴대폰에 다 저장되어 있고, 전화가 오면 자동으로 번호와 이름이 뜨니까 굳이 더 외우려고 하질 않죠. 그런데 이런 상황을 바꿔서 생각해보면, 본인의 기억에 의존하지 않게 되는 상황을 역으로 활용할 수 있지 않을까요? 경쟁력이라는 게 남들한테 없는 걸 갖는 거잖아요. 스마트폰과 인터넷을 활용하면 자신의 제한된 기억력에 의존하지 않아도 되는 상황이니까, 오히려 그 시간에 생각을 더 하고 창의적으로 문제를 해결할 수 있는 역량을 키우는 방향으로 나아가도록 해야겠죠.

최재화 그렇죠. 다만, 기계를 활용하는 것과 내 머리를 기계에 위탁하는 건 전혀 다른 이야기예요. 말씀하신 것처럼, 복고적인 능력이 있는 게 경쟁력은 더 뛰어날 수 있다고 생각해요. 그리고 디지털 지식을 활용하면 기계가 다양한 변형을 하는데, 상당히 창의적인 영감을 얻을 때도 있습니다.

5년 후, 학교는
어떤 모습으로 바뀔 것인가

교육과정을 최소화하는 것이 우선이다

정제영　　　　　　　　　　이제 학교 수업에서는 구체적으로
어떤 것들이 바뀌어야 할지 이야기를 나눠보도록 하죠. 학습 방법과 관
련해서 교육부, 교육청, 학교가 합심해서 바꾸려고 노력을 하고 있는데,
코로나19로 일부 바뀌긴 했지만 저는 그게 근본적으로 바뀌었다고 보진
않거든요. 온라인이 학습에 들어왔을 뿐, 교사가 일방적으로 강의식 수
업을 하는 것은 크게 바뀌지 않았다고 생각하는데요. 그래서 좀 더 바뀌
어야 할 부분과 걸림돌이 무엇인지 논의해보면 좋겠습니다.

조기성　　　　　　　　　　2020년 6월 교육부 주최 기자 간담
회에서 제가 발제를 했었는데요. 미래형 수업을 하기 위해서 현재의 교

육과정을 어떻게 바꿔야 하는지 질문한 분이 있었어요. 우리 교육이 계속 지식 위주로 가는 이유는 교육과정 안에 있는 게 너무 많아서예요. 주지교과인 국어, 수학, 사회, 과학뿐이 아닙니다. 창체교과의 수업 시간 또한 만만치 않아서 이를 다 합치면 일반 수업 시간을 넘을 정도로 양이 많죠. 학교에서 너무 많은 것을 가르치라고 요구하고 있다고 봐요. 학교 아니면 배울 데가 없다면서요. 지식 위주로 수업이 계속될 수밖에 없는 이유 중 하나예요.

폴 김   비슷한 주제를 묶어서 동시에 여러 과목을 배울 수 있는 프로젝트 수업도 가능하지 않을까요?

조기성   초등 교육과정에서는 각 교과가 같은 주제로 텍스트가 주어져 있습니다. 가령 주제가 '인권'이면, 인권이 도덕에도 나오고 국어, 사회에도 나와서 이를 묶어서 수업할 수 있도록 주제 중심으로 많이 개편되어 있죠. 하지만 이런 융합수업이 자리를 잘 잡으려면 수업 시수, 필수 시수를 줄여서 학년별 교과 시수를 최소한으로 만들어야 해요. 현재 교육과정으로는 불가능한 상황이죠.

한 교실 안 학습 수준이 다른 아이들

조기성   결국 미래형 수업을 하기 위해 가장 중요한 것은 주제 중심 융합수업이 충실하게 이루어질 수 있도록 교과 시수를 줄이는 겁니다. 또한 맞춤형 학습과 관련해 앞에서 나왔던 이야기처럼 각 학년에서 그 나이에 배워야 할 모든 것을 가르치는데, 중요한 건 나이가 아니라 수준이거든요. 초등학교, 중학교, 고등학교에서 수학은 이 정도 선까지, 국어는 이 정도 선까지 기본적으로 이수해야 할 것들을 정해놓고, 학습 수준이 낮은 학생들은 거기까지 도달할 수 있도록 속도를 조절해주고 학습 수준이 높은 학생들은 기본교육 외에 원하는 공부를 더 할 수 있게끔 만들어줘야 합니다. 이게 학교에서 교육과정이 바뀌어야 하는 방향이지 않을까 싶어요.

다만, 선생님들이 맞춤형 학습을 하기 위해서는 데이터가 있어야 하죠. 학생 데이터에 대한 분석이 되어야 속도 조절을 할 수 있는데, 지금처럼 선생님 혼자서 몇십 명을 가르치는 현실에서는 힘든 일이에요. 그래도 모든 교실에 AP(무선공유기)가 들어오고 학생들이 온라인 디바이스와 플랫폼을 사용하다 보니, 학습 데이터가 쌓이고 있어요. 맞춤형 학습을 할 수 있는 준비가 되는 거죠.

현재는 온라인 수업 초기 단계여서 선생님들도 아이들이 이해를 하든 못하든 진도를 나갈 수밖에 없을 거예요. 한 교실 안에서도 학생들 간에 수준 차이가 다양해서 일일이 다 맞출 수가 없는 데다 온라인 수업을 대면 수업처럼 익숙하게 잘하기는 어려운 상황이기도 하고요. 하지만 온라인 수업 방식과 수준은 점점 더 발전하고 있습니다.

정제영　　　　　　　　　이제는 LMS를 통해서 한 명, 한 명 개별 이수 정도를 파악할 수 있을 텐데, 그럼 선생님들의 일이 더 많아지지 않을까요?

조기성   그래서 수업 방식도 변화될 수밖에
없는 거예요. 기본적인 지식을 선생님이 녹화해서 알려주기도 하고 하나
하나 분석해서 개인별 지도를 하는 식으로 바뀔 것 같습니다. 결과적으
로는 5년 후, 10년 후에 필요한 인재를 육성하기 위해서는 개별화된 학
습, 학생이 원하는 학습이 필요하고, 그것을 위해 교육과정이 미니멀해
져야죠. 모든 것을 학교에서 다 가르친다는 욕심을 버리고 필수적인 것
만 가르쳐야 해요. 그 이후에 학생들이 각자 배우고 싶은 것을 배우고,
하고 싶은 걸 하게 해야죠. 학생들 모습이 다 다른 것처럼 능력도 다르고
인성도 다르고 창의력도 다른 인재로 성장하도록 하는 게, 이제는 선택
이 아니라 필수인 것 같아요.

교육부에서 교육과정을 문제해결 중심으로 바꾸겠다고 공언했으니
그대로 가겠죠. 이를 위해 사범대학과 교육대학의 교육 목표에도 변화가
필요하고, 교사 교육에서도 융합교육 중심으로의 변화가 필요하다고 봅
니다. 지식 중심 교육이 아니라 학생들에게 필요한 것이 무엇인지 알고
가르칠 수 있도록 변해야 하니까요. 거기에 더해, 데이터를 잘 다루고 분
석할 수 있다면 수업이 정말 많이 바뀔 거예요.

데이터 분석과 피드백에 능숙한 선생님

최재화   현재는 선생님들도 온라인으로 수
업하면서 디지털 교육 도구를 활용하는 데 상당히 익숙해졌지요?

조기성　　　　　　　　　　네. 가장 좋은 건 과제를 받는 일이에요. 누가 냈는지 안 냈는지 한눈에 보이니까요. 확인하는 시간이 줄어든 만큼 학생들에게 피드백을 충분히 줄 수 있는 여유가 생긴 거죠. 프로젝트 학습이 좋다는 것을 알아도 진도 나가느라 바빠서 엄두를 못 내겠다는 선생님들이 많았거든요. 좋다는 건 이미 다 아니까, 그것을 적극적으로 실행할 수 있는 방향으로 가야죠.

최재화　　　　　　　　　그러기 위해서는 학습 과정에서 발생하는 데이터를 체계적으로 축적할 수 있는 플랫폼이 필요합니다. 데이터 댐도 필요하고요. 데이터가 클라우드에 계속 쌓여야 해요. 이러한 학습 데이터는 평생교육으로 연결되도록 해야 하고요.

조기성　　　　　　　　　현재 학교에서는 MS 팀즈나 구글 클래스룸을 주로 사용하고 있지만, 이제 국가에서도 학습 데이터를 저장할 수 있는 데이터 레이크(Data Lake, 처리되기 전의 원시 데이터를 저장하는 곳) 개발에 힘을 쏟고 있을 뿐 아니라, 국가와 민간 기업이 협력하여 구글 클래스룸과 같은 교육 소프트웨어 개발에 힘을 쏟고 있어요. 이후에는 학생 데이터 분석이 자연스럽게 나이스(NEIS)로 들어가면서 생활기록부에도 기록될 수 있을 테고요. 생활기록부는 하나의 문서이고, 어떤 학생의 데이터를 분석하면 이런 인재구나, 이런 게 가능한 사람이구나를 알 수 있게 되는 거죠.

폴 김　　　　　　　　　교육과정의 최소화든, 학생 데이터 축적이든 많은 논의가 필요할 것 같은데, 지금 상황은 어떤가요?

조기성   한창 추진 중인 것으로 알고 있습니다. 큰 변화가 필요한 부분이니만큼 민감한 사항이 될 수도 있어요. 정책 입안자나 교사나 대학 교수, 또는 프로그램 개발자나 기업 등 각자 자신이 서 있는 입장에서 말할 테니, 정말 많은 논의가 필요하죠. 예를 하나 들자면 교과 시수를 줄이자는 것과 관련한 이야기인데요, 민주시민 교육을 별도 교과로 하자는 주장이 있거든요. 그런데 사실 민주시민 교육은 생활을 포함해서 거의 모든 교과와 교육에 다 들어가 있어요. 도덕 교과 안에는 당연히 들어가 있고, 국어나 사회와도 연계해서 같은 주제별로 융합해서 수업을 하고 있죠. 새로운 교과를 늘리기보다 기존 교과에서 잘 녹여야 한다고 생각해요.

그리고 최근에는 교육부에서 추진하는 그린스마트스쿨 사업을 눈여겨보고 있는데, 그린스마트스쿨은 노후화된 학교를 새로 짓거나 리모델링하면서, 미래교육을 위해 스마트스쿨 시설을 갖추고 친환경적으로 학교 공간을 개선하자는 거예요. 우리나라 학교가 많이 노후되었잖아요. 해외 학교 탐방을 간 적이 있는데, 널찍하고 자유로운 공간에서 학생들이 각자 자기 디바이스로 공부하고, 모둠별로 회의를 할 때는 앉거나 엎드리는 등 편한 자세로 이야기를 주고받는 것을 보았어요. 우리와 비교하면 너무 다른 모습이어서 놀라기도 했지만, 한편으로 이런 환경에서 자유롭게 공부할 수 있다면 얼마나 좋을까 하고 생각했어요. 학생들에게 공간만 뚝 떼어주는 개념이 아니라, 생각하고 활동하고 개별화할 수 있는 공간으로 만들어주는 거죠.

5

미래교육에서 지향하는 궁극의 목표

학습 격차 해소는 개별화 교육으로

정제영 앞에서 조금 언급하긴 했지만 학습 격차에 대한 이야기를 좀 더 해볼까 합니다. 학습 격차를 일반적으로 정 상분포 곡선으로 표현하는데, 우리나라의 경우 고등학교에서 9등급 제 도로 만들었어요. 1등급은 상위 4퍼센트, 2등급은 7퍼센트, 3등급은 11 퍼센트까지와 같은 식으로요. 현재 학교 현장에서 학력이 M자 형으로 되고 있다는 문제 제기가 나오고 있어요. 정상분포가 오른쪽으로 치우친 부적편포로 가는 것을 목표로 하고 있는데, 실제로는 M자로 양극화가 심화되고 있다는 거죠.

학습 격차가 온라인 교육으로 더 심해졌다고 생각할 수도 있어요. 성 실성이 부족하고 자기주도 학습 역량이 떨어지고 동기화가 낮은 학생들의 경우 학습 결손이 점점 더 커지고 있거든요. 평가하고 피드백을 주거나 매 시간 선생님이 억지로라도 끌고 가던 학습에 익숙해져 있던 학생들이 선생님이 안 보이니까 학습을 게을리하는 일이 일어나는 거죠.

최재화   그래도 한국은 정말 잘하고 있다고 생각해요. 공정성의 강조가 획일화로 이어지는 단점도 있지만, 교육 수준의 평균을 끌어올리는 데 도움이 됩니다. 다른 나라에 비해 코로나19로 인한 교육 환경 변화에도 빠르게 대응했고요. 우선 사교육에서는 상당한 투자로 온라인 교육 인프라가 잘 되어 있잖아요. 시스템이 잘 갖춰져 있고 가격도 저렴하고요. 공교육, 사교육 모두 교육의 질이 전반적으로 아주 높은 편인데, 왜 그런가 생각해보면 우리나라에서 교육자들의 수준, 선생님들의 평균 수준이 세계 최고입니다. 그 관점에서 선생님들은 대한민국의 전략적 자산입니다.

학생들의 학습 격차를 생각할 때도 가르치는 사람들을 먼저 들여다봐야 한다고 생각해요. 선생님들의 수준이 낮고 업무 환경이 열악하면 교육의 질을 올리기 어려워요. 선생님들에 대한 처우가 좋고 업무 자동화 등을 통해 업무 환경을 개선할수록 뛰어난 인력이 학교로 오기 때문이에요. 기술과 예산으로 선생님들을 지원하는 것을 목표로 해야지 기술이 교사의 역할을 대체하는 건 말이 안 되죠.

학생들의 입장에서도 학습 격차를 줄이기 위한 기술적 지원은 중요합니다. 특히, 학습 수준이 낮은 단계에 있는 학생들에겐 AI의 역할이 도움이 될 것 같아요. 6학년인데 3학년 과정을 모르면 아이도 창피해서 잘 물어보지 못하잖아요. 이럴 때는 기술이 부드럽게 개입을 해줄 수 있겠죠.

아이를 방치하지도 않고 비난하지도 않으면서 자신의 수준에 맞는 학습을 단계별로 해나갈 수 있도록요. 기술을 잘 활용하면 학습 격차 해소에도 큰 도움이 될 수 있어요.

정제영　　　　　　　　　　현실적으로는 정해진 기간 안에 마쳐야 하는 교과 진도와 성취기준이 있는데, 이것을 잘 따라가지 못하는 학생들이 기술의 도움을 받는 건 좋다고 봅니다. 기초학력이 부족한 학생들을 지원해주는 건 정말 필요하고 중요한 일이죠. 정리해보면, 맞춤형 프로그램을 통해서 학습 격차가 난 아이들을 보살필 수 있는 안전망을 만들면 좋겠다는 거네요.

조기성　　　　　　　　　　갑작스럽게 온라인 수업을 하게 되었고, 기존과는 다른 방식의 교육으로 학생도 교사도 더 효과적인 방법을 찾아가는 과정에 있기 때문에 일부 학생들의 학습 수준 저하는 생길 수밖에 없을 것 같아요. 하지만 지금까지 발표된 자료에 따르면, 사람들이 우려하는 만큼의 학습 격차나 학습 수준 저하가 있는 것 같지는 않아요. 오히려 학생들의 학교 부적응, 교우 관계, 음악이나 미술, 체육 활동을 제대로 못하는 데 따른 교육 문제 등이 우려됩니다. 코로나로 학교 안에서는 물론 학교 밖에서조차 놀이나 활동, 관계 맺기가 제약을 많이 받기 때문입니다.

　학습 격차에 대해 조금 더 이야기하자면, 온라인과 오프라인이라는 차이 때문에 학습 격차가 생기는 것만은 아닐 거예요. 아이들은 기본적으로 관심이 없는 건 안 하려고 하잖아요. 지금의 교육과정이 아이들을 성적으로 줄을 세우며 수능시험 과목 중심으로 교육하고 평가하는데, 아이들이 다 그 과목들을 재미있어하진 않거든요.

본질적인 부분을 놓치면서 방법만 바꾼다고 학습 격차가 해소되진 않는다고 생각해요. 온라인이 문제가 아니라 동기부여가 안 되는 게 문제죠. 기본 과목은 일정 수준까지만 학습하고 나머지 시간에 정말 자기가 좋아하는 걸 하면 아이들은 찾아서 하거든요. 그런데 이게 오프라인에선 오히려 불가능해요. 선생님이 학생들의 다양한 관심사를 다 채워줄 수는 없으니까요. 온라인에서는 상당 부분 가능하죠. 같은 교실에서 각자 다른 측면에서 각기 다른 수준으로 공부할 수 있으니 개별 학습이 이뤄질 수 있지요. 아직 학교교육에서 그러한 시도나 경험이 적기 때문에 효과적으로 이루어지지 않고 있지만, 현재 많은 선생님들이 수업 방법을 변화시키고 있죠. 결국은 오프라인 수업과 온라인 수업이 함께 가야 합니다.

그리고 개별화, 맞춤화 얘기하면서 수학, 영어만 이야기하는 것도 문제가 있죠. 각자가 가진 취미와 소질을 개발할 수 있게 만들어줘야 진짜 개별화 교육이 이뤄지니까요. 학습 격차가 아니라, 각각 자신이 좋아하고 잘하는 것을 찾아 개별화할 수 있도록 학습 환경을 만들어주고 각각 다른 인재로 육성한다는 방향성을 가지는 게 중요하다고 봅니다. 앞으로 더 좋은 시스템이 나오고 교육과정 및 수업도 온·오프라인 블렌디드에 최적화되어 다양하게 개발될 테고요, 우리도 아이들도 새로운 환경에 잘 적응할 거라고 생각해요.

미래학교의 실제 사례와 특징들

정제영   우리가 하고 있는 이야기와 관련된
해외 사례를 살펴보는 것도 의미가 있을 듯합니다. 코로나19 이전부터
미래교육의 사례로 Q2L(Quest to Learn)이라는, 디지털을 활용한 게임
기반 학습을 하는 학교가 미국에 있죠. 자기주도 학습이 중심인 스웨덴
의 프트럼스쿨(Futurum Schola)도 있고, 학교 안 어디서나 스마트 기기로
학습이 가능한, 스티브잡스재단에서 지원하는 네덜란드의 스티브잡스스
쿨(Steve Jobs School)도 주목할 만합니다. 모두 온라인과 오프라인이 결합
된, 세계적으로 널리 알려진 학교 사례들입니다.

싱가포르에서도 학교별로 다양한 미래교육 프로그램을 운영하고 있
어요. 고등교육 쪽엔 대표적으로 미네르바스쿨(캠퍼스 없이 7개국 기숙사
를 돌며 온라인 수업을 받고 글로벌 IT 기업에서 인턴십으로 실습)이 있죠. 온·
오프라인이 결합된 형태인데, 오프라인에서는 실제 프로젝트 활동을 하
고 교수님과는 온라인으로 만나 강의를 듣고 코칭을 받는 겁니다. 프랑
스의 에꼴42(Ecole42, 강사, 교과서, 학비 없는 프랑스 IT 교육 기관)도 유명하
죠. 졸업장이 필요 없고 역량 중심으로 이수하는 형태로 발전하고 있어
요. 애리조나주립대학교도 무크(Massive Open Online Courses, MOOC)로
학점을 운영하고 있고요. 특징을 살펴보면 맞춤형 교육을 하고 있고 무
학년제가 상당히 적용되고 있습니다.

조기성   무학년제로 운영하는 미래학교로는
칸랩스쿨(Khan Lab school)도 빼놓을 수 없지요. 국내 교사들에게도 널리

알려진 칸랩스쿨은 자체 플랫폼을 기반으로 일찍부터 브렌디드 러닝을 해왔죠. 최근에 미래학교로 유명한 서울 창덕여중의 교육과정과 디지털 기기의 학습 활용, 그리고 자유롭고 창의적인 학교 문화와 공간이 세간에 회자되었는데요. 아직 그 외 많은 학교들에서는 이러한 교육을 하기에는 어려움이 많지요.

정제영　　　　　　　　　그렇죠. 이렇게 하는 게 어려운 데는 많은 이유가 있을 텐데요. 제가 여기서 이야기하고 싶은 것은 그중 하나인 학년제입니다. 학년제는 학생 개개인의 특성이나 수준이 아닌 평균에 초점을 맞추고 있기 때문에 맞춤형 교육에 방해 요소로 작용될 수 있거든요. 인텔리전트 튜터링 시스템을 통해 교사의 개입 없이 개인에게 맞춤화해서 제공하는 학습이 자리 잡으면, 오히려 동기부여가 잘 안 되어 있는 학생들에게도 자극이 될 수 있을 거라고 생각합니다.

조기성　　　　　　　　　미래학교 사례를 한마디로 요약하자면 퍼스널 러닝 시스템인데, 학생 한 명, 한 명한테 맞춰줄 수 있는 부분이 우리가 테크놀로지를 활용해서 할 수 있는 큰 변화라는 생각이 드네요.

정제영　　　　　　　　　맞습니다. 우리나라에도 다양한 미래학교 사례들이 등장하고 있고 일부 혁신학교, 미래학교에서 실험적인 모습을 보이기도 합니다. 하지만 아직까지는 수업을 비롯한 내용적 측면에서 교사들에게 큰 부담과 책임을 주기 때문에 일반화되기 어렵다고 생각해요. 혁신학교 이야기를 들어보면 선생님들이 밤늦게까지 협의하고 주말에도 일하는데, 이런 시스템은 오직 사람에게 의존하는 것이기 때문에 시스템이라고 보기도 어렵고 일반화되기도 어렵습니다.

학생들에게도 선생님들에게도 시스템은 필요합니다. 반복해서 나오는 이야기이지만 '시간'을 확보하는 게 중요한 문제니까요. 지금은 사람에게 의존해야 하는 일들도 테크놀로지를 활용할 수 있는 길이 열릴 테고요. 교사가 더 잘할 수 있도록 지원해주는 시스템이 학교 현장에 하루빨리 잘 정착되길 바랍니다.

나만의 콘텐츠가 없으면 기계가 이긴다

정제영   사실 학교가 참 바쁜 곳이에요. 그래서 새로운 기술이 나와도 다 배워서 적용하는 건 무리가 있죠. 새로운 기술이되 누구나 쉽게 활용할 수 있고 효율성을 높여주는 것이 필요합니다. 제가 최근에 관심 있게 보는 것이 증강기술, 증강지능인데요, 그중 증강지능을 기계의 도움을 받아 인간의 기본적인 지능 한계를 뛰어넘을 수 있을 정도로 역량을 더 발휘할 수 있게 하는 것으로 정의하고 있더라고요. 컴퓨터 과학에서 오래전에 나왔던 '모라벡의 역설(인간에게 쉬운 것은 컴퓨터에게 어렵고 인간에게 어려운 것은 컴퓨터에게 쉽다)'을 적용해본다면, 사람이 잘할 수 있는 영역이 있고 사람보다 기계가 훨씬 잘할 수 있는 영역이 따로 있는 것 같아요. 기술에 맞서거나 기술을 대립적인 것으로 보지 말고 '인간을 돕는 조력자'로 보면 좋을 것 같아요.

조기성 학교에 디지털 기술을 도입하되 아이들에게 가장 도움이 되는 교육 시스템으로의 전환이 필요하고, 그러기 위해 가장 핵심이 되는 것이 선생님의 변화예요. 내용과 방법과 평가를 다 바꿔야 하는데, 이것들이 종합될 때에 학생들이 원하는 학습을 할 수 있는 학교로 전환됩니다. 이게 학교교육의 방향이라고 생각하고요.

폴 김 학교에서만 교육을 받는 건 아닙니다. 학교에서는 선생님들의 전문적인 지도를 받고, 학교 밖에서도 다양한 교육 자원을 활용해서 자신이 꿈꾸고 있는 진로를 향해서 충분히 공부할 수 있는 교육 시스템을 만들어줘야겠죠. 이것이 우리가 고민해야 하는 방향인 것 같습니다.

정제영 가르치는 입장에서 변화가 필요하다는 건 우리 모두 공감할 텐데요, 구체적으로 어떤 변화가 필요하다고 생각하시는지요?

최재화 한국이든 미국이든 강의를 직업으로 하는 사람들은 현재 위기를 맞고 있어요. 저부터가 교수라는 직업에서 변화의 필요성에 맞닥뜨리고 있습니다. 제가 가르치고 있는 과목을 인터넷에 찾아봤는데, 잘 만들어진 강의 영상(또는 다른 형태의 콘텐츠)이 너무 많아요. 어떻게 보면, 제 수업에서 강의 수명은 끝인 겁니다. 통계나 분석 방법들에 대한 강의를 일개 교수가 유튜브보다 더 잘할 수 있는 방법이 없어요. 대학 교수들 대부분이 강의 콘텐츠 경쟁력은 사라지는 거죠. 내가 뭔가를 알고 있기 때문에 교수고, 박사고, 전문가라고 이야기하는 시대는 끝나가고 있습니다.

이것을 학생들이 더 잘 알고 이미 적응하고 있어요. 수업을 듣는 척하지만, 이미 딴 데서 들어서 똑같은 내용을 훨씬 더 빨리 습득하죠. 그래서 저는 매주 노래를 한 곡씩 준비합니다. (웃음)

폴 김   남의 지식을 내재화할 줄만 아는 사람은 전문가로 살아남기 어려운 시대가 됐죠.

최재화   경제적인 이유도 있어요. 유튜브 같은 플랫폼에 지식 콘텐츠 영상을 개시하면 경제적 인센티브를 받을 수 있는 생태계가 만들어졌으니까요. 강의를 정말 잘하거나 콘텐츠를 잘 정리해서 만든 고품질 동영상이 개시되면 사람들이 모두 그쪽으로 쏠립니다. 살아남기 위해 어떻게 학습해서 어떤 식으로 진화해야 하는지 고민해야 하는 게 피부로 와닿습니다. 저는 지금 학교라는 직장에 더해 종신 보장이라는 안정성을 누리고 있지만, 제가 가르치는 대학원생 중 몇몇은 교수가 되려고 석·박사 하는 건데, 앞으로 대학에 오려는 학생들이 없다면 그들의 앞날이 보장되지 않잖아요.

그래서 저는 대학원생들에게 항상 이런 말을 해줍니다. 기존의 콘텐츠를 새로 조합하고 연결시켜서 디지털 콘텐츠를 만들 듯이, 새로이 경쟁력이 있는 걸 만들어내지 못하면 교수로서의 생명이 끝날 수밖에 없다고요. 끊임없이 새로움을 고집해야 하는 시기가 된 거죠. 같은 맥락에서 처음부터 디지털 콘텐츠를 제작하는 식으로 수업을 준비해야 한다고 강조합니다. 이미 많이 정리되어 있는 지식을 내재화시켜서 학위를 따는 방식은 끝났고, 이러한 방식은 더 이상 힘을 발휘하지 않는 시대가 되었다고 말해줍니다. '끊임없이 학습하고 새로운 콘텐츠를 생산하는 내용 전문가'로 변화해야 하는 거죠.

조기성   그럼 지금 학생들에게 어떤 식으로 가르쳐야 할까요?

최재화   저는 학생들이 자신의 지식과 생각, 감정을 잘 표현할 수 있도록 가르쳐야 한다고 생각해요. 특히, 기계가 이해할 수 있는 외재적 표상으로 만들어내는 거죠. 그게 책일 수도 있고 강의일 수도 있고 동영상일 수도 있어요. 좀 더 나아가면, 다른 사람을 위한 표상이 아니라 기계가 이해하는 표상으로 만드는 힘이죠. 그래야 기계와 협업을 할 수 있어요. 단순히 내가 갖고 있거나 알고 있는 것, 학위로는 승부를 낼 수가 없어요. 내가 알고 있는 지식으로 만든 콘텐츠가 뭐다, 책은 뭐가 있다, 포트폴리오가 뭐다와 같은 식으로 전환이 되려면 수업 시간에 이런 걸 할 수 있는 기회를 줘야 하더라고요. 알고 있는 것을 가지고 시험을 치는 기회가 아니라요. 이 과정을 기계와 협력할 수 있으면 금상첨화고요.

정제영   학생들이 뛰어난 지식의 산물을 직접 만들게 할 수 있는 구조가 되어야 하겠군요.

최재화   그렇죠. 그런 식으로 교육이 바뀌지
않으면, 가장 위험한 곳이 대학 같아요. 학생들에게만 창의교육을 말할
게 아니라 가르치는 사람도 창의적이지 않으면 안 돼요. 선생과 학생을
떠나 자기 콘텐츠를 창조하지 못하면 절대 기계를 이길 수 없어요. 사람
이 잘하는 부분을 분리해서 기계와 협력해야 합니다. 코딩 기술도 '기계
와의 협력을 위한 대화'라는 관점에서 바라보아야 하고요.

자기주도적 역량이 없으면 창의력도 없다

폴 김   결국 창의력이 인간의 큰 핵심 역량
이죠. 엄밀히 말하면, 인공지능 시대, 코로나 시대라서 새로운 역량이 요
구되는 것은 아니죠. 자기주도적 학습 역량이나 학생 개개인의 관심, 특
기, 부족한 역량 등에 대해 맞춤형 교육을 해야 한다는 논의 또한 예전부
터 계속 있었던 것이고요.

정제영   그렇죠. 그래도 코로나 상황이 장기
화되고, 또 한편으로 점점 고도화되고 있는 인공지능의 대두와 맞물려
서, 학생들에게 중요하게 키워주어야 할 역량이 있다면 뭐라고 생각하세
요?

폴 김   저는 자기주도적 역량이라고 생각
해요. 코로나19 팬데믹 상황에서도 자기주도 역량이 있는 학생들은 전

혀 문제가 없어요. 설문조사를 해보니 스스로 판단해서 자신만의 학습 계획도 세우고, 스스로 공부하는 데 전혀 지장이 없는 학생들이 25퍼센트 정도 된다고 해요. 그 학생들은 집에서 온라인으로 공부하는 게 더 좋대요. 학교 가지 않아도 되고, 시간도 더 많아졌고, 하고 싶은 것도 할 수 있고, 공부하고 싶을 때 공부하면서 미술관이든 박물관이든 직접 가서 체험할 수도 있고요. 지금 우리가 나누는 이야기들이 예전엔 관심이 없었나 하면 그렇지는 않은 것 같아요. 줄기차게 이야기를 했어도 학교가 변하지 않았던 거죠. 오히려 자기주도적으로 할 수 없도록 학교가 막고 있었던 건 아닐까 하는 생각이 들 정도로요.

학생들이 갖고 있는 다양한 관심, 호기심, 능력에 집중하지 않고 전혀 상관없는 교육을 하고 있다는 것도 문제입니다. 아이가 좋아하는 것은 다른 분야인데, 학교에서 요구하는 것은 문제를 빨리 풀고 정답을 맞히는 것이니까요. 언젠가 수능시험 문제를 봤는데 정말 놀랍더라고요. 제가 고등학교 때 봤던 시험문제와는 차원이 다르더군요. 학생들이 어떻게 하면 주어진 시간 안에 문제를 빨리 푸느냐가 중요하다고 하는데요. '그런 것들이 과연 미래 사회에서 중요한 능력일까?' 의구심이 생기죠. 아이들이 갖고 있는 다양한 관심 분야, 호기심, 이런 것들에 대한 맞춤형 교육을 하고, 또 다양한 곳에 관심을 갖게 하면 할수록 여러 가지 새로운 시각이 개발되는데 말이죠.

최재화　　　　　　　　　그래서 아직 어린 나이의 자녀를 둔 학부모는 아이가 많은 것을 체험해서 새로운 시각을 가질 수 있도록 하는 게 좋은 교육의 밑바탕이라고 생각해요. 새로운 자극과 체험이 좀 더 깊은 생각으로 이어질 수 있도록 해줘야 해요. 미래에는 기계는 할 수 없는 생각의 힘이 더 중요해집니다.

폴 김   그렇죠. 가령 아이가 새에 관심이 있다면 새를 보러 갈 수도 있고 공항에 가서 비행기를 유심히 관찰해볼 수도 있고요. 미술관에 가서 그림을 같이 볼 수도 있죠. 돈을 많이 쓰지 않아도 밖에 나가면 체험할 수 있는 것들이 많은데, 그런 시간을 주지 않기 때문에 관심을 가질 수 없고, 취미도 안 생기고, 다양한 분야와의 연결력을 갖지 못하는 거죠. 학교에서 배우는 것 말고도 이런저런 시도를 좀 하면서 창의력과 응용력을 키워둔다면 미래에 직업이나 직무가 수시로 바뀔 때 적응력이 상당히 뛰어날 겁니다. 하나만 공부하고 하나만 잘해서는 앞으로 빠르게 변화되는 시대에 적응하기 힘들 거라고 생각해요. 그 어느 때보다 우리 주변에 호기심을 갖고 자기주도적인 역량을 키워야 할 때가 지금이라고 생각합니다.

국내 AI 교육 사례

조기성   폴 김 교수님이 진행하고 계신 AI 교육 사례가 있다고 알고 있어요. 어떤 교육인지 좀 듣고 싶습니다.

폴 김   두 개의 국내 기업과 협력을 진행하고 있어요. 둘 다 어느 정도 규모가 있는 교육 기업인데요, 이들과 협력하는 이유는 회사들이 이미 보유하고 있는 다양한 학습 데이터를 활용할 수 있는 장점이 있어서죠. 또 기업이 참여하면 그동안 절실히 필요했던 교사 양성 프로그램과 기술적 지원에 대한 고질적인 문제들이 많이 해결될 것으로 생각됩니다. 그중 하나는 스마일(SMILE, 스탠퍼드 모바일 질문 기반 학습 환경, UN 미래교육 혁신기술로 선정)인데, AI 관련 교육회사와 협력하고 있어요. 다른 하나는 STEM 교육 프로그램인 헤일로-파이(HALO-FI)로, 지금까지 여러 나라에서 진행되던 연구를 바탕으로 국내 도입을 준비하고 있습니다. 헤일로-파이는 유엔의 SDGs(Sustainable Development Goals, 지속가능개발 목표)의 주제를 가지고 학생들이 직접 미래 인류에게 다가오는 위협적인 문제들을 인공지능 솔루션을 통해 해결하는 체험을 하면서 학습하는 프로그램으로, 동시에 세계시민정신을 함양할 수 있어 좋은 프로그램으로 탄생될 것으로 기대하고 있어요.

그리고 올 초에 산타토익을 만든 회사 뤼이드가 추진한 AIEd 챌린지를 함께했어요. 이미지넷(ImageNet)이라고, 스탠퍼드대학교의 페이페이 교수가 비영리로 만든 데이터베이스인데, 이를 활용해 이미지들을 넣고 그 이미지들을 인공지능을 통해 아이덴티파이하는(신원을 찾는) 프로젝트예요. 이를테면 화면 동영상 등을 분석해서 지금 화면에 나온 게 무엇인지, 꽃인지 자동차인지를 알아내는 거예요. 시각 이미지 관련 딥러닝, 인공지능 분야는 상당히 발전되어 있어서 정확도가 높습니다. 그런데 교육 쪽에서는 비슷한 프로젝트가 없어서 마침 뤼이드와 함께 이런 챌린지를 하게 된 거죠. AIEd 챌린지는 교육 관련 데이터를 모아서, 전 세계 누구든지 이 데이터를 활용해 인공지능을 만들고 실험할 수 있도록 보급하는 시도를 하고 있죠. 이번에 진행된 AIEd 챌린지에서는 상금도 10만 불을

걸었어요.

뤼이드와 함께 '스마일 AI'라고 하는 질문 평가 시스템을 스케일업(scale up)하고 있는데, 질문을 넣으면 이 질문의 수준이 어느 정도인지를 얘기해주는 인공지능 프로그램입니다. 뤼이드와 스마일 AI를 계속 진행하고 있고, 또 대학이나 기관과도 협력을 확대하고 있습니다.

코로나19로 인해 수업이 중단돼서 아프가니스탄의 카불에 있는 학생들은 학교를 못 갔습니다. 아프가니스탄 같은 나라에서는 탈레반이 득세하면서, 특히 여학생들은 공부를 하지 못하게 하기도 했잖아요. 그래서 카불 지역 학생들을 대상으로 스마일 AI 프로젝트를 했어요. 스마일 모바일 앱을 통해서 학습 자료들을 내려받고, 질문하고 토론하는 수업을 6개월 정도 진행했는데요. 학생들의 반응이 상당히 좋았습니다. 하지만 이런 사례들이 보편적이라고 볼 수는 없죠. 전체적으로 봤을 때 지금 개발도상국들은 코로나로 상황이 너무나도 심각해서 가뜩이나 뒤처져 있는 교육이 10년, 20년은 더 뒤처지게 되었다는 우려가 많이 나오고 있습니다. 현재와 같은 상황에서는 모바일 러닝을 기반으로 학습을 하는 게 현실적으로 가장 맞다고 결론을 내리고 여러 나라에서 다양한 시도를 하고 있는 걸로 알고 있고요.

정제영　　　　　　　　　　스마일 AI라면 대학에서도 충분히 시험해보고 데이터를 모아볼 수 있을 것 같습니다. 나중에 관련해서 한 번 더 자세히 이야기를 듣고 싶네요.

일반화의 위험성을 항상 경계해야 한다. '나는 이렇게 키웠으니까 너도 이렇게 키워라'라든가, '어느 유명한 교육자가 이렇게 한 거니 그대로 따라 하는 게 좋다'라든가. '우리 세대는 이렇게 성공했으니 너희도 그런 식으로 해라'라는 말이 얼마나 위험한 것인가.

자기주도성을 가진 아이로 키우고 싶어하면서도 정작 아이에게 자기주도성을 키울 시간을 주지 않는 것은 모순이다. 먼저 아이들에게 충분한 공간을 주자. 물리적 공간이 아니라 정신적 공간을 충분히 주어서, '그래도 괜찮아.'라는 생각을 할 수 있게 하자.

AI 시대,
학교와 부모의 역할

1

충격을 주거나 감동을 주거나

학생이 교사에 맞출까, 교사가 학생에 맞출까

정제영   'AI 시대, 학교와 부모의 역할'이 대담의 마지막 주제인데요, 본격적인 이야기를 하기에 앞서, 저희 모두 교육계에 몸담고 있는 만큼 자신의 삶의 단계에서 언제 처음 교육에 대해 진지하게 관심을 갖게 되었는지 궁금하네요. 또 학생들에게 어떤 교육을 하고 싶고 학생들은 어떤 교육을 받으면 좋겠는지, 교육에 관심을 갖게 되었던 '계기'가 혹시 교육의 '문제'였다면 그 문제를 해결하기 위한 방향도 함께 이야기해보면 좋을 것 같습니다.

저부터 말씀드리면, 저는 초등학교 때는 아무 생각이 없었는데, 중학교, 고등학교를 다니면서 선생님들의 수업 방식이 조금 이해가 안 됐어요. '누구를 위한 수업인가'에 대한 고민이었죠. 아마 많이들 공감하실 것 같아요. 수업 내용이 어떤 아이들에게는 쉽고 어떤 아이들에게는 어렵잖아요. 그런데 정해진 시간 안에 진도를 나가야 하는 교사 입장에선 평균적인 아이들에게 맞춰 그냥 하는 거죠. 정작 그 평균은 실체가 없는데도요. 그래서 우리가 알아서 맞춰야 하는 건지, 선생님이 우리에게 맞춰줘야 하는 건 아닌지, 이런 고민들을 했어요. 대학도 교육학과로 진학해서 이 문제를 좀 풀어보고 싶다고 생각했고요. 결과적으로 학교라는 시스템은 근대 사회의 산물이고 더 많은 사람들을 효율적으로 교육하기 위해 만들어졌다는 걸 알게 됐죠. 학교 제도가 성과를 낸 면도 있지만, 앞으로는 재정적 여건과 기술적 여건을 갖춰 학생들이 원하는 교육을 받을 수 있는 형태로 전환이 필요하다고 생각해요.

폴 김　　　　　　　　　저는 초·중·고 시절 하위 1퍼센트에 포함되는 학생이었기 때문에 학교도 싫고, 공부도 싫고, 체제도 싫고 그랬어요.

정제영　　　　　　　　　많은 학생들에게 희망이 되는 이야기인데요. 하위 1퍼센트였던 학생이 지금은 미국 명문대 부학장으로 재직하고 있으시니까요.

폴 김　　　　　　　　　저를 보면서 희망을 갖는 학생들이 있다면 기쁜 일이죠. 저는 새로운 방식이나 새로운 체제에 대한 고민을 많이 했어요. 초등학교 때부터 다른 나라에서 한번 살아보고 싶다고 생각했지만 부모님이 허락을 안 해주셨죠. 고등학교를 졸업하고 유학 시험을 통과해서 미국에 오게 됐는데 컴퓨터 분야를 워낙 좋아해서 그쪽 공부를 하게 됐어요. 대학을 졸업하고 군대 문제로 한국에 돌아갈 준비를 하고 있는데, 학원에서 영어를 가르쳐볼 수 있겠냐고 제안을 해왔죠.

가르친다는 일에 대해 생각해볼 수 있는 전환점이었어요. 그전엔 누굴 가르친다는 생각을 안 했으니까요. 게다가 영어라니, 처음에는 '내가 무슨 영어를 가르쳐?'라고 생각했죠. 그래도 미국에서 학부는 나왔으니 아르바이트라면 할 수 있겠다고 생각을 고쳐먹고 학원에서 몇 달간 아이들을 가르쳤어요. 그런데 정작 영어보다 제가 살아온 이야기를 해줬을 때 아이들이 공감하고 스스로 동기부여를 하더라고요.

조기성   아이들이 많이 따랐을 것 같아요.

폴 김   고맙게도 그랬어요. 순수하게 저를 따르는 아이들을 보면서 '아, 이런 게 교육이구나!'라고 느낀 면이 있었죠. 지식을 전달하기보다 동기를 유발시켜서 스스로 필요한 것들을 찾아가게 하는 것이 교육이라고 말이에요. 제가 어떤 말을 하는가에 따라서 아이들은 자신의 인생에 관심을 갖고 공부에 목표를 세우기도 하더라고요. 한 아이의 인생을 바꿀 수 있고 영향을 미칠 수 있다는 점에서 교육에 매력을 느꼈죠. 컴퓨터 전공을 어떻게 교육에 활용할 수 있을까 고민하던 중에 미국에 교육공학 과정이 있어서 대학원에 진학했고, 여기까지 왔습니다. 이제 와 생각하면, 그때 학원에서 만난 아이들이 제 인생에 변곡점이 된 것 같네요.

교육이란 어떻게 하면 행복할지 찾아가는 과정

조기성   저는 교육대학에 진학했는데 학교가 너무 재미없었어요. 학교를 그만둘 생각으로 일단 군대에 갔다 왔는데, 어쩌다 보니 다시 복학을 해서 교생 실습까지 나가게 되었죠. 그때 초등학교 1학년 아이들을 만났는데 애들하고 너무 잘 맞는 거예요. '아, 이건 내가 해도 되겠구나!'라는 생각이 들었어요. 교사라는 직업을 그때 선택한 거죠. 그 경험이 없었다면 지금 다른 일을 하고 있을지도 몰라요. 2000년에 첫 발령을 받았는데, 밀레니엄이 시작되니 기존의 교육과는 다르게 해보고 싶다는 생각이 있었어요. 고민 끝에 지식 중심의 단방향 수업보다 학생들과 상호작용을 할 수 있는 수업 위주로 기획을 많이 했죠. 사실 학생들이 학교에 와서 공부하고 뭔가를 배우는 게 단순히 지식을 습득하는 건 아니잖아요.

폴 김 교수님도 말씀하셨듯, 학생들이 원하는 것을 찾아갈 수 있도록 도와주는 교육이 되면 좋겠어요. 행복하게 학교에 다니면서 청소년기를 보내면 어떨까 하는 생각을 자주 합니다. 상위 1퍼센트 아이들뿐만 아니라 하위 1퍼센트의 아이들까지요.

정제영   우리 모두가 바라는 점이죠. 최재화 교수님은 어떻게 교육에 관심을 갖게 되셨나요?

최재화   할아버지 때부터 교육 쪽 일을 계속 해오셨어요. 부모님도 초등학교 교사, 관리자로 오랫동안 근무하셨고요.

학교에서 태어나고 선생님들 손에 길러져서 여기까지 온 것 같네요. 학창 시절에는 학교 공부에 적응을 잘 못했던 것 같아요. 공부를 아주 못하진 않았지만 특별한 관심이 있진 않았습니다. 대학도 대학가요제에 나가고 싶어서 열심히 준비했습니다. 그러다 대학에서 지금의 아내를 만났는데, 유학을 가겠다고 하는 거예요. 일단 어학연수로 따라갔죠. 어학연수 끝나고 나니까 아내가 박사 과정을 밟고 있었고 저도 석사라도 해야 할 것 같았어요. 이어서 박사까지 하면서 계속 옆에 있다가 둘 다 이렇게 교수가 됐어요.

조기성 최재화 교수님의 운명을 바꾼 사람이 아내 분이셨군요. (웃음)

최재화 여러 면에서 그렇죠. 대학 때 전공은 철학이었는데 복수전공으로 재무 수업을 듣다가 수학이 참 아름답다는 것을 느꼈어요. 그때 마침 수학 전공인 아내를 만났는데, 어찌나 예쁘게 보이던지요. 지금은 디지털 지식 연구도 아내와 같이 하고 있습니다.

제가 디지털 기반 지식과 기술을 처음 접한 것은 컴퓨터 게임을 통해서였습니다. 게임은 지금도 좋아합니다. 시뮬레이션 게임 기반 콘텐츠들을 특히 좋아해요. 그래서 몬테카를로 시뮬레이션 기법을 연구나 수업에 자주 활용합니다. 상상으로 만들어내는 디지털 세상과 데이터를 다루는 방법을 컴퓨터 게임으로 익숙하게 접한 것 같아요.

게임회사 투자도 하고 실제로 게임도 만들어봤습니다. 텍스트 기반 MMORPG 엔진으로 장 마감 후 주식 투자를 온라인 게임처럼 하는 건데요, 제가 최초로 기획하고 만들었을 거예요. 20년쯤 전인데 게임회사와 협업해서 정보통신부 펀딩도 1억 원 정도 받았죠. 그 당시는 꽤 큰돈이었습니다. 온라인에서 사람들을 만나 금융 활동을 하는 게 굉장히 재밌었어요. 시간이 조금 더 지나면 디지털 세상에서 P2P 금융도 하고, 교육도 하고, 데이터 분석도 하고, 그 공간에서 모두 디지털 콘텐츠를 만들어서 디지털 머니를 주고받는 시대가 오지 않을까 생각했죠. 1990년 말이었는데, 그땐 당장 그런 날이 올 거라고 생각했어요. 그런데 실제로는 시간이 더 걸리더라고요. 거의 20년이 걸렸네요. 지금부터 20년 후인 2040~2050년은 어떤 세상일지 궁금합니다.

폴 김   20년 전에 생각하셨던 게 모두 이뤄졌네요.

최재화   그래서 더 관심 있게 지켜보고 있습니다. 과거 20년에 비하면 지금은 기술 변화의 속도가 놀랄 만큼 빨라졌고, 그에 따라 사람들의 생각도 빠르게 달라지고 있으니까요. 교육 분야에도 신선한 변화가 일어나면 좋겠어요. 그 거대한 변화에 뭐라도 도움이 되었으면 하는 바람입니다.

시간을 때우는 학교는 위기의 아이를 만든다

정제영   교육자로 일하며 교육에 대해 다시

생각하거나 어떤 방향 전환의 계기가 된 일이 있을까요? 교육의 중요성에 대해 다시 한 번 생각해볼 수도 있을 것 같고요.

제가 먼저 말씀드리면, 2011년에 학교폭력이 심각한 사회 문제로 대두된 적이 있었어요. 대구에서 한 중학생이 학교폭력에 시달리다가 스스로 목숨을 끊었는데, 이후 몇 달 사이에 여러 명의 아이들이 같은 이유로 목숨을 끊었지요. 정말로 충격적인 사건이었어요.

조기성　　　　　　　　　　저도 그 일은 기억하고 있어요. 너무나 가슴 아픈 일이었죠.

정제영　　　　　　　　　　학교폭력에 대해 제도적으로 어떻게 지원할 것인지 9년 정도 연구하고 제도를 바꾸는 일을 했습니다. 이런저런 제도가 생겼다가 없어졌다가 다시 생기는 과정을 지켜보면서 한가지 느낀 게 있어요. 학교폭력이나 학업 중단, 비행, 또는 정서적 문제를 겪는 아이들을 '위기학생(student at risk)'이라고 표현하잖아요. 그런데 위기학생이 왜 생길까요? 이유는 여러 가지가 있겠지만, 제가 생각한 건 그 아이들에게 학교가 더 이상 의미 없는 공간이기 때문인 것 같아요. 결국 학교가 해줄 수 있는 가장 중요한 역할은 학생들이 학교에서 의미 있는 시간을 보내게 해주는 것이죠.

학교가 아이들에게 의미 있는 시간과 공간으로 여겨지는 게 아니라 자기와 상관없는 것들을 강제로 배워야 하는 괴로운 곳이면 안 되잖아요. 모든 아이들에게 그렇진 않겠지만, 적어도 위기의 학생들에겐 고통의 장소이지 않을까 싶어요. 어떤 식으로든 학교가 의미 있는 공간이었다면 다른 학생들에게 함부로 폭력을 휘두르진 않았겠죠.

결국 이 모든 문제 해결은 미래교육에 대한 비전을 설정하고 학교 체제를 바꾸는 것이라는 결론에 도달했는데, 앞으로 이와 관련된 일을 더 많이 하고 싶습니다. 제가 했던 연구 중에 나이스(NEIS)라는 실시간 업데이트 시스템이 있는데, 얼리워닝 시스템을 개발하게 된 계기도 데이터를 활용해서 학생들을 지원하는 방법을 찾은 결과였죠.

커다란 사건들이 사회에 충격을 가하고, 그 충격이 변화를 만들어가는 새로운 원동력이 되기도 하는 것 같아요. 심각한 학교폭력 사건이 학교폭력 대응 시스템이라는 변화를 만들어낸 것처럼요. 그래도 아이들이 스스로 목숨을 끊거나 폭력을 당하는 일들은 생기지 않았으면 좋겠어요. 아이들을 보듬어야 하는 학교에서 아이들이 스스로 목숨을 끊는 건 너무 슬프고 끔찍한 일이에요.

최재화 　　　　　　　　　　　　　우리 모두 깊이 반성하고 성찰해야 할 부분이에요. 또 실천적으로 나서야 하는 일이기도 하고요.

폴 김 　　　　　　　　　　　　　정말 공감합니다. 저는 충격보다는 감동적인 일을 말씀드리려고 해요. 석사과정 중에 있었던 일인데, 한 아이를 지도해달라는 부탁을 받았어요. 부모님은 안 계시고 할머니가 키우는 아이였는데 미국 시민이지만 한국 아이였죠. 초등학교 4학년인데 영어를 읽고 쓰는 것을 못했어요. 그래서 제가 아이의 학습을 돕게 됐죠.

조기성 　　　　　　　　　　　　　아이들이 또래가 하는 일을 못 해낼 때 겉으로는 아무렇지 않은 척 해도 사실 스스로를 창피하게 느끼죠.

폴 킴 이 아이도 그랬어요. 학교에 가도 맨 뒷자리에 숨다시피 앉아 있고 선생님을 두려워했죠. 학교 가는 일 자체를 싫어했어요. 아이를 정말 도와주고 싶었죠. 하루는 아이한테 "오늘 뭐 했니?" 하고 물어봤더니 영어로 대답을 해요. 그걸 제가 받아 적었어요. 아침에 일어나 씻고 밥 먹고 학교에 가서 교실 뒷좌석에 숨어 있다가 왔다는 내용을 글로 쓴 다음 천천히 읽어줬죠. 처음엔 아이가 글자 디코딩을 못했어요. 하지만 며칠 해보니 자기가 방금 한 이야기니까 쉽게 따라오더라고요. 그런 훈련을 매일 했어요. 아이가 이야기를 하면 제가 받아 적고 그걸 바로 읽어주는 걸 반복해서 했죠. 아이가 어느 정도 익숙해졌을 때 단어들을 살짝살짝 바꾸면서 어휘를 늘려나갔죠. 이렇게 6개월 정도를 했더니 혼자서 글을 읽기 시작했어요. 글을 읽게 되니까 얼마나 신났겠어요. 비교적 읽기 쉬운 동화책과 그림책을 사다줬더니 기쁨에 가득 찬 목소리로 읽더라고요. 산수는 동전을 가지고 가르쳤어요. 더하기, 빼기부터 시작했는데 금세 곱셈, 나눗셈을 하게 됐죠. 이런 과정을 통해 아이에게 학습 동기가 생겼는데, 이사를 가게 되어서 10년 넘게 못 봤어요. 나중에 지인을 통해 소식을 전해 들었는데, 텍사스 오스틴대학 비즈니스 학부에 장학생으로 들어갔다고 하더군요.

아이들은 뛰어난 능력을 갖고 있어서 조금만 관심을 기울이면 충분히 역량을 발전시킬 수 있는데, 그러지 못하는 건 아이들이 문제가 아니라 어른인 우리가 그 가능성에 관심을 보이지 않아서인 것 같아요.

이 일은 아이의 가능성을 확인한 시간이기도 했지만 학교교육의 실패담을 목격한 기분도 들었어요. 아이들을 잘 코칭해줄 사람만 있다면 충분히 성공할 수 있는 가능성을 갖고 있다는 확신을 갖게 된 일이기도 하고요. 개인적으로 그런 아이들과의 만남이 많았는데, 아이들이 변하는 모습을 볼 때마다 큰 감동을 받곤 합니다.

경쟁과 서열화는 교사도 아이들도 행복하게 할 수 없다

조기성   매일 아이들을 만나는 현장에 있다 보니 어떻게 하면 그들이 청소년기를 행복하게 보낼 수 있을까에 대해 많은 고민을 하게 됩니다. 학교 현장에 개선이 필요하다는 생각엔 변함 없어요. 누구나 다 아는 이야기겠지만, 지금처럼 경쟁 위주, 지식 위주, 서열 위주의 교육은 아이들을 결코 행복하게 할 수 없습니다.

폴 김   누구나 다 아는 이야기지만 진짜 중요한 이야기죠.

조기성   아이들의 행복에 대한 근본적인 질문과 함께 또 한 가지 생각한 것은, 새로 나오는 기술들이 교육을 어떻게 변화시킬 수 있을까에 대한 거예요. 학습 데이터나 분석에 관심을 기울이는 것도 아이들이 경쟁에 치이지 않고 한 명의 사람으로서 살 수 있도록 교육이 어떻게 바뀌면 좋을지 고민하기 때문이고요. 예전에 비하면 개선된 측면도 상당히 있지만, 제가 요즘 놀란 것은 스마트 교육의 필요성을 10년 넘게 이야기해도 변하지 않던 상황이 코로나19로 단숨에 변한 거예요. 준비를 했더라면 코로나로 인한 혼란이 적었을 텐데 말이죠. 하지만 아직 늦지 않았으니 계속 변화시키려고 노력해야죠.

최재화 학교에서 경험하는 과도한 경쟁과 서열화가 학생뿐 아니라 교사도 힘들게 하는 문제가 있는 것 같아요. 저희 부모님이 평교사에서 교장이 되는 과정을 쭉 지켜보며 느낀 게 있어요. 옆에서 보니 관리자가 되는 자격을 충족시키기 위해 해야 할 일들이 정말 많은 거예요. 아이들과 남편 뒷바라지하면서 왜 이런 고생까지 하냐고 어머니에게 물었더니 이렇게 대답을 해주셨어요. "한국 사회에서는 담임선생님이 할머니인 걸 부모들이 싫어해." 1학년 아이들이 처음 학교 갔다 와서 이렇게 말하더래요. "엄마, 우리 선생님이 할매다." 어머니는 그게 너무 싫으셨대요. 그래서 관리자가 되어야겠다고 생각하신 거죠.

조기성 현장에 남고 싶으면 현장에 남고 관리자가 되고 싶으면 그 과정을 밟으면 되는데, 사회적 시선을 의식할 수밖에 없는 게 현실이에요. 지금은 예전보다 많이 나아졌지만 여전히 변해야 하는 부분이 있어요.

최재화 저도 그런 환경 속에서 자랐으니 그런가 보다 했는데 제 생각을 깨트린 사건이 있었어요. 미국에서 제 아이 첫 수업에 갔는데 담임선생님이 나이가 지긋한 분이셨어요. 의자에서 일어나지도 않은 채로 너무나도 능숙하게 그리고 엄중하게 난리법석인 아이들을 단숨에 제압하시더라고요. 연륜에서 뿜어져나오는 아우라가 진짜 대단했어요.

폴 김　　　　　　　　아이들은 세계 어디나 비슷하죠. 다들 에너지가 넘치지요.

최재화　　　　　　　　맞아요. 그런데 그 에너지 넘치는 아이들이 순식간에 선생님의 말을 듣더라고요. 목소리 한번 높이지 않았지만, 조용한 권위와 자신감으로 압도하셨습니다. 미국에선 가장 나이 많은 교사들이 가장 낮은 학년을 담당한다고 해요. 경험이 많으니까요. 저도 모르게 존경의 눈빛으로 그 선생님을 바라보게 되더라고요. 과거 부모님이 겪은 일과 미국 교육 현장이 대비가 되면서 많은 생각을 하였습니다.

조기성　　　　　　　　교사는 아이들의 미래를 어루만지는 사람이라고 하죠. 인품이 너그럽고 경험이 풍부한 교사들이 현장에서 오래 일할 수 있다는 건 학교에도 큰 도움이 되는 일이에요. 우리가 할 일이 많은 것 같습니다.

2

미래교육에서
학교, 교사의 역할

교사는 모티베이터여야 한다

폴 김 이제 미래교육과 학교교육의 전반적인 변화 방향에 대해서 이야기해보면 어떨까요?

정제영 코로나19를 겪으며 학교에 가지 못하고 집에서 온라인 교육을 하는 동안 아이들도, 학부모들도 자기주도적 학습과 동기부여에 대한 어려움을 많이 겪었을 것 같아요. 아이의 동기 수준이 낮을 땐 주변에서 지지하고 조언해주는 사람이 중요하죠. 특히, 부모의 도움을 받을 수 있는 학생과 그렇지 못한 학생의 차이가 상당히 큽니다. 저학년의 경우 초기 학습 과정에서 어려움을 많이 겪었고요. 다시금 학교와 교사의 존재와 역할이 어떠해야 하는지 고민하게 되는 부분인데요, 학교라는 시스템에 대한 고민과 더불어 자기주도성이 부족한 학생들을 격려하고 도와주면서 목표를 향해 지속적으로 나아갈 수 있도록 동기부여를 해주는 모티베이터로서의 교사 역할이 중요하다는 것을 이번 경험을 통해 알 수 있었어요.

조기성　　　　　　　　　　　　선생님들이 학생들에게 동기부여를 해주는 사람이되 디지털 기술도 적극적으로 사용하면 좋겠습니다. 발전된 기술을 수업에서 적극적으로 사용하되, 주도적으로 교사의 역량을 높이는 쪽으로 활용되길 바라고요. 그러기 위해선 무의미한 절차, 무의미한 업무, 무의미한 수업 등도 정리가 필요하겠죠. 현재 강의식으로 이뤄지고 있는 수업 방식도 많은 변화가 필요하고요. 내용과 형식 모두 총체적으로 변화해서 학생들에게 맞춤형 교육이 될 수 있는 환경을 조성하는 쪽으로 가야 할 것 같아요.

창의교육의 핵심과 기본은 인성교육

정제영　　　　　　　　　　　　맞춤형 교육을 통해 아이들이 잠재력과 창의성을 발휘할 수 있도록 교육 환경이 변해야 한다는 점에는 모두 동의하는데요. 실제적이고 구체적인 방법론은 다를 것 같습니다. 어떻게 생각하시는지요?

최재화　　　　　　　　　　　　우리나라의 강점은 무엇보다 훌륭한 인재가 많다는 점이라고 생각하는데, 가정, 학교, 사회가 창의적인 아이들을 키우는 역할은 잘 못하는 것 같아요. 최근 기계를 활용해 창의력을 보완하는 방법에 대해 고민을 하고 있어요. 디지털 지식을 활용한 창의성 개발이라고 할까요. 간단히 말해, 기계가 디지털 지식을 조합해서 연결되어 있는 모든 가능성을 보여주도록 구성하고, 이를 통해 다양성에 대한 인식을 확장하고 영감을 얻는 거죠. 기계 변형의 결과를 보면 대부분 고루하지만, '와, 이런 조합도 있구나!'라고 감탄할 만큼 기발한 것도 있어요. 사람이 인지적으로 다 할 수 없는 범위까지 넓혀주니 그 안에서 다양한 가능성을 볼 수 있습니다. 새로운 콘텐츠에 대한 영감도 받고 식상함도 없애고요. 새로운 조합에 대한 아이디어를 기계에서 얻어 창의성의 재료로 활용하면 좋은 보완이 될 거라고 생각해요.

조기성 창의성에 대해 말하자면, '어떤 사람이 창의적인가' 하는 생각도 조금씩 다를 것 같네요.

최재화 저도 그쪽에 관심이 많은데요, 어떤 사람이 더욱더 창의적이게 되는가에 대해 개인적인 결론은 인성이에요. 제4차 산업혁명을 이야기하는 시대에 왜 자꾸 인성교육을 말하느냐고 하는 분들도 있지만, 탁월하게 창의적인 사람이 되려면 먼저 인성을 갖춰야 합니다. 탁월하게 창의적이라고 평가받으려면, 세상 사람들이 보지 못하는 문제를 찾아내서 풀어야 하거든요. 그러려면 시선을 내가 아닌 밖으로 돌려 타인에게 매우 세밀한 관심을 가져야 하고 어떤 문제나 고통을 겪고 있는지 살펴봐야 합니다. 이타적이지 않으면 남들에게 어떤 문제가 있는지 찾아내기 어렵죠. 결국 인성으로 해결해야 하는 영역이 나타납니다.

정제영   왜 인성이 갖춰져야 사회가 발전하는지 더 많은 사람들이 알면 좋겠네요. 그런데 성적만 잘 나오면 인성은 상관없다고 생각하는 게 잘못이듯, 인성만 함양하면 공부는 상관없다는 이야기도 아니죠?

최재화   물론이죠. 게다가 교육은 학교만 책임질 수 있는 문제도 아니에요. 학교, 가정, 지역사회가 함께 노력해야죠.

조기성   굉장히 의미 있는 이야기가 나왔네요. 미래교육을 말할 때 지식과 기술을 넘어 인성과 공감 능력을 키우는 인문교육은 선택이 아니라 필수라고 해도 과언이 아닌 듯합니다. 그러나 인성교육은 교과 내용처럼 따로 배워야 하는 것이 아니라 일상 곳곳에 베이스로 깔려 있어야 한다고 봐요. 특히, 초등 교사들은 인성교육을 지금보다 훨씬 더 중요하게 여겨야 해요. 우리의 인성은 어린 시절에 거의 완성 단계에 이르거든요.

산업화 시대의 주입식 교육은 끝났다

정제영   인성과 창의성의 연결이 학교의 책임으로도 이어지는데요, 미래교육이 무엇이냐고 묻는다면 조기성 선생님은 어떻게 말씀하시겠습니까?

조기성 학생들이 행복할 수 있는 교육이죠. 요즘 아이들을 보면, 만나서 놀 수 있는 시간 자체가 없어요. 친구라도 만나려면 시간 조율을 해서 스케줄을 잡아야 하죠. 재택 수업을 하니까 좋은 것도 있어요. 온라인으로 이야깃거리나 놀잇거리를 알려주면 제가 수업 창을 닫아도 자기들끼리 화상으로 계속 수다를 떨고 네트워크 게임도 같이 해요. 이 과정에서 사회성이 키워지거든요.

폴 김 미래교육은 지식 습득에 중점을 둘 게 아니라 문제를 해결하는 데 초점이 맞춰져야 한다는 점과도 일맥상통하네요.

조기성 2022 교육과정 개정이 문제해결 중심 수업에 중점을 두고 이루어지고 있다고 해서 기대하고 있습니다. 미래교육은 학생들이 어떻게 문제를 해결하는 법을 배우는지, 얼마나 행복하게 지내는지, 자신만의 적성과 소질을 얼마나 잘 개발하는지에 달려 있겠죠. 이런 것을 가능하게 하려면 다양한 마이크로러닝(작은 학습 단위와 단기 학습 활동) 시스템이 만들어져야 한다고 봐요. 교사가 학생들에게 모든 걸 다 가르칠 수는 없으니까요. 2021년에 학습 데이터가 충분히 쌓이고, 데이터 표준이 정립되고, 데이터 레이크가 만들어지면, 그 학습 데이터는 학교 학습에만 국한된 게 아니라 인생 데이터가 되어 평생교육으로 갈 수 있는 교육 확장의 바탕이 되지 않을까 합니다.

얼마 전 교육부에서 10대 과제를 발표할 때도 이런 내용들이 들어가 있었어요. 교육부에서 지속적으로 해온 이야기이기도 하고요. 선생님들 사이에서도 공감대가 넓게 형성되기 시작했죠. 농담 같은 이야기지만 코로나 때문에 선생님들이 많이 변했어요. 제일 변하기 힘든 집단인데 말이죠.

최재화 앞으로 이 경험들을 잘 살릴 수 있게끔 시스템들이 뒷받침되면 좋겠네요.

조기성 그것도 중요한 말씀인 것 같아요. 다시 옛날로 돌아가고 싶은 마음이 들지 않도록요. 획기적인 변화가 아니더라도 꾸준히 앞으로 한 걸음씩 나아갈 수 있는 시스템이 만들어지길 바라는데, 정부에서 만들고자 하는 에듀 플랫폼이 활성화되면 좋겠습니다. 이를 통해 학생들이 자유롭게 학습할 수 있는 여건이 조성된다면 미래교육의 기틀이 마련되지 않을까 기대해봅니다.

우리나라 교육이 변하지 않은 것처럼 보일지도 모르지만, 제가 느끼기로는 시대에 맞춰 계속 변해왔기에 여기까지 오지 않았나 싶습니다. 앞으로 다양한 논의가 이뤄지겠지만 한 가지 분명한 것은, 산업화 시대의 주입식 교육에 기대하던 효용성은 이제 끝났다는 것입니다. 미래교육은 그보다 훨씬 더 나아져야죠.

외우는 교육이 아닌 문제해결 중심 교육

정제영   폴 김 교수님은 한국과 미국에서 교육을 받고, 유럽, 아시아의 교육 선진국은 물론 개발도상국에서 학생들을 위한 다양한 교육 활동을 해오신 걸로 압니다. 그런 경험을 하신 입장에서 미래교육에서 가장 중요한 건 뭐라고 생각하시나요?

폴 김   스탠퍼드대학에서 재직한 지 20년이 지났는데, 나이가 들수록 더 느끼는 건 '배움을 멈출 때 나는 죽는다'는 거예요. 끊임없이 배우고 싶어요. 그래서 저는 지금도 학생이라는 생각을 하고 있어요. 더더욱 학생이 되어야겠다고 생각하고요. 배울 게 너무 많아졌거든요. 배움을 즐겁게 생각하면 인생도 즐겁다는 생각이 들어요. 그런 점에서 배움에 대한 생각, 즉 교육의 기본 목적을 많이 생각했으면 좋겠어요. 교육의 기본 목적이 개인의 사회적 신분 상승이나 재산 축적, 권력 쟁취에 있지 않다는 것을 알았으면 좋겠고요. '더 나은 평화로운 세상을 공유하는 것'이라는 교육의 사회적 목적이 더 강하게 대두되길 바랍니다. 교육철학자들도 시대에 따라 누누이 강조해왔고요.

    사회적 공감대를 형성할 수 있는 교육철학에 대한 대중교육도 시급하다고 생각해요. 교육철학이 정립되면 자연스럽게 미래 역량에 대한 기대와 바람이 생기고, 그런 것들이 대중적 호응을 받을 때 비로소 정책의 변화도 생기죠. 일선 학교에서는 관련 프로그램이 생길 테고요. 교육철학을 다루는 분들이 좀 더 애써주시면 좋겠어요. 무엇을 평가할 것인가, 왜 평가할 것인가, 그와 같은 평가를 통해 목표가 되는 역량이 미래 사회에서 왜 중요한가를 고민하는 기회를 많이 가지면 좋겠고요. 그런 관점에서 교육을 바라보면 학생들의 협동성, 사회성을 발전시키기 위해 주입식 교육보다 프로젝트 형식의 교육 프로그램을 접할 수 있는 기회를 되도록 많이 주는 게 중요해지죠.

최재화   그런 수업들을 접할 기회가 많으실 텐데, 한 가지 사례를 들어주시면 어떨까요?

폴 김   얼마 전 버클리대학교에서 있었던 미술 수업이 생각나네요. 저도 많은 아이디어를 얻었거든요. 온라인 수업 위주로 학제가 진행되다 보니, 교수들이 미술교육을 효과적으로 운영하는 방법에 대해 고민한 것 같아요. 학생들이 온라인 수업에서 프로젝트 내용을 듣고, 본인들이 살고 있는 지역사회에서 프로젝트를 진행하고, 그 프로젝트의 과정과 결과에 대한 자료를 온라인으로 공유하며 토론하는 방식이었죠. 대통령 선거나 지역사회의 이슈에 관해 자신의 메시지를 담은 미술작품을 만들어 거리에 전시하고 지나가는 사람들의 반응과 코멘트 등을 모아서 영상으로 만든 후, 온라인 수업에서 그 영상과 관련 자료를 공유하며 토론하는 수업을 한 거예요. 학생들의 반응도 좋았고, 캠퍼스에 국한되지 않고 자신들의 미술적 표현이 사회로 나아갈 수 있어서 좋았다는 의견들이 많았죠. 지역 주민들의 반응에서 배울 점도 많아서 매우 흥미로운 교육의 기회였다고 했어요.

조기성   온라인 수업이 정착된다면, 실제 현

장과 온라인을 묶는 하이브리드 수업이 다양하게 개발돼야 하겠네요.

폴 김   멋진 일이죠. 이번 프로젝트만 해도 각자 프로젝트를 진행하고 온라인상에서 사회적 공감대를 조성하고 협동성과 사회성이 길러지는 면이 보이니까요. 그래서 이런 것들을 어떻게 평가할 것인가에 대한 질문을 하게 되는데, 저는 시험문제에 대한 답을 평가하는 것보다 학생들의 협동성, 사회성이 필요한 프로젝트를 할 때 어떻게 보편적, 과학적으로 평가할 것인가를 좀 더 생각해야 된다고 봅니다. 지금까지는 프로젝트를 할 때 협동 유무나 학생들이 얼마나 창의적인 사고와 비판적 사고를 하는지, 콜라보레이션을 얼마나 잘하는지에 대한 평가가 잘 안 되었잖아요. 어릴 때 제 성적표엔 주의가 산만하고 집중하지 못하며…, 이런 말들이 쓰여 있었어요. 그래도 친구들과는 친하게 잘 지내는 편이었는데, 그런 말은 전혀 없었죠.

정제영   저도 학생들의 평가 모델이 바뀌어야 한다고 생각해요. 이런 관점에서 교육 프로그램들과 평가 모델들을 개발해야 하고요.

폴 김   해외 사례를 보면 교육 모델과 관련한 좋은 게 많아요. 좋은 것을 참고하되 가장 대한민국적인 교육 프로그램을 디자인하고 정착시켜나가야 할 것 같아요. 온라인 교육에서 학생들 간의 교류를 통한 사회성 또는 학생들과 교사 간 관계를 통한 사회성을 길러주지 못하는 부분에 대해 고민하는 분들이 많은데요. 이런 문제가 단순히 기술적인 솔루션이나 단발성 교육 프로그램으로 해결될 수 있다고 생각하진 않아요. 단기간에 되는 일도 아니고 강제로 할 수 있는 일도 아니에요. 학생 간, 학생과 교사 간 사회적 연계나 협력 상황, 활발한 교류는 항상 특정한 '이유'를 전제로 합니다. 이유 없이 학생들이 적극적으로 교류하려 하지 않듯이, 학생도 특정한 이유 없이 교사와 긴밀한 대화를 이어나가려고 하지 않으니까요.

현재 교육과정은 이와 같은 '이유'를 제공하지 않는 것 같아요. 왜 학생들이 적극적으로 연결하고 만나고 교류하며, 어떤 문제를 해결하거나 어떤 과정을 함께 하려고 하는지 생각해봐야 해요. 기존의 주입식 교육에서는 그와 같은 이유를 찾아보기 어렵죠. 자신의 성적만 향상되면, 다른 것에 관심을 둘 이유가 없기 때문이죠. 이와 같은 상황을 고려할 때 사회성, 협동성 관련 역량 개발을 위한 교육은 좀 더 총체적인 관점에서 바라봐야 합니다.

무엇을 평가할 것인가, 왜 평가할 것인가, 그와 같은 평가를 통해 목표가 되는 역량이 지금 그리고 미래 우리 사회에 왜 중요한가를 먼저 생각해야 합니다. 창의적이고 협력적인 프로젝트가 좋긴 하지만 학생들에게 길거리로 무조건 나가서 뭔가를 하라고 하긴 어려운 점도 있을 거예요. 학생들의 눈높이와 실정에 맞는 프로젝트도 필요하고, 교사들과 부모들의 관심과 참여가 더 많이 필요하죠. 직장을 다니고 생활고에 투잡을 가진 부모들에게 학교교육까지 담당하라는 말이냐고 불평을 들을 수도 있죠. 교실 밖 수업 활동에 대해 혁신적인 학생과 팀코칭 모델이 필요하고, 다양한 역량을 가진 보조교사팀도 필요할 겁니다.

교사, 학교 밖 활동, 새로운 학습 활동, 학습 데이터, 평가 등 전체적인 운영을 효율적으로 관리하는 시스템 구축도 필요합니다. AI는 그와 같은 시스템에서 아주 중요한 역할을 할 것으로 기대됩니다. AI를 기반으로 한 학사 운영 시스템을 통해 부모들의 시간적 참여는 줄이고 효과는 극대화하는 결과를 기대할 수 있죠. 또한 AI 기반의 개별적 코칭 시스템은 학생들에게 필요한 정보를 적시 적소에 제공하고, 학생들을 지금보다 훨씬 더 잘 이해해서 최적화된 맞춤형 학습 활동을 제공하는 데 필수적인 요건이 될 거예요.

　학습과 관련된 방대한 데이터 수집에 대해서는 사회적 공감대가 필요합니다. 개인정보보호법이 점점 강화되고 있으니, 관련 AI와 학습 과학(Learning Science) 연구가 진행되지 못할 가능성도 염두에 둬야죠. 기술의 발전에도 불구하고 파생되는 다양한 교육적 효과를 이론적으로만 접하게 될지도 모르지만, 그럼에도 우리 교육이 현재 변화의 기로에 서 있는 건 확실합니다. 지금보다 더 활발한 논의가 필요한 이유입니다.

3

학부모들은 무엇을
준비해야 할까

현 시점에서 기계의 한계를 알아야 한다

정제영   현재 AI나 온라인 교육에 대한 학부
모들의 기대도 상당한데요. 이제 학부모 입장에서 이야기를 나눠보면 좋
을 것 같아요.

최재화   학부모들은 티칭 로봇을 기대하실
지도 모르지만 지금 기술로는 아직 먼 이야기고요. 그것보다 지금 나와
있는 몇 가지 온라인 교육 서비스들을 저는 희망적으로 보고 있어요. 개
별화 서비스 활용이 가능한 비즈니스 모델이 명확할 뿐 아니라 향후 빅
데이터 활용을 준비하는 형태로 진행되고 있어서, 나중에 원하는 수준으
로 고도화될 수 있는 가능성이 있기 때문이죠.

정제영　　　　　　　　　　　　장점이 있다면 단점도 있을 것 같은
데요.

최재화　　　　　　　　　　　　완벽한 건 없으니까요. 잘못 사용해
서 아이를 망치는 경우도 있다고 봅니다. 현재 사용되는 대부분의 서비
스들이 지식 분류 과정을 위계적으로 세부화하는 방식으로 학습이 이뤄
지고 있어요. 이건 좋지 않다고 봅니다.

조기성　　　　　　　　　　　　저도 비슷한 생각입니다. 교과과정
을 잘게 나눠서 가르치면, 부분은 알아도 전체는 모르는 일이 생기거든요.

최재화　　　　　　　　　　　　교육이 추구하는 지식은 다양한 요
소들이 복잡하게 연결된 형태로 이루어져 있습니다. 인간의 지식이 형성
되는 방법도 그렇고 기계의 디지털 지식도 위계적인 분류법에 의해 형성
되지 않습니다. 지식을 잘게 쪼개서 반복하면 일시적으로 점수는 잘 나
오지만, 전체적으로 보면 그렇지 않아요. 문제를 해결하는 방법을 단편
적으로만 알고 있으면 한계에 부딪칠 수밖에 없죠. 그리고 궁극적으로
뭘 잃어버리느냐 하면, 맥락 속에서 이해를 하지 못해요. 군맹무상(群盲
撫象)처럼 되어버려요. 사람이 기계보다 잘하는 건 맥락 속에서 판단하고
활용하는 거잖아요. 인간의 고유한 능력을 잃어버리면, 기계 때문에 도
태됩니다.

폴 김　　　　　　　　　　　　　맥락 속에서 판단을 하는 건 정말

중요한 포인트죠.

최재화 GPT-3를 예로 들면, 미국에 왕은 없잖아요. 기계에게 현재 미국의 왕이 누구인지 물어본다고 해봐요. 그러면 사람은 생각을 합니다. '미국의 왕이라는 게 대통령을 의미하는 건가?' 조선의 대통령은 없잖아요. 그러면 '재상을 이야기하나, 아니면 왕을 이야기하나?' 하고 생각을 하다가 '그 당시면 재상보다는 왕이 대통령에 더 가깝겠다.'라고 판단을 하죠. – 요즘은 이런 수준의 문제해결도 기계가 모방할 수 있습니다 – 이렇듯 맥락 속에서 지식이 이루어지는데, 어떤 교육 서비스는 과도하게 잘라만 놓은 지식 체계에 대한 학습량을 극대화해서 지식을 형성하게 하는 경우가 있어요.

사람은 지식을 하나의 맥락 속에서 요소들의 복잡한 관계를 분류하고 구분하면서 습득하죠. 그래서 인간의 지식이 가치가 있습니다. 그러나 현재 수준에서 기계는 맥락을 파악하며 지식을 쌓는 게 아니라, 방대한 양의 정보와 지식을 잘 저장한 데이터베이스를 만들어놓고 사용자가 원하는 문제를 뽑아줍니다. 그래서 부모가 아이에게 교육 소프트웨어 하나 사주고 다 해결될 거라고 생각하는 건 매우 위험하죠.

조기성 마치 엄청난 학습이 가능할 것처럼 느껴지는 광고는 광고일 뿐 현실이 아니라는 것을 생각하시면 좋을 듯해요.

최재화 그렇죠. "AI 써보니 좋던데요!" 이런 건 광고 문구고요. 기술은 계속 발전하고 있습니다. 과도한 기대보다는 제한적인 용도로 사용하고, 한계점이 분명히 있다는 걸 인지해야 합니다. 아이들이 폭넓은 지식을 쌓을 수 있게끔 부모가 늘 관심을 가지고 지켜봐야 합니다. 맥락을 잘 모르는 기계가 가르쳐줄 수 있는 건 한계가 있거든요. 거듭 이야기하지만, 기계의 한계를 알아야 해요. 이것을 인지하고 경계하지 않으면 오히려 아이를 망치는 경우가 생깁니다.

사람에게 최적화된 건 스스로 찾아야 한다

정제영 AI 기본 소양교육과 관련해서 부모님들한테 꼭 전하고 싶은 말씀이 있으실까요?

최재화 교육 기업에서 AI와 개별화를 계속 외치는데, 아직은 공허한 메아리처럼 들리잖아요. 사실 이유가 있어요. 제4차 산업혁명에 대한 이야기를 한창 하다가 갑자기 AI에 열을 올리고, AI를 이야기하다가 좀 있으면 또 창의성과 협력 같은 역량들로 넘어가요. 조금 더 있으면 클라우드 기반 혹은 플랫폼 교육 환경으로 넘어갈지도 몰라요. 왜 이런 일이 생기냐면, 결국 같은 방향인데 개념어와 용어들이 유행처럼 계속 돌고 돌아서 그래요. 같은 이야기를 어떨 때는 ICT라고 했다가, 디지털이라고 했다가 하는 거랑 비슷하죠. 그러니 이런 용어들이 주는 혼란에 너무 불안해하지 않았으면 좋겠어요. 불안해할수록 지갑만 가벼워지니까요.

불안 속에서 선택을 하면 올바른 행동이 잘 안 나와요. 불안이 자꾸 전이가 되거든요. 부모님들이 불안해하면 아이들도 고스란히 느낍니다. 그래서 조금 냉철해질 필요가 있다고 생각해요. 아이들이 기계에 종속당하지 않고 주인으로 살아가려면 부모님이 잘 도와줘야 하거든요. 사람이 직접 필사한 책으로 전승되던 지식이 인쇄술의 발달로 대중화되었을 때 큰일이 난 것처럼 말하던 사람들이 있었죠. 하지만 덕분에 다음 세대로 지식이 전달됐잖아요. 이제는 디지털 지능, 디지털 지식이 나오고 있는 시대이고요. 이게 뭘 의미하냐면, 콘텐츠를 검색하는 시대가 끝나간다는 거죠. 20세기 기술은 교육 콘텐츠 서비스를 만들어 온라인에 올린 후 콘텐츠를 전달하고 검색하는 시대였어요. 구글 같은 회사가 전성기를 맞았죠. 그런데 제4차 산업혁명 시대는 검색을 통해 만들어진 지식이나 정보를 찾는 게 아니라 기계가 지식과 정보를 생성(generate)하는 게 가능해진 거죠. 미래에는 기계의 그 생성 기능을 활용할 준비를 해야 합니다.

정제영   저희 같은 지식 종사자들이 긴장할 수밖에 없겠는데요.

최재화   기존의 지식 권력층에 변화가 일어나겠죠. 기계를 활용해서 새로운 디지털 자산을 창조해야 하는 시대예요. 말하자면 디지털 지식을 기반으로 콘텐츠를 크리에이트(create)해야 하는 거죠. 20세기 기술의 결과물 중 유튜브 크리에이터가 대표적이라고 봐요. 콘텐츠 크리에이터가 되려면 플랫폼의 특성을 잘 알아야 하잖아요. 동영상도 잘 다루고 저작권 문제도 알아야 하고요. 그런데 이 모든 것을 아이 혼자 하긴 어려울 테니 부모가 AI 소양교육을 하면서 가르쳐 주고 협력해야 할 것 같아요. 유튜브만 해도 사람이 만들어 올리는 건데, 이제 곧 기계가 생성하도록 지식을 프로그래밍하는 시대가 옵니다.

폴 김   저희도 지금 서로 다른 나라에서 줌으로 원격 대담을 하고 있는데, 이것도 기계를 사용해서 글로벌하게 협력하고 있는 거잖아요. 기계와 기술이 없었다면 우리가 현재 만들어내고 있는 콘텐츠가 나오긴 어려웠겠죠.

최재화   그렇죠. 앞으로는 콘텐츠를 어떻게 만들고 소비하느냐가 더 중요해질 거예요. 개별화도 결국 많은 콘텐츠를 생산할 수 있는 능력이에요. 자신에게 맞는 콘텐츠를 찾아야 한다면, 그 전에 생산을 해야 한다는 뜻이죠. 뭔가 만들면서 배운다고 생각하면 좋을 것 같습니다.

틀을 깨야 크리에이트가 가능하다

최재화   아이들에게 성공 방정식만 일방적으로 외우게 하는 건 반대합니다. 기계학습에서 제일 중요한 것은 틀을 깨는 거예요. 기계는 틀이 없으면 계산을 못 해요. 그런데 이미 잡혀 있는 그 틀을 깨지 않으면 새로운 데이터가 들어왔을 때 기계는 해석을 못 하죠. 사람도 마찬가지잖아요.

정제영   하지만 생각을 하려면 우선 사고의
틀이라는 게 잡혀 있어야 하지 않을까요?

최재화   물론입니다. 다만, 사고의 틀이 너
무 강하면 문제가 됩니다. 보통 'prior(선험적 확률)가 너무 강하다'란 말을
쓰는데, 이때는 작은 성공(local minima)에서 빠져나오지 못하고 큰 성공
(global minima)으로 옮겨가지 못합니다. 새로운 영역으로 움직이려 하지
않고 작은 성공에 멈추려고 해요. 그럴 때 보면 차라리 도전을 하고 실패
하는 아이들이 더 나은 것 같아요. 겸손해서, 주변에 물어보면 더 좋고
요. 과거의 성공이 운일 수도 있잖아요. 요행을 실력으로 착각하는 일도
생기죠. 진짜 실력은 실패도 하고 성공도 하는 가운데 다양한 경험에서
쌓이는 건데, 과거의 성공에 집착하고 실패를 두려워하면 새로운 환경에
서는… 답이 없습니다. 생각의 유연성이 정말 중요해요.

　기계학습을 할 때 가장 처음에 하는 게 목적함수를 결정하는 일입니
다. 무엇을 최적화할지 결정하는 일이죠. 그걸 안 하면 기계는 일을 할
수가 없어요. 그런데 사람의 목적함수는 다양합니다. 사람의 가치관은
시간에 따라 계속 변하니까요. 그래서 이를 잡는 방법, 즉 무엇에 최적화
해서 살아갈 것인지, 어떻게 설정하고 바꾸는지를 우선은 부모가 가르쳐
주어야 해요. 그러다 나중엔 스스로 찾아야죠. 그런데 이걸 직접 경험하
지 않은 사람은 자꾸 타인에게 의존해요. 자신이 무엇을 해야 하는지, 무
엇을 좋아하는지, 타인을 통해서 답을 얻으려고 하죠.

폴 김   아이들이 어릴 때부터 부모가 일일

이 스케줄을 짜주고 간섭하면서 매니저 역할을 하면, 나중엔 자율적으로 뭔가를 하는 것에 혼란스러워해요. "네가 알아서 해!" 이 말을 힘들어하죠. 스스로 생각해서 선택하고 결정하는 일을 낯설어하고요.

최재화 　　　　　　　　맞습니다. 기계한테 목적함수를 다시 설정해서 새로운 문제를 풀어나가도록 프로그래밍하는 것처럼, 자기 인생의 그림을 큰 그림 속에서 그려나갈 수 있게 해야 하죠. 그런 아이가 미래의 인재가 될 거예요. 왜냐하면 대부분은 그렇게 교육을 잘 받아도 목적함수를 바꾸는 일을 잘 못해요. 목적이 정해지면 최적화는 그다음 일이죠. 그런데 많은 부모들이 어린 아이에게 목적함수의 최적화만 과도하게 기대해요. 목적지가 자꾸 바뀌는데, 일직선으로 빨리 도착할 수 있는 자동차가 뭔지만 생각하는 거죠. 목적함수를 설정할 줄 아는 인재를 찾아내는 게 지금 기업들의 가장 큰 이슈예요. 시키면 잘하지만 스스로 찾을 줄은 모르는 사람들이 많으니까요.

정제영 　　　　　　　　삶의 목적함수를 찾을 줄 아는 사람이 미래 시대의 인재라는 말이 와닿네요. 결국은 방향을 설정할 줄 아는 안목을 키우는 게 중요하겠죠.

조기성 　　　　　　　　어디로 갈지 목적을 정하면 다양한 길을 찾을 수 있으니까요. 부산에 가는 방법이 KTX만 있는 게 아니잖아요. 비행기도 있고 자동차도 있고 자전거도 있지요. 최적화된 방법이 가장 효율적이지만, 때로는 우회할 때 많은 것을 배울 수 있다는 것도 알면 좋겠어요. KTX가 가장 최적화된 방법일지라도 그것만 고집하면 틀에 갇히게 되겠죠. 틀을 깨야 하는데, 자기 생각만 옳다고 여기면 틀을 깨야 한다는 생각조차 못하게 되니까요.

그리고 AI 교육이든, 온라인 교육이든 부모가 여기에 대해 너무 몰라도 아이들을 도와주기 어려울 것 같아요. 전문서적이 아니더라도 괜찮으니 쉬운 책부터 읽어보면서 'AI가 이런 거구나' 개념을 잡아보는 게 중요할 듯해요. 언젠가 김민형 워릭대학교 교수님의 수학 강의를 들었는데, 제가 수학 전공자가 아닌데도 알아듣겠더라고요. 쉽게 설명을 잘 해주시니까요. AI가 무엇이고 왜 중요한지 정도만 알아도 아이에게 도움이 될 거예요.

아이들과 대화를 나누되 스스로 흥미를 가질 수 있도록 옆에서 지켜봐주면 좋겠어요. 아이들을 걱정하는 마음 뒤에는 부모들 자신의 두려움이 있는 것 같아요. 그래서 아이들에게 시간을 충분히 주면서 지켜보기가 힘든 게 아닌가 싶고요. 아이들은 좋아하고 재미있는 일은 진짜 열심히 하거든요. 부모가 그것만 알고 있어도 자녀 교육은 반 이상 성공한 게 아닌가 합니다.

4

자기주도적 인재를 만드는
부모의 비법

대학 입시 이후의 삶이 진짜 인생이다

정제영　　　　　　　　　　　　어느새 마지막 주제를 다뤄볼 때가
왔습니다. 지금까지 우리가 여러 가지 주제로 논의를 했는데, 부모와 보
호자에게 변화하는 세상에 자녀 교육은 이렇게 하라고 한마디로 말하기
는 쉽지 않은 것 같네요. 그래도 부모님들에게 꼭 당부하고 싶은 한 가지
가 있는데요, 자녀 교육의 방향에 대해 상당히 많은 부모님들이 자녀의
학업 성적, 특히 대학 입학을 위한 성적 취득이 교육이라고 생각하는 경
향이 있어요. 아이들이 무엇을 해보고 싶다거나 배우고 싶은 게 있어도
"대학 가서 해."라는 말을 많이 하죠. 대학 입학에 올인해서 시간적, 재정
적 투자를 집중하고요.

　그러나 이젠 그런 방식에 변화가 올 겁니다. 시험 성적을 잘 받는 걸로

인정받는 시대는 거의 끝났습니다. 최근엔 창의적이고 인성이 좋은 사람들이 각 분야에서 두각을 드러내고 있죠. 그런데 인성과 창의적 생각이라는 게 어떤 특정 과목을 공부한다고 생기는 게 아니거든요. 이런 역량은 총체적이기 때문에 다양한 경험과 성찰을 통해 길러집니다.

폴 김 교수님이 강조하신 것처럼 자기주도성이 점점 더 중요해질 텐데, 앞으론 더 강조되겠죠. 스스로 판단하고 결정해서 행동하고 성찰하는 자기주도성이야말로 굉장히 중요한 역량이니까요. 국어, 영어, 수학, 사회, 과학 성적으로만 알 수 있는 게 아니고, 다양한 활동과 경험에 대한 데이터를 통해서 평가받는 것이죠. 학생 스스로 할 수 있도록 부모가 자기주도성을 기르는 데 초점을 맞춰야 합니다. 그런 점에서 부모의 역할이 강조돼야 할 필요가 있어요. 자기주도성에 앞서 스스로 통제할 수 있는 자기조절 능력도 중요한데, 이건 경험을 통해서 만들어집니다. 일상생활 속에서 목표를 설정하고 계획을 세워 실행해보고, 또 그 결과에 대해 스스로 평가해서 피드백을 하는 행동 과정과 추진 과정을 통해서 자기주도성이 생기는 거죠.

어릴 때부터 기본적인 생활 습관과 역량을 길러주는 게 중요하다고 생각해요. 학교의 역할과 부모의 역할이 같이 가야 하는 거죠. 아이의 교육을 학교에만 일임하는 건 학습 혹은 성적에만 초점이 맞춰져 있기 때문이었죠. 학교도 학생들의 발달 단계에 맞추어 스스로 본인의 학습을 찾아가고 과업을 찾아서 해결할 수 있도록 지원해주고, 집에서도 부모가 자녀 지도를 같이 할 때 아이들이 미래를 대비할 수 있지 않을까 합니다.

이런 방향으로 부모의 역할이 확실히 전환돼야 해요. 아이가 학습 과정에서 무엇을 경험했고 어떻게 성장했는지에 관심을 가져야 하죠. 이런 부분에 마음을 기울이면서 아이들이 스스로 목표를 잘 설정해나갈 수 있도록 도와주는 부모 역할로 전환하면 좋겠어요.

조기성   부모님들은 아이들이 공부를 잘해서 좋은 대학에 가고, 좋은 대학을 나와 대기업에 취업하는 것만이 행복의 전부가 아니라는 걸 꼭 아셔야 해요. 중·고등학교 시절에 행복하지 않았던 아이들이 성인이 되어서도 행복하지 못하다면 이건 아이들만의 문제가 아니라 사회의 문제죠. 그래서 청소년기에 아이들이 부모님과 함께하고, 자기가 원하는 것을 할 수 있도록 해주는 것이 결국 우리 아이가 평생 행복하게 살 수 있게 만들어주는 것이라고 봐요. 어떤 부모도 내 자녀가 불행해지기를 원하지 않을 거라고 생각합니다. 우리 아이가 어떻게 하면 행복할까를 늘 먼저 생각했으면 좋겠어요.

그래서 아이가 좋아하는 것이 무엇인지, 아이가 원하는 게 무엇인지, 아이가 무엇을 잘하는지 먼저 찾아내고 아이에게 물어보면서 다양한 경험의 기회를 주는 교육으로 바뀌어야 합니다. 당장 우리 아이가 몇 점을 받고 몇 등을 했는지를 옆집 아이와 비교하기보다 어떤 분야를 잘할 수 있는지 찾는 데 도움을 줘야 해요. 결국 우리 아이의 행복은 아이가 무엇을 좋아하는지 찾아주는 데 있다고 생각합니다. 아이가 좀 더 다양한 경험을 하게 하면서 진로교육의 방향을 생각하면 좋겠습니다.

이런 이야기를 하면 많은 부모님들이 "좋다는 걸 알지만 그걸 다 어떻게 해요?"라고 걱정하십니다. 교육이 온전히 가정의 부담이 되면 안 된다고 봐요. 사회도 점점 더 그런 쪽으로 변해가야죠. 부모님의 걱정은 이해는 되지만, 아이에게 공부만 강요하기보다 좋아하는 걸 찾을 수 있게끔 이야기만 해줘도 충분히 스스로 자신이 뭘 좋아하는지 찾아낼 수 있거든요. 아이들이 좋아하는 것을 직접 해보면서 행복을 느끼고 도중에 자신의 한계도 느끼면 또 다른 길을 찾아나가기 때문에 부모님들이 욕심을 좀 버렸으면 합니다. 매일 아이들을 만나다 보니 행복하지 않은 아이들이 참 많다는 걸 느껴요. 어린 시절부터 공부에 대한 압박감을 지나치게 갖는 것 같아 안타까울 때가 많습니다.

최재화　　　　　　　　　　　저는 제 이야기를 해보겠습니다. 제 아이들은 고등학생, 초등학생인데요. 코로나로 집에서 함께 있는 시간이 늘면서 처음엔 좀 힘들었어요. 그런데 하루는 평생 언제 이런 시간을 또 누릴 수 있을까 하는 생각이 들더군요. 시간이 느리게 가는 것 같아도 참 빨리 가잖아요. 아이들이 영원히 옆에 있지도 않을 테고요. 이번에 고양이 한 마리를 막내딸로 입양해서 같이 지내고 있는데요. 고등학생인 큰딸이 그동안 학업 스트레스를 받아서 힘들어했거든요. 그런데 집사가 되어서 '냥이 감자'도 치우고 밥도 주면서 행복해하더라고요. 아이가 행복해하는 모습을 보는 저도 행복했고요. 제가 행복하니까 마음에 여유가 생기고 지금 상황이 그렇게 부정적으로만 보이지도 않더군요.

조기성　　　　　　　　　　　부모 마음은 다 같을 거예요. 아이들이 행복하길 바라지요. 그래서 먼저 부모 자신이 행복하셔야 해요. 그래야 아이들이 보고 배우거든요. 부모의 삶이 비참하고 불행하면 아이들도 행복하기 힘들어요. 부모가 정해준 길만 따라가다가 혼자 결정을 해야 하는 순간에 직면하면 그땐 정말 막막해지죠. 주도적으로 선택해본 경험이 없으니까요. 아이들에게 길을 찾아준다고 하는데, 그게 잘 가르치는 학원을 찾아서 맡기는 거라고 생각하는 분들이 있어요. 하지만 입시 공부를 잘 가르치는 학원이 아이들의 인생길을 찾아줄까요? 정작 진짜 인생은 대학을 졸업한 후에 펼쳐지는데요.

최재화　　　　　　　　　　지금도 이렇게 세상이 빠르게 변하고 있는데 10년 후면 더 빠르게 변하겠죠. 변화의 속도가 빨라지고 있어요. 어릴 적 부모가 만들어준 성공의 기억을 지우지 못하는 아이들은 대학 졸업 후에 펼쳐지는 삶에서 실패할 확률이 더 높아집니다. 미국에서 한국 아이들을 만나면, 미국 유학까지 온 아이들이기 때문에 다 똑똑해요. 가르쳐주면 잘 하는 지력이 뛰어납니다. 그런데 자기가 지금까지 살았던 방식이 최적의 길이라고 생각하고 계속 그렇게 살려고 하는 거예요. 큰일을 해내고 더 넓은 세계로 나아갈 수 있는 용기는 부족하고요. 좁은 곳에서 못 벗어나고 도전하는 걸 무서워해요. 더 큰 인재로 성장하지 못하는 전형적인 경우죠.

조기성　　　　　　　　　　어렸을 땐 조금 느슨해도 괜찮은 것 같아요. 그러다 좋아하는 것을 찾으면 열심히 몰두하게 되죠. 그런데 주변에서 대학 진학 때까지만 열심히 하라고 하면, 아이들은 대학에 들어가면 다 끝나는 줄 알아요. 그런데 어디 인생이 그런가요? 종신 교수직을 받아도 행복하지 않을 수 있어요.

폴 김　　　　　　　　　　대학 입학을 위한 공부는 그 시기에 지나가야 하는 관문 정도로 생각하고, 성실히 임하되 지나치게 강화하거나 과열시키진 않았으면 좋겠어요. 그러려면 교육 현장부터 사회 분위기까지 많은 것이 바뀌어야겠죠. 우리의 목표 중 하나가 미래 사회에 필요한 인재들을 육성하는 일이라면 그것을 제대로 이뤄낼 수 있도록 학교와 사회, 가정이 다 협력해야 합니다.

모든 학습에는 절망의 계곡이 있다

정제영 우리가 지금 나누고 있는 이야기와 관련해서 미국에서 나온 연구 결과를 하나 소개해드릴게요. 더닝크루거 효과(Dunning-Kruger effect, 능력 없는 사람이 잘못된 결정으로 잘못된 결론에 도달하지만 능력이 없어 실수를 알아차리지 못하는 현상)라는 게 있는데요, 학습 초기에 큰 성취를 이루면 본인의 수준이 낮음에도 불구하고 정점에 있는 듯한 과도한 자신감에 빠지는 경향이 생긴다고 해요. 나중에 전혀 예상치 못한 실패를 경험하면 한순간에 '아, 이게 아니었구나!' 하면서 절망의 나락으로 빠지기도 하고요.

최재화 더 넓은 세상으로 나아가 더 큰 경험과 도전을 해볼 수도 있는데 로컬 단계에서 머무는 거죠. 세계 무대에 나가지 않고 한국에서 자신을 최고로 생각하는 사람들이 있잖아요. 미국을 경험하면 또 그것만 최고로 여기는 경우도 있고요. 그러다 다음 단계로 나아가려고 할 때 벽에 부딪치면서 자만심이 좌절감으로 변하죠.

정제영   학습 과정도 이런 과정을 겪죠. 우리가 무언가를 학습할 땐 성장과 퇴보가 반복적으로 나타나는 게 일반적이고, 이 과정을 수없이 반복하면서 발전하는데 성장 시점에 머물러 더 배우려고 하지 않거나, 퇴보 시점에 빠져서 넘어서려는 의욕을 갖지 않기도 하죠. 아이들이 그런 과정을 겪을 때 교사는 물론 부모의 역할이 중요합니다. 자만에 빠져 있는 아이들은 더 성장할 수 있도록 상위 목표를 보여주고, 절망에 빠진 아이들은 다시 올라올 수 있도록 격려해줘야 합니다.

우리나라 학교 제도로 친다면 중학교 1학년까지가 자만감이 높아지는 시기예요. 이때까지는 시험을 안 보거든요. 종단연구 결과를 보면 초등학교부터 중학교 1학년까지 창의성에 대한 스스로의 인식이 중1까지 최고치를 이루다가 중2 때 갑자기 확 떨어져요. 중2 때부터 중간, 기말고사를 보거든요. 이전까진 최고의 자신감을 가지고 살다가, 중2 때 자기 점수를 보고 절망의 늪에 빠지는 거지요. 학교 공부뿐만이 아니라 다른 걸 배울 때도 비슷하다고 해요. 피아노든 수영이든, 처음 배울 땐 자신감이 생기다가 어느 순간 절망에 빠지는 단계가 있잖아요. 어떤 일에서든 이런 '절망의 계곡'을 만나게 되는데, 배움의 과정에서 자주 겪는 일이죠.

조기성   그래서 아이들의 학습과 성장 단계에 맞게 지지해주고 다음 단계로 이끌어주는 일이 중요한 것 같습니다. 지나치게 자만심을 느끼거나 너무 쉽게 포기하지 않도록 옆에서 지지해주고 격려해주는 사람의 역할이 크다고 생각해요.

아이를 성장시키는 부모의 피드백

정제영　　　　　　　　　학습 과정에서 아이가 성취감 또는 좌절감을 느낄 때 부모의 역할이 중요하다는 것은 알지만, 어떻게 해야 할지에 대해선 어려움을 느낄 듯합니다. 각자의 경험도 좋고 주변의 사례도 좋으니, 끝으로 아이를 성장시키는 피드백에 대한 이야기를 나눠보면 좋겠습니다.

폴 김　　　　　　　　　저는 일반화의 위험성에 대해서 이야기를 해보고 싶어요. '나는 이렇게 키웠으니까 너도 이렇게 키워라'라든가, '어느 유명한 교육자가 이렇게 한 거니 그대로 따라 하는 게 좋다'라든가, '우리 세대는 이렇게 성공했으니 너희도 그런 식으로 해라'라는 말이 얼마나 위험한 것인지에 대해 부모님들이 생각을 좀 많이 했으면 좋겠습니다. 자기주도성을 가진 아이로 키우고 싶어하면서도 정작 아이에게 자기주도성을 키울 시간을 주지 않는 게 모순처럼 느껴지고요.

최재화　　　　　　　　　새로운 학습 방법이 뜬다 싶으면 그것을 또 강제하느라 아이들을 빡빡하게 몰아붙이지 않았으면 좋겠습니다. 말 그대로 '숨 쉴 틈'이나 있을까 싶을 만큼 무리하게 학원 스케줄을 잡는 경우도 종종 봅니다. "난 네가 행복하길 원해."라고 말하지만, 그 행복이 누구의 행복인지, 진짜 아이가 원하는 행복인지 모를 때가 있거든요. 그런 건 사랑이 아니라 학대입니다.

조기성　　　　　　　　　　　　　자기주도적으로 학습하는 아이로 만들기 위해 스케줄대로 시키는, 아이러니한 상황도 벌어지죠. 그렇더라도 아이가 무언가를 잘 해내면 진정성 있게 칭찬을 해주면 좋겠어요. 이런 말씀을 드리면 "잘하는 게 아닌데 잘한다고 하면 버릇이 나빠지지 않을까요?"라고 하시는 부모님도 있죠. 아이가 잘하는 것을 잘한다고 하는데 버릇이 나빠질 일은 없습니다. 나무가 잘 자라기 위해선 햇빛과 물과 공기가 필요하듯, 아이들에겐 격려와 칭찬이 더 많이 필요합니다.

폴 김　　　　　　　　　　　　　그런 점에서 아이들에게 좀 더 충분한 공간을 주면 좋겠어요. 물리적 공간이 아니라 정신적 공간을 충분히 주어서, '그래도 괜찮아.'라는 생각을 할 수 있도록 했으면 합니다. 일단 사람이 주눅이 들면 뛰어난 능력을 갖고 있더라도 잘할 수가 없거든요. 제가 파일럿 훈련을 200시간 정도 받아서 이젠 어느 정도 잘하게 되었는데요. 초기에 비행 훈련을 할 때 교관님이 세 분 계셨어요. 그중에 20대 대학생 교관님은 언제나 "우와! 잘하시네요! 정말 잘하고 있어요!"라고 하셨어요. 다시 학생으로 돌아간 것처럼 배우는 게 재미있고 신선했는데, '잘하네, 잘하네' 하니까 제가 진짜 잘하는 줄 알았어요. 지금 생각해보면 전혀 잘하는 게 아니었거든요.

정제영　　　　　　　　　　　　　그 교관님이 진정한 동기유발이 무엇인지 알고 계셨네요.

폴 김　　　　　　　　　　　　　맞습니다. 동기유발에 큰 도움이 됐고, 자신감이 생기니 계속 하고 싶어지더라고요. 조기성 선생님이 하신 말씀처럼, 격려와 칭찬이 절 그렇게 만들었다고 생각해요. 그런데 두 번째로 만난 교관님은 무조건 '못 한다'고만 하시는 거예요. "이것도 못 하는데 뭘 하려고 하느냐. 지금은 실패한 거다."라는 말을 계속 들었죠. 제가 어떤 시도를 하든 "실패했어. 이래서 되겠어?"라는 식이었어요. 제가 교육자임에도 불구하고 부정적인 피드백을 계속 받는 일은 상처가 되더군요. 그래도 '부정적 피드백도 필요할 테니 긍정적으로 생각하고 연습하자.'고 마음먹었죠. 훈련 시간이 다가올 때마다 엄청난 스트레스를 받았고, 훈련이 끝나고 나면 자기 치유 시간이 많이 필요했어요. 결국 "네가 너무 못해서 더 이상 못 가르치겠다."고 하는 바람에 세 번째 교관님으로 바뀌었죠. 나이가 지긋하신 치프 파일럿이셨는데, 저보고 비행을 같이 해보자고 하시더라고요. 함께 비행하면서 제가 잘못한 부분과 잘한 부분을 정확히 지적해주셨어요.

처음 교관님은 긍정적 피드백, 두 번째 교관님은 부정적 피드백, 세 번째 교관님은 정확한 피드백을 준 것인데요. 그 경험을 통해서 동기를 유발할 때 부정적 피드백은 도움이 안 될뿐더러 오히려 상처를 주는 일이라는 걸 깨닫게 됐어요. 그나마 괜찮은 피드백은 정확한 피드백이고, 정말로 좋은 피드백은 긍정적 피드백이라는 결론을 내렸죠.

최재화 이건 꼭 기억해야겠네요. 우리 아이들에게 피드백을 줘야 할 순간에 어떤 말을 하면 좋을지 망설이지 않아도 되겠어요. 동기가 유발되면 스스로 하게 되니 잔소리를 할 것도 없죠. 그런데 배우는 과정이 너무 멀게 느껴질 땐 어떻게 생각하세요?

폴 김　　　　　　　　　갈 길이 멀어서 좋다고 생각합니다. 그게 사실이거든요. 저는 취미가 상당히 많은 편인데, 남들이 그걸 언제 다 배우냐고 해요. 언제 배우고 언제 끝내느냐는 겁니다. 그런데 저는 앞으로 갈 길이 많이 남아 있어서 좋은 거예요. 완벽하게 끝내야겠다는 생각은 하지 않아요. 할 일이 좀 많아도 무언가를 새로 배우는 게 즐겁다고 생각하면 스트레스도 별로 안 받아요. 저희 아이들한테도 공부하라는 말을 안 했습니다. 숙제도 아이가 하기 싫어하면 뭐 하러 하냐고 했죠. 아이들이 부모가 어디에 관심이 있고 없는지를 좀 알고 나더니 나중에는 알아서 하더라고요.

정제영　　　　　　　　　정신적 공간과 여유를 많이 주고, 정확한 피드백도 좋지만 긍정적 피드백은 더 좋다는 말씀이 학부모들에게도 큰 도움이 될 것 같습니다. 저도 학생들에게 부정적 피드백은 주지 말자고 생각하게 되네요.

　지금까지 우리가 함께 기술의 발달, 교육의 미래와 시대의 변화, 그에 따른 학교의 역할, 교사의 역할, 부모의 역할까지 이야기를 나누고 생각을 해보았습니다. 우리가 나눈 이야기가 정답이라고 할 수는 없지만 생각의 단초를 마련하지 않았을까 싶은데요. 대담을 끝내기 전에 마지막으로 한 말씀 해주시면 좋겠습니다.

조기성　　　　　　　　　제게는 이 시간이 '만남을 통한 성장'의 계기였다고 생각합니다. 세 분의 말씀을 들으며 지적인 자극을 많이 받았고, 저 또한 제가 서 있는 자리에서 나아갈 방향을 다시금 생각해보게 되었어요. 아이들이 행복하게 자랄 수 있는 환경을 만드는 데 작은 힘이나마 보태고 싶네요.

최재화   우리가 모여서 대화를 하는 이유 중 하나가 서로의 생각을 듣고 차이점과 공통점을 통해 더 확장된 사고를 하기 위해서잖아요. '혼자 가면 빠르지만 함께 가면 더 멀리 간다'는 말처럼, 이 시간이 제 자신의 틀을 깨는 경험이 아니었나 생각합니다.

폴 김   앞에서 부모가 아이들에게 정신적 공간과 긍정적인 피드백을 많이 주면 좋겠다는 이야기를 했는데요, 제가 여러분께 그것을 받은 기분입니다. 각자 살아온 삶의 여정이 다르고 서 있는 자리도 다르지만 공감하는 데는 전혀 문제가 없다는 것을 느꼈고요. 제 생각을 이야기하는 것도 의미 있었지만 여러분의 이야기를 들을 수 있어서 더 행복했습니다.

정제영   저도 놀라웠던 게 각자 다른 분야에서 활동하시는 세 분과 함께 이야기를 나눴는데도 고민은 비슷하다는 점이었어요. 아마 교육의 변화가 아이들의 행복과 이어지기를 바라는 마음이 같았기 때문이 아닐까 싶습니다. 다음에 기회가 된다면 꼭 다시 만나서 지금 우리가 나눈 이야기들 중에 달라진 것은 무엇인지, 어떤 점을 다시 짚어봐야 하는지 생각들을 나눠보고 싶네요. 긴 시간 동안 수고 많으셨습니다. 감사합니다.

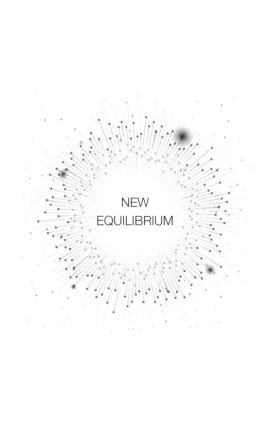

NEW
EQUILIBRIUM